VÖLKERSCHLACHT

Stadtgeschichtliches Museum Leipzig
FORUM 1813

Impressum

Ausstellungskatalog FORUM 1813
Museum zur Völkerschlacht bei Leipzig

3. Auflage 2008

Herausgeber:
Volker Rodekamp

Autoren:
Steffen Poser
Ulrike Dura
Annett Elbe

Fotografien und Reproduktionen:
Fotodesign Thilo Kühne
Museum für Völkerkunde Leipzig/Ingrid Hänse
Christoph Sandig
Helga Schulze-Brinkop
Stadtgeschichtliches Museum Leipzig/Joachim Petri

Redaktion:
Ursula Oehme

Redaktionelle Mitarbeit:
Claudia Kloeppel

Scans:
grafotex Leipzig

Gestaltung und Satz:
Thomas Liebscher

Druck:
Druckerei Wagner

Passage-Verlag Leipzig
www.passageverlag.de
ISBN 3-932900-16-2

Inhalt

Zum Geleit

In den Oktobertagen des Jahres 1813 kämpften 500 000 Soldaten um die Fortdauer oder Beendigung der Napoleonischen Herrschaft über Europa. Dieses später in die Geschichtsbücher als Völkerschlacht bei Leipzig eingegangene kriegerische Inferno kostete jedem fünften Soldaten – mehr als 100 000 Menschen – das Leben; das Leid jener Tage entzieht sich unserer Vorstellungskraft. Es war das erste Massen-Kriegs-Szenario in der Geschichte der Neuzeit, und nahezu alle europäischen Nationen und Völker waren daran beteiligt. Der hunderttausendfache Tod, die Klagen von zehntausenden Verwundeten und die Verzweiflung der Überlebenden hat bei den Menschen jener Jahre einen tiefen Eindruck hinterlassen.

Hier bei Leipzig bereiteten die alliierten Heere Rußlands, Preußens, Österreichs und Schwedens Napoleon die entscheidende militärische Niederlage. Etwa gleichzeitig und in Beziehung zu diesem Ereignis stehend, begann das Bürgertum in den deutschen Ländern ein eigenständiges Nationalbewußtsein auszuformen. Für zahlreiche politische Bewegungen im 19. Jahrhundert war die Erinnerung an die Leipziger Völkerschlacht immer auch Bekenntnis zu einem ersehnten deutschen Nationalstaat. Deutliche Bezüge zum Wartburgfest von 1817, zur Gründung der Allgemeinen Deutschen Burschenschaft von 1818, zum Hambacher Fest des Jahres 1832, zur deutschen Turnbewegung, zur Revolution von 1848/49 bis hin zum Bekenntnis zur Einheit während des Reichsgründungsaktes von Versailles im Jahre 1871 sind auszumachen. Die bei Leipzig getragenen Farben des Lützower Freikorps – Schwarz-Rot-Gold – wurden rasch zum allgemeinen Symbol der nationalen, liberalen und demokratischen Bewegung in Deutschland; eine Tradition, die bis in unsere Zeit hineinreicht. Dabei waren ihre engagierten Protagonisten wie Ernst Moritz Arndt, Johann Joseph von Görres, Johann Gottlieb Fichte und Friedrich Ludwig Jahn zeitweilig sogar politischer Verfolgung ausgesetzt.

Bereits in den Tagen der Völkerschlacht wurde die Idee eines Denkmals geboren. Es ging den Initiatoren zum einen um das Erinnern an den Tod und das Grauen des Krieges, zum anderen aber auch darum, dem Ideal eines deutschen Staates ein Zeichen zu setzen. Ernst Moritz Arndt, selbst Teilnehmer der Schlacht, regte als erster an, der Legion der Toten ein ehrendes Monument zu errichten. Bis zu seiner Realisierung verging schließlich ein Jahrhundert; zum 100. Jahrestag der Leipziger Völkerschlacht im Jahre 1913 wurde der nun – Wilhelminischem Zeitgeist verpflichtet – größte Denkmalbau Europas eingeweiht.

Wir wissen heute, wie die politischen Systeme in Deutschland im 20. Jahrhundert mit dem Denkmal umgegangen sind; wie dieses Bauwerk und sein historiographischer Hintergrund ideologisch vereinnahmt und politisch instrumentalisiert wurden. Mit diesem Wissen um den jahrzehntelangen Mißbrauch durch totalitäre Systeme beabsichtigen wir, die Aufarbeitung dieses Zusammenhangs konkret anzugehen. Unsere Absicht ist, den geschichtlichen Anlaß ebenso wie seine denkmalgewordene, zeitgebundene Würdigung zu hinterfragen.

Vor dem Hintergrund überwundener Differenzen und überlebter Nationalismen soll das Völkerschlachtdenkmal im europäischen Sinn neu interpretiert werden. Vom Chauvinismus entkleidet, stünde es dann als Symbol für eine demokratische, in Frieden, Freiheit und Selbstbestimmung lebende Gesellschaft Europas.

Dieser Leitidee verpflichtet, wurde auch die Dauerausstellung – FORUM 1813 – zur Geschichte der Völkerschlacht im Denkmalkomplex erarbeitet. Auf einer Ausstellungsfläche von rund 350 Quadratmetern in der gründlich sanierten und zum Museum umgebauten ehemaligen Bauhütte ist eine moderne und klar strukturierte Ausstellung entstanden. Sie bietet dem Besucher die Möglichkeit, sich in anschaulicher Weise zu informieren und ein eigenes Bild vom Geschehen zu machen, das die damaligen Zeitgenossen zutiefst berührt und erschüttert hat. Uns ist bewußt, daß die ausgestellten Exponate einen vordergründigen ästhetischen Reiz offerieren, der von der grausamen Banalität des Tötens und Sterbens ebenso abzulenken vermag wie die Versunkenheit dieses Geschehens in den Tiefen historischen Vergessens. Wir hoffen, daß es gelingt, durch die Dinge hindurchzuschauen auf die Menschen, ihre Schicksale und das unbeschreibbare Elend. Schließlich fragen wir nach dem Sinn; damals wie heute.

Das neue FORUM 1813 wurde als ein modernes Element im historischen Umfeld konzipiert; für uns ein erster Schritt auf dem Weg eines aufgeklärten und zeitgemäßen Umgangs mit dem Denkmalkomplex.

Weitere Schritte werden folgen, so die behindertengerechte Erschließung des Memorials, der Ausbau des Kassen- und Informationszentrums sowie die Präsentation der Denkmalsgeschichte durch Ausstellungen, Publikationen und moderne Informationssysteme für die Besucher.
Baudenkmalpflegerische Maßnahmen werden diesen Prozess begleiten, denn unser gemeinsames Ziel ist es, bis zum 100-jährigen Jubiläum im Jahre 2013 das Leipziger Wahrzeichen zu einem herausragenden Ort der deutschen und der europäischen Geschichte zu entwickeln.

Dr. Volker Rodekamp
Direktor

185 Jahre Sammeln und Erinnern an die Völkerschlacht bei Leipzig

Das Jahr 1789 setzte eine Zäsur. Ein neues Zeitalter begann, als sich die französische Bevölkerung von den Lasten des absolutistisch geführten Staates befreite, Standesschranken beseitigte und die rechtliche Gleichstellung aller Bürger in einer Verfassung verankerte. Unter der Führung eines wirtschaftlich starken Bürgertums entstand eine politisch selbstbewußte Nation. Anfangs begeistert, verfolgten die deutschen Intellektuellen sehnsüchtig das Geschehen im Nachbarland. Einzelne Versuche, es dem Nachbarn gleich zu tun, schlugen binnen kurzem fehl. Unter dem Ansturm der Armeen der Französischen Revolution begannen die Feudalstaaten Europas zu wanken. Das Heilige Römische Reich Deutscher Nation brach zusammen. Jeder der Fürsten versuchte, sein eigenes kleines Reich zu retten; die meisten an der Seite dessen, der einer ganzen historischen Periode seinen Namen gab – Napoleon Bonaparte. Einige wenige wagten, ihm militärisch zu widerstehen, und scheiterten. Seit 1805 beherrschte der Kaiser der Franzosen halb Europa. 1810 erreichte das Grand Empire den Höhepunkt seiner Ausdehnung: Holland, Belgien, Hannover, Oldenburg und die ehemaligen deutschen Gebiete links des Rheins, die Hansestädte, Kärnten und Kroatien, Oberitalien mit Südtirol und Mittelitalien mit dem Kirchenstaat waren französisch, Bayern, Württemberg, Sachsen, Baden, Hessen und Westfalen, die Schweiz, das Großherzogtum Warschau, Spanien und Neapel eng an Frankreich gebunden, Österreich, Preußen und Norwegen-Dänemark Alliierte Napoleons. Doch der Preis, den Napoleon seine Untertanen und Verbündeten zahlen ließ, war hoch. Fortwährende Kriege verschlangen Tausende von Männern, riesige Geldsummen und große wirtschaftliche Potentiale und vernichteten unzählige Existenzen. Die Völker wurden des ewigen Zahlens, Rekrutierens und Marschierens immer müder. Den Höhepunkt der Belastungen bildete der Rußlandfeldzug, der trotz der gewaltigen Anspannung aller Kräfte in einem völligen Fiasko endete. Der ständige Gewinner war besiegbar geworden. England, der permanente Gegenspieler Frankreichs, arbeitete erfolgreich über Jahre auf diesen Tag hin und leistete vor allem finanzielle Hilfe. Gelehrte, Dichter und Publizisten hatten in der deutschen Bevölkerung ein Gefühl gemeinsamer Identität geweckt und wachsen lassen. Das preußische Volk zwang schließlich seinen König zu einem Schritt, den dieser eigentlich gar nicht tun wollte. Friedrich Wilhelm III. erklärte als Bündnispartner Rußlands Frankreich im März 1813 den Krieg. Die Kämpfe des folgenden Feldzuges bewiesen Napoleon, daß er es mit einem ernstzunehmenden Gegner zu tun hatte. Während des Sommers traten Österreich, Schweden und England in den Krieg gegen Frankreich ein. Die Verbündeten gingen mit drei großen Truppenkörpern unter Karl Johann von Schweden, General

Blücher und Fürst Schwarzenberg, der den Oberbefehl innehatte, vor. Im Verlauf des Herbstfeldzuges gelang es, Napoleons Truppen auf Leipzig zu drängen. Am 13. Oktober 1813 bereiteten sich rund 500 000 Soldaten auf eine gigantische Schlacht vor, die über den Fortbestand der Napoleonischen Vorherrschaft in Europa entscheiden sollte. Die Kampfhandlungen dieser ersten Massenschlacht in der Geschichte der Neuzeit erstreckten sich über den Zeitraum vom 14. bis zum 19. Oktober 1813 und zerfielen in eine Reihe von Einzelschlachten und größeren Gefechten.
Am Morgen des 14. Oktober rückten russisch-preußische Einheiten unter Wittgenstein und Kleist zu einem Erkundungsgefecht gegen Murats Truppen zwischen Markkleeberg und Liebertwolkwitz vor. Rasch und von keiner Seite so beabsichtigt, entwickelte sich aus einem Scharmützel der größte Reiterkampf der Völkerschlacht. Rund sieben Stunden kämpften etwa 15 000 Reiter bis zum Einbruch der Dämmerung gegeneinander. Das Ringen endete ohne Sieger. Murat hielt seine Stellungen. Die Verbündeten hingegen wußten nun, die Franzosen würden sich nicht über Leipzig hinaus zurückziehen. Eine Schlacht gegen Napoleon mußte hier stattfinden. Am 15. Oktober war der Vormarsch der Verbündeten abgeschlossen. Bis auf wenige Einheiten hatte auch Napoleon seine Kräfte um Leipzig versammelt.
Am folgenden Morgen trafen bei Wachau 118 000 Soldaten Napoleons auf rund 72 000 Mann der verbündeten Armeen. Schwarzenberg beabsichtigte, in dieser Schlacht den feindlichen Hauptkräften die entscheidende Niederlage zu bereiten. Mit vier Kolonnen ließ er Markkleeberg, Wachau und Liebertwolkwitz angreifen. Ausschlaggebend für den Erfolg sollte das Vordringen österreichischer Infanterie über die Pleiße hinweg in den Rücken der Franzosen werden. Bereits am späten Vormittag waren die Truppen Schwarzenbergs auf allen Punkten in die Defensive gedrängt worden. Der Flankendurchbruch der Österreicher scheiterte am entschiedenen Widerstand Poniatowskis und am völlig unwegsamen Gelände der Pleißeniederungen. Voll Siegeszuversicht ließ Napoleon bereits die Glocken in Leipzig läuten. Zur Vorbereitung seines Gegenangriffs hatte der Kaiser der Franzosen bedeutende Teile der Truppen Neys vom Norden der Stadt hierher beordert, jedoch trafen nur wenige ein. Der Kaiser wartete, bis der günstigste Angriffszeitpunkt verstrichen war. Als er endlich den Befehl zum Gegenstoß gab, waren die schwächsten Punkte der gegnerischen Linie bereits verstärkt worden. Bald kam sein Angriff zum Stehen. Am Ende der Schlacht bei Wachau hatte keine von beiden Seiten wesentliche Geländegewinne vorzuweisen. Ein ähnliches Ergebnis erbrachte der Versuch, die französische Rückzugsstraße bei Lindenau zu sperren. Als im Laufe des Vormittags Truppen Bertrands hier

eintrafen, wurden die Österreicher gezwungen, die bereits besetzten Teile Lindenaus wieder zu räumen. Die Schlesische Armee Blüchers war am Morgen des 16. Oktober bei ihrem Vormarsch auf Leipzig im Norden auf französische Einheiten Marschall Neys gestoßen. Der preußische General entschloß sich zum Angriff. Die Hauptstellung des Gegners bildete Möckern. Stundenlang unternahm Yorck wiederholte Angriffsversuche, um das Dorf zu besetzen. Schließlich setzte er gegen fünf Uhr nachmittags seine letzten Reserven, die Kavallerie, ein, die endlich die Franzosen zum fluchtartigen Rückzug zwang. Anderen Einheiten Blüchers gelang die Eroberung von Klein- und Großwiederitzsch. Der Sieg in der Schlacht bei Möckern war der einzige eindeutige Erfolg, den die Verbündeten an jenem Tage für sich verbuchen konnten. Da Ney sich dafür entschied, die von Napoleon angeforderten Kräfte gegen Blücher einzusetzen, band dieser hier jene Truppen, die bei Wachau einen entscheidenden französischen Sieg hätten bewirken können.

Am folgenden Tag rückten auf seiten der Verbündeten Reserven in großer Anzahl in ihre Stellungen ein, so daß diese jetzt eine überwältigende Übermacht besaßen. Mit sechs großen Kolonnen griffen die Truppen Schwarzenbergs am 18. Oktober die Stellungen des Gegners um Leipzig an. Der ersten Kolonne unter dem Erbprinzen von Hessen-Homburg gelang der Vormarsch über Markkleeberg und Wachau und die Einnahme von Dösen und Dölitz. Unter Barclay de Tolly gingen starke Einheiten nach der Besetzung von Liebertwolkwitz gegen Probstheida vor. Ihnen schlossen sich die Truppen der dritten Angriffskolonne an, die Zuckelhausen, Holzhausen und, gemeinsam mit Einheiten der Nordarmee, auch Paunsdorf eroberten. Im Verlauf des Nachmittags mußten die Franzosen auch Mölkau, die beiden Zweinaundorf, Sellerhausen und Stünz verloren geben. Die Reste der Schlesischen Armee gingen im Rosental und vor dem Hallischen Tor gegen den Gegner vor. Heftige Kämpfe tobten um Schönefeld, das die Russen schließlich ebenfalls erobern konnten. Die vorgesehene Sperrung von Napoleons Rückzugsweg aber wurde durch eine Verlegung der Truppen Gyulais unmöglich.

Während im Süden und Norden die Napoleonischen Truppen ihre Stellungen hielten, mußten sie im Osten und Nordosten zum Teil bis unmittelbar vor die Stadtmauern Leipzigs zurückgehen. Napoleon war klar, daß er am folgenden Tag die Angriffe nicht mehr würde abwehren können. Gegen fünf Uhr nachmittags gab er schließlich den Befehl zum Beginn des Rückzuges. Am 19. Oktober verteidigten vor allem rheinbündische und polnische Soldaten die Stadt, die nun direkt von den Alliierten angegriffen wurde. Ehe der Rückzug der Napoleonischen Armee abgeschlossen war, drangen bereits preußische und russische Truppen in die Stadt ein. Gegen zwei Uhr

nachmittags war Leipzig erobert. Die letzten feindlichen Einheiten hatten sich ergeben, Napoleon befand sich auf dem Rückzug, und der sächsische König war noch in Leipzig in Haft genommen worden. Während die einen Siegesparaden veranstalteten und die anderen energisch auf eine Verfolgung Napoleons drängten, begann die Bevölkerung die Verwüstungen der Schlacht zu beseitigen, die Versorgung der unzähligen Verwundeten zu organisieren und inmitten des Chaos ein normales Leben zu ermöglichen.

Für die Leipziger und die Einwohner der umliegenden Dörfer war das, was sich in den Oktobertagen 1813 abspielte, ein im Wortsinn unerhörtes Ereignis. Nie zuvor hatte sich ein solcher Kampf ereignet, hatten so viele Soldaten tagelang miteinander gekämpft, waren so viele Menschen getötet worden. Das mußte verarbeitet werden. Nicht weniger bedeutsam aber waren auch die Folgen des Sieges über den Kaiser der Franzosen. Das Grand Empire brach zusammen. Binnen kurzem zogen sich die ehemaligen Beherrscher halb Europas über den Rhein zurück. Die Auswirkungen auf das gesamte Gefüge der politischen und sozialen Beziehungen in den deutschen Staaten waren beträchtlich. In den wenigen Jahren der Napoleonischen Epoche hatte die bürgerliche Emanzipationsbewegung enorme Fortschritte gemacht. Ein bürgerliches Selbstbewußtsein war entstanden. Doch statt den in Aussicht gestellten Nationalstaat zu errichten, versuchten die Fürsten, die politischen Verhältnisse der absoluten Monarchie wiederzubeleben.

Die bürgerliche unitarische Bewegung existierte weiter und artikulierte sich ungeachtet der nach dem Wiener Kongreß einsetzenden Verfolgung unüberhörbar. Immer wieder erinnerte man sich der großen Chance der staatlichen Einigung, die nach dem Sieg bei Leipzig vertan wurde. Die Erinnerung an die Leipziger Völkerschlacht war auch ein Lebendighalten der Idee bürgerlicher Gleichheit.

Zahlreiche Bürger der deutschen Staaten setzten vor 1870 das Festhalten am Gedenken an die Leipziger Ereignisse von 1813 mit dem Bekenntnis zur deutschen Einheit gleich. Hier lassen sich Verbindungslinien vom am 18. Oktober 1817 gefeierten Wartburgfest und der Gründung der Allgemeinen Deutschen Burschenschaft am 18. Oktober 1818 über das Hambacher Fest des Jahres 1832, die Schillerfeiern, deutsche Turnfeste, insbesondere jenes von 1863, das anläßlich des 50. Jahrestages der Völkerschlacht in Leipzig stattfand, bis hin zur Revolution von 1848/49 erkennen. Die Erinnerung an die Befreiungskriege wurde eine Antriebskraft des Nationalgedankens, dessen Vorhut bis 1830 die deutschen Burschenschaften bildeten. Die Farben des Lützower Freikorps Schwarz-Rot-Gold, die zeitweise nicht öffentlich getragen werden durften, wurden zum Symbol der nationalen und liberalen Bewegung.

Nicht von ungefähr waren öffentliche Feiern der Völkerschlacht z. B. in Sachsen für einige Jahre untersagt worden. In Preußen litten Protagonisten der Befreiungskriege, wie Arndt, Görres oder Jahn, unter Verfolgung. Vorübergehend wurde hier sogar das Turnen als Hort der Pflege nationalen Gedankengutes verboten.

Besonders im Leipziger Raum hat die Pflege der Erinnerung an die Völkerschlacht eine über 180jährige, vielfältige Tradition, die sowohl vom Wissen um die politische Bedeutung des Ereignisses als auch von seinem identitätsstiftenden Charakter zeugt. Die Rezeption dieses historischen Geschehens war seit jeher durch einen hohen Grad bürgerschaftlichen Engagements in dieser Stadt gekennzeichnet. Schon unmittelbar nach der Schlacht engagierten sich Menschen weit über die Stadtgrenzen hinaus für die Errichtung von Denkmalen. Stellvertretend sei an Vorschläge, Entwürfe und Spendenaufrufe des Dichters Ernst Moritz Arndt, des Verlegers Friedrich Arnold Brockhaus, des Künstlers Georg Emanuel Opiz oder an die Architekten und Bildhauer Weinbrenner, Dannecker und Schinkel erinnert. Seit dem Jahre 1861 ließ der Leipziger Theodor Apel aus eigenen Mitteln 44 Gedenksteine errichten, auf daß, wie er beabsichtigte, „auch unsere späteren Enkel die Marksteine als die letzten besuchen mögen, die auf den schlachtberühmten Feldern Leipzigs die Kunde geben vom Kampf und Krieg, daß heißt vom entsetzlichsten Unheil, zu welchem die Menschheit die ihnen von Gott gegebenen Kräfte mißbraucht". Der Verein zur Feier des 19. Oktober ließ sieben der bekanntesten Denkmale der Völkerschlacht in Leipzig erbauen. Nicht zuletzt kündet auch das Völkerschlachtdenkmal vom Engagement der Bürger für die Erinnerung an den Herbst 1813. Heute halten über 100 kleinere und größere Denkmale, Tafeln und Erinnerungssteine das Gedenken an jene Tage lebendig. Damit gibt es wohl kaum ein zweites Ereignis in der europäischen Geschichte, dem auf so engem Raum wie in Leipzig eine solche Vielzahl von Erinnerungsstätten gewidmet wurde, wie der Völkerschlacht.

Sammlungsverzeichnisse des Stadtgeschichtlichen Museums bestätigen, daß die Leipziger bereits nach der Schlacht begannen, Erinnerungsstücke zusammenzutragen. Nach einem Gedenkgottesdienst für die Gefallenen der Völkerschlacht versammelten sich Leipziger Bürger am 19. Oktober 1814 zu einer Feier, die kein Siegesfest, sondern ein Dankfest für die Errettung Leipzigs aus den schweren Kriegsnöten sein sollte. Mehrere hundert Teilnehmer, unter ihnen Fürst Repnin, Generalgouverneur von Sachsen, und der Leipziger Stadtkommandant Oberst Prendel nahmen an der Feier im Gewandhaus teil. Die Sitzordnung wurde ausgelost, „damit kein Rang oder

Stand sichtbar werde". Hier wurde der Verein zur Feier des 19. Oktober gegründet, der von nun an jährlich an die denkwürdigen Oktobertage erinnern wollte. Nachdem 1815 die Beschlüsse des Wiener Kongresses Sachsen für seine Partnerschaft mit Napoleon außerordentlich hart bestraften, erhielten derartige Erinnerungsfeiern wenig Zulauf. Offiziell galten sie der „Rettung Leipzigs aus großer Gefahr" und fanden vor allem im privaten Kreis statt. Erst Jahrzehnte später wurden die Aktivitäten neu belebt. 1843 bildete man ein Komitee, das sich auch zur Aufgabe machte, Erinnerungen an die Schlacht von noch lebenden Augenzeugen zusammenzutragen.
Im Jahr der fünfzigsten Wiederkehr der Völkerschlacht, 1863, zählte der Verein rund 450 Mitglieder und veranstaltete in der Leipziger Stadtbibliothek eine erste Ausstellung zur Geschichte der Schlacht. Ihr ging ein Aufruf an die Leipziger voraus, geeignete Objekte beizusteuern. Offensichtlich existierten verschiedene Privatsammlungen. Insbesondere aus der Sammlung Maximilian Poppes kamen zahlreiche Erinnerungsstücke. Der Erfolg der Ausstellung führte zum Beschluß des Vereins, nunmehr gezielt zu sammeln und damit den Grundstock zu einer Art Museum zu legen. Diese erste planmäßige Sammelaktion leitete Poppe.
Im Dezember 1867 hatte sich der Verein für die Geschichte Leipzigs gegründet, der im Oktober 1870, unterstützt durch den Verein zur Feier des 19. Oktober, im Hôtel de Prusse die Ausstellung „Völkerschlacht 1813" veranstaltete. Hier spielte nicht mehr das Anliegen die Hauptrolle, die Idee der staatlichen Einheit zu verbreiten, vielmehr trug die Exposition dazu bei, antifranzösische Ressentiments zu schüren. Nicht zufällig fanden sich in späteren Ausstellungen zu diesem Thema oft Exponate aus der Napoleonischen Periode unter „Trophäen" aus dem Deutsch-Französischen Krieg von 1870/71. Zwei Jahre später richtete der Geschichtsverein im Alten Johannishospital ständige Ausstellungsräume ein und widmete einige Abteilungen ausschließlich dem Thema Völkerschlacht. Verantwortlich für die Kunstsammlungen des Vereins war der spätere Direktor des Stadtgeschichtlichen Museums Dr. Albrecht Kurzwelly. Von den privaten Ausstellungen sei vor allem das „Historische Museum der Völkerschlacht und der Zeit Napoleons I." im Gasthaus Napoleonstein genannt. Der Inhaber des Ausflugslokals Johann Martin Bertsch präsentierte hier ab 1896 in acht separaten Räumen die Erträge seiner Sammelleidenschaft und veröffentlichte 1901 einen Katalog mit über 17000 Objekten. Wesentlich bescheidener zeigte zur gleichen Zeit ein Invalide, der als „Denkmalswächter" am Napoleonstein sein Auskommen fand, im daneben errichteten Domizil seine Erinnerungsstücke an die Völkerschlacht.

Auch das Meusdorfer Restaurant „Monarchenhügel" verfügte über einen eigenen Raum mit Exponaten zu diesem Thema. Zahlreiche Leipziger Privatsammler widmeten sich mit Leidenschaft dem Themenkreis um Napoleon und die Befreiungskriege. Erwähnenswert ist vor allem der Kunst- und Antiquitätenhändler F. Ferdinand Jost, der 1900 im Ferdinandhaus Räume zur Besichtigung seiner Bestände einrichtete. 1908 fiel ein großer Teil dieser Stücke als Vermächtnis an das neu gegründete Stadtgeschichtliche Museum, das dem Thema Völkerschlacht von Anfang an große Aufmerksamkeit schenkte und mit den Sammlungen des Geschichtsvereins auch das umfangreiche Lebenswerk Maximilian Poppes übernahm.
Der Erinnerung an den einhundertsten Jahrestag des Sieges über die Napoleonische Armee war eine große Ausstellung im Jahre 1913 gewidmet. Die Jahrhundertausstellung präsentierte rund 1 000 Bilder und Grafiken, 500 Autographe und Drucksachen und eine Vielzahl von Uniformen, Waffen und Ausrüstungsgegenständen. Das Jahr der einhundertsten Wiederkehr der Völkerschlacht wurde durch eine wahre Flut von Ausstellungen geprägt. Jede Gemeinde, jeder Veteranenbund, jeder Verein stellte Expositionen zu den Napoleonischen Kriegen vor, die sich, abgesehen von der Qualität,

hinsichtlich ihres betont nationalistischen Grundcharakters kaum unterschieden. Im selben Jahr erwarb das Museum bei einer Versteigerung der „Napoleonsammlung Buhrig“ zahlreiche Objekte. Durch Stiftung des Autographenhändlers Hermann Schulz konnte der Bestand wesentlich erweitert werden. 1927 wurden für mehr als 16 000 Mark zahlreiche Objekte, unter ihnen sieben Gemälde Straßbergers, aus dem Nachlaß des Leipziger Privatsammlers Franz Stöpel erworben. Bei einem so umfangreichen Fundus war es naheliegend, mehrere Räume des Alten Rathauses der ständigen Präsentation von Stücken aus der Zeit der Befreiungskriege vorzubehalten. Beim Bombenangriff auf Leipzig am 4. Dezember 1943 wurde auch das Museum betroffen, dessen Obergeschoß, in dem sich diese Räume befanden, ausbrannte. Obwohl Teile der Sammlungen zu Beginn des Zweiten Weltkriegs ausgelagert worden waren, fielen unzählige wertvolle Objekte den Flammen zum Opfer. Unter ihnen befand sich das „große Völkerschlachtpanorama“, eine 81 Quadratmeter große Aufstellung der Schlacht mit 20 000 Zinnfiguren. Auch das „Historische Museum der Völkerschlacht und der Zeit Napoleons I.“ im Gasthaus Napoleonstein ging im Bombenhagel in Flammen auf. Nur einige Restbestände fanden später den Weg ins Alte Rathaus.

Blick in die Völkerschlacht-Räume im Obergeschoß des Alten Rathauses vor dem Zweiten Weltkrieg

Zum Besten
der deutschen Invalidenstiftung.
Erinnerung an die Octobertage 1813.
Darstellung
von Originalgemälden, Documenten, Karten, Waffen und sonstigen Reliquien.
Ausgestellt während des 16. bis 20. October
im Gartensaale des Hôtel de Prusse
Vormittags 10 bis 1 Uhr, Nachmittags 3 bis 8 Uhr.
Eintrittspreis $2\frac{1}{2}$ Ngr. Der Verein für die Geschichte Leipzigs.

Nach dem Zweiten Weltkrieg erkannten die Geschichtsschreiber der DDR bald die Möglichkeit, mit der Behandlung des Themas Befreiungskriege die aktuelle Politik der SED zu unterstützen. 1953 widmete sich die erste große Nachkriegsausstellung im Alten Rathaus diesem Gegenstand. Von da an verging kaum ein Völkerschlachtjubiläum, an dem nicht auch mit Ausstellungen an die Ereignisse von 1813 erinnert wurde. Über Jahre hinweg wurden Teile der Exponate unter völlig ungeeigneten klimatischen Bedingungen im Völkerschlachtdenkmal gezeigt. Galten die Befreiungskriege anfangs als geeignetes Vorbild, um Bestrebungen zur Wiedervereinigung Deutschlands in einem sozialistischen Nationalstaat historisch zu begründen, dienten sie später als Legitimation der engen Bindung an die Sowjetunion. Bis zum Untergang der DDR galt der gemeinsame Kampf preußischer und russischer Truppen von 1813 als Urbild siegesgewisser deutsch-russischer Waffenbrüderschaft. Anläßlich der bevorstehenden 150-Jahrfeier der Schlacht wurde auf Beschluß des Zentralkomitees der SED im Jahre 1963 in der Parkanlage gegenüber dem Völkerschlachtdenkmal der Ausstellungspavillon „Geschichte der Völkerschlacht 1813“ eröffnet. Die Exposition präsentierte die interessantesten Stücke des Stadtgeschichtlichen Museums in einer ständigen Ausstellung, die „auf der Grundlage von Ergebnissen der marxistischen Geschichtsforschung“ gestaltet worden war. Zweimal wurde die hier gezeigte Schau entsprechend der aktuellen politischen Ausrichtung überarbeitet und neu gestaltet, ehe der Pavillon im Januar 1998 schließen mußte. Das Gebäude war technisch völlig verschlissen und die Unterbringung musealer Objekte aus konservatorischer Sicht nicht mehr zu verantworten.
Im gleichen Zeitraum stattfindende Sanierungsarbeiten an einem der dem Denkmal vorgelagerten Seitenflügel, der Bauhütte, ließen die Idee entstehen, hier mit vertretbarem Aufwand eine neue ständige Ausstellung zu präsentieren. Die bisherige räumliche Trennung von Völkerschlachtdenkmal und Ausstellung hatte sich ohnehin als wenig sinnvoll erwiesen. Moderne, aber sensible Einbauten lassen den ursprünglichen Baukörper noch erlebbar werden, bieten aber auch die Chance, das Völkerschlachtdenkmal hinsichtlich seiner touristischen Infrastruktur zu entwickeln. Die enge Verbindung zwischen historischem Geschehen und ihm gewidmeten Memorial bedeutet einen wichtigen Schritt in die Zukunft. Die Erinnerung an ein bedeutendes Ereignis europäischer Geschichte erfolgt nun nicht mehr nur über die Denkmalsikonographie des ausgehenden 19. Jahrhunderts, eröffnet doch die neue Ausstellung neue Möglichkeiten zeitgemäßer Hinterfragung der Vergangenheit.
Die Ausstellung versucht, einen Überblick über die Ereignisse der Jahre 1806 bis 1813 zu vermitteln. Besonderes Augenmerk wird auf spezifische Leipziger bzw. sächsische Ereignisse gelegt. Die Struktur der Völkerschlachtsammlung

Körnerfeier 1913

des Museums wird dabei deutlich. Gesammelt wurde über eineinhalb Jahrhunderte hinweg nahezu alles, was irgendeinen Bezug zum Thema aufwies. Der Großteil der heutigen Bestände stammt aus Schenkungen, Stiftungen und Nachlässen. Die Bestände weisen beträchtliche Lücken auf, die durch Kriegsverluste noch vergrößert wurden. Den besonderen Reiz machen die vielfältigen Erinnerungsstücke aus: die Tasse, aus der Napoleon trank (der Tisch, an dem er saß, ist Opfer der Bomben geworden), eine Haarlocke Theodor Körners, auf dem Schlachtfeld gefundene Bücher, das in Leipzig am 18. Oktober 1813 gebackenene Brötchen oder die Taschenuhr, die die für ihren Träger bestimmte Kugel auffing. Die repräsentative Auswahl an Orden und Ehrenzeichen ermöglicht auch Einblicke in spezielle Sammelgebiete Leipziger Bürger, die ihre Schätze dem Museum vermachten. Ohne Zweifel hat Napoleon Bonaparte zu allen Zeiten die Menschen fasziniert. Selbst denen, die in ihm vordringlich einen gewissenlosen und machtgierigen Despoten zu erkennen glauben, gilt er als beispiellose und herausragende Persönlichkeit der Geschichte. Wir versuchen mit der Ausstellung, einen Blick hinter die Kulissen zu ermöglichen und ein Stück der vergangenen Realität erahnen zu lassen. Vergoldete Säbel, bronzene Kanonen und schön geschnitzte Pistolen waren 1813 nichts anderes als es heute Maschinenpistolen, Panzer und Granatwerfer sind, zu nichts anderem erdacht als zum Töten. Das Sterben der Soldaten hat gewöhnlich weder in farbenfrohen Husarenuniformen noch in Tarnanzügen etwas Heroisches an sich. Wenn wir heute eine solche Ausstellung präsentieren, wollen wir nicht an den Sieg einiger um ihre Einflußsphären bangender Fürsten über einen realitätsfernen Machtpolitiker erinnern. Wir wollen auch nicht über das Für und Wider echten Patriotismus oder die zielgerichtete Manipulation eines Volkes urteilen. Gleichermaßen wenig interessieren soll die Frage, ob dieser oder jener auf der „richtigen" Seite der Frontlinie gestanden hat. Worauf es uns ankommt, ist der Versuch, aufzuzeigen, wie in der historisch kurzen Zeit der Napoleonischen Periode, in den zahlreichen zersplitterten Territorien Deutschlands, ein Gefühl der Identität entstand, das Tausende dazu bewog, sich für die Schaffung eines gemeinsamen Staatswesens zu engagieren, dabei Hab und Gut einzusetzen und selbst das Leben zu riskieren. Nahezu alle Nationen und Völkerschaften des Kontinents haben in jenen Oktobertagen 1813 in und um unsere Stadt mit äußerster Gewalt auf der einen oder anderen Seite versucht, ihre Interessen gegen die der anderen durchzusetzen. Die Hoffnung, nach dem Sieg eine dauerhafte Friedensordnung zu schaffen, hat auch die Sieger getrogen. Im Prozeß der europäischen Einigung kann die Erinnerung an ein historisches Ereignis mit wahrhaft europäischen Dimensionen heute vor allem dazu beitragen, in der uns verbindenden Vergangenheit Wurzeln einer gemeinsamen Identität zu entdecken. Dafür will die Ausstellung sensibilisieren.

Frei und Französisch
Liberté – Egalité – Fraternité

Am 14. Juli 1789 stürmte die Pariser Bevölkerung das verhaßte Sinnbild absolutistischer Herrschaft, die Bastille. Überall im Land kam es zu Hungerunruhen. Binnen weniger Monate brach das Ancien régime zusammen. Die französische Nationalversammlung errichtete die konstitutionelle Monarchie.
Die Vorgänge in Frankreich fanden unter der deutschen Bevölkerung ein lebhaftes Echo. In den an Elsaß und Lothringen angrenzenden Staaten kam es bald zu regelrechten Aufständen. Bereits 1789 lehnten sich in Baden und der Pfalz Bauern mit Abgabenverweigerungen und Besetzungen herrschaftlicher Grundstücke gegen Feudallasten auf. In Trier vertrieb die Bürgerschaft den Magistrat und erzwang eine kurfürstliche Garantie ihrer Rechte. Ähnliche Bewegungen in Köln und Bruchsal konnten erst durch die Androhung militärischer Gewalt aufgehalten werden. Auch weit von den Grenzen Frankreichs entfernt zeigte das französische Beispiel Wirkung. Im Sommer 1790 brachen im Kurfürstentum Sachsen größere Bauernunruhen aus, die mehr als 50 Gemeinden in über 15 Patrimonialgerichtsbezirken erfaßten. Ganze Dörfer stellten Dienstleistungen ein, vertrieben herrschaftliche Beamte und zwangen Gutsherren zur Flucht nach Dresden. Erst der Einsatz von 5000 Mann kurfürstlicher Truppen warf die Auflehnung in ihrem Zentrum, dem Meißen-Lommatzscher Gebiet, nieder.
Die Mehrheit des gebildeten Bürgertums begrüßte die politische und soziale Emanzipation des Menschen, die umzusetzen das französische Volk sich anschickte, auch wenn die damit einhergehende Gewalt bedauert wurde. In Städten wie Mannheim, Heidelberg oder Breslau forderten Bürger eine Beteiligung an der Verwaltung. Insbesondere Schriftsteller und Gelehrte erhofften sich die Umsetzung der von ihnen propagierten Ideale der Aufklärung. Wie Friedrich Gottlob Klopstock, der „Hätt ich hundert Stimmen, ich feierte Galliens Freiheit", schrieb, ergriffen auch andere Intellektuelle Partei für die Revolution. In Kundgebungen feierte die studentische Jugend in Kiel, Göttingen, Stuttgart, Jena und Bonn den Anbruch eines neuen Zeitalters. Schelling, Hegel und Hölderlin begeisterten in Tübingen die Mitglieder eines neu gegründeten politischen Klubs mit enthusiastischen Freiheitsreden. „Frankreich ist jetzt mein Gedanke Tag und Nacht – ist Frankreich unglücklich, so verachte ich die ganze Welt", faßte

Ludwig Tieck die Begeisterung der deutschen Bildungsbürger für die Revolution in Worte. Am 28. August 1792 verlieh der französische Nationalkonvent sogar zahlreichen deutschen Schriftstellern und Gelehrten, unter ihnen Schiller und Klopstock, das Ehrenbürgerrecht.
Mit der Radikalisierung der Revolution begann sich die anfängliche Zustimmung in Distanz und zunehmende Ablehnung zu verwandeln. Extremistischer Gewalt wollte die Mehrheit der deutschen Intellektuellen immer noch die aufklärerische Erziehung durch Bildung entgegensetzen. Bedingt durch die politische und konfessionelle Zersplitterung des Reiches, die Politik des aufgeklärten Absolutismus, der bei weitem nicht so tiefe gesellschaftliche Zerklüftungen wie in Frankreich bewirkt hatte, und die noch nicht voll ausgebildete wirtschaftliche Stärke des Bürgertums blieb ein Übergreifen der Revolution auf das Römisch-Deutsche Reich aus.
Für die Regierungen der deutschen Staaten gaben die Ereignisse im Westen zunächst kaum Anlaß zur Sorge. Das allgemeine Interesse der Politik galt mehr den Vorgängen im Osten, wo Rußland und Österreich Krieg gegen die Türkei führten. Die revolutionären Ereignisse schienen sogar ein günstiger Umstand zu sein, der Frankreich vom Agieren auf der europäischen politischen Bühne abhielt. Erst als durch Beschlüsse der Nationalversammlung in bestehende Rechte deutscher Reichsstände im Elsaß eingegriffen wurde, reiften Spannungen zwischen Frankreich und den deutschen Staaten heran. Am 6. Juli 1791 erließ Kaiser Leopold II. in Padua ein Rundschreiben an die europäischen Höfe mit der Aufforderung, eine gemeinsame Erklärung gegen die Einschränkung der Souveränität Ludwigs XVI. zu verabschieden. Allmählich entstand der Gedanke einer fürstlichen Solidarität für den in Bedrängnis geratenen französischen Monarchen. Der Druck der zahlreichen Emigranten aus Frankreich bewirkte im August 1791 die Verlautbarung einer gemeinsamen Deklaration des Kaisers und des preußischen Königs, zur Wiederherstellung der Unabhängigkeit und Freiheit Ludwigs XVI. auch militärisch aktiv werden zu wollen. Dies verschärfte natürlich das Verhältnis zu Paris, das diese Erklärung als Einmischung in innere Angelegenheiten ansah. Im Februar 1792 schlossen Österreich und Preußen einen gegenseitigen Freundschafts- und Schutz-

vertrag gegen einen etwaigen französischen Angriff. Nach Übernahme der Regierung durch die Girondisten erklärte Frankreich schließlich Leopold II. als König von Ungarn und Böhmen den Krieg (20. April 1792). Erste Gefechte mit den Österreichern in Belgien endeten für die noch schlecht vorbereiteten und geführten Franzosen mit Niederlagen. Die österreichischen und preußischen Truppen überschritten die Grenzen. Im Manifest des Oberbefehlshabers der Koalitionsarmee, des Herzogs von Braunschweig, hatte dieser die unverzügliche Wiedereinsetzung Ludwigs XVI. als absoluten Monarchen gefordert und mit der gänzlichen Zerstörung von Paris gedroht. Am 20. September 1792, als der Pariser Konvent Frankreich zur Republik erklärte, erstritten die Franzosen in einem Artillerieduell bei Valmy in der Champagne einen psychologisch wichtigen Sieg über die preußischen Truppen und beraubten sie des Nimbus der Unbesiegbarkeit. Die Wende des Krieges war gekommen. Am 29. September befahl der Herzog von Braunschweig den Rückzug. Rasch drangen die Franzosen vor. Unter General Custine besetzten sie am 25. September Speyer, am 5. Oktober Worms und am 21. Oktober Mainz.
Angesichts des siegreichen Vordringens der französischen Truppen nahmen aufständische Bewegungen in der deutschen Bevölkerung am Ober- und Mittelrhein einen erneuten Aufschwung. Unter französischem Schutz entstand in Mainz eine nach dem Vorbild der Jakobinerklubs organisierte „Gesellschaft der Freunde der Freiheit und Gleichheit“ unter Führung des Naturforschers Georg Forster und des Professors für Geschichte und Philosophie Andreas Joseph Hofmann mit mehr als 450 Mitgliedern. Am 24. Februar 1793 fanden in den besetzten Gebieten zwischen Landau, Bingen und Mainz Wahlen für den Rheinisch-deutschen Nationalkonvent statt, der am 18. März die Lostrennung der Mainzer Republik vom Reich, die Abschaffung aller feudalen Vorrechte und am 21. März den Anschluß an Frankreich erklärte. Am 23. Juli mußte Mainz allerdings vor den inzwischen wieder vordringenden preußischen Truppen kapitulieren.
Im Februar 1793 war neben weiteren europäischen Mächten auch England in den Krieg gegen Frankreich eingetreten. Frankreich beantwortete die Bedrohung mit der totalen Mobilmachung (levée en masse). Der Volkskrieg mit allgemeiner Wehrpflicht löste nun

den Kabinettskrieg mit angeworbenen Söldnern ab. Die völlige Neuorganisation von Armee und Kriegführung zeigte rasch Erfolge für die Revolutionsarmee. Preußen schloß 1795 unter Verzicht auf das linke Rheinufer gegen Ausgleich auf dem rechten in Basel Frieden mit Frankreich. Im Frieden von Campo Formio (Oktober 1797) mußte schließlich auch Österreich nach empfindlichen Niederlagen in Italien der Abtretung des linken Rheinufers zustimmen. 1799 flammte der Krieg erneut auf. Nach Anfangserfolgen der Koalitionsparteien gelangen Napoleon die entscheidenden Siege des Feldzuges bei Marengo (14. Juni 1800) und Hohenlinden (3. Dezember 1800), die zum Abschluß des Friedens von Lunéville (9. Februar 1801) führten. Österreich mußte die Bedingungen von Campo Formio bestätigen. Im Reichsdeputationshauptschluß vom 25. Februar 1803 wurde die Entschädigung der deutschen Fürsten für die Verluste auf dem linken Rheinufer festgelegt. 112 Reichsstände verloren ihre Selbständigkeit. Durch Mediatisierung und Säkularisierung wurden geistliche Fürsten-tümer, Reichsstädte, Fürstentümer und Grafschaften den großen deutschen Staaten angegliedert. Hauptgewinner des Entschädigungsgeschäftes waren Baden, Preußen, Württemberg und Bayern. Im Jahre 1805 begann eine dritte Koalition gegen Frank-reich den Krieg mit dem Einfall Österreichs in Bayern. Rasch gelang es Napoleon, Wien zu besetzen. In der Dreikaiserschlacht von Austerlitz am 2. Dezember 1805 erlitten die russisch-österreichischen Truppen die entscheidende Niederlage. Im Frieden von Preßburg am 25. Dezember 1805 erhielten die Verbündeten Frankreichs ehemals österreichische Gebiete in Italien, Süd- und Westdeutschland. Mit der Niederlage Österreichs war das letzte Hindernis für eine enge Bindung der süd- und westdeutschen Staaten an Frankreich gefallen.

Journée du 21 Janvier 1793 la mort de Louis Capet sur la Place de la Révolution Presentée à la Convention Nationale le 30 Germinal par Helman
(Der Tod Louis Capets auf dem Platz der Revolution am 21. Januar 1793
Der Nationalversammlung vorgestellt am 19. April von Helman)
Stanislas Henri Helman (1743– um 1810)
Paris 1793
Radierung nach einer Zeichnung von Charles Monnet (1731–1808 oder 1816/17)
34,2 x 46 cm
bez. o. r.: No 8.
u. M.: A Paris chez Decrouan Editeur, Rue de Rempart, 4, vis-à-vis le Théâtre Français.
u. l.: Dessiné par Monnet.
u. r.: Gravé par Helman.
SML Inv.-Nr.: A-28
Im Jahre 987 begründete Hugo Capet als französischer König das Geschlecht der Capetinger, dem auch Ludwig XVI. angehörte. Mit der Aufhebung aller Adelstitel und -privilegien durch die Französische Revolution wurde aus Ludwig XVI. im offiziellen Sprachgebrauch der Revolutionäre der Bürger Capet.

Französische Volksvertreter in Amtstrachten
Jacques Grasset de Saint-Sauveur (1757–1810)
Paris 1796
sechs kolorierte Radierungen
aus: L. F. Labrousse, Costumes des Représentants du Peuple, Membres des deux Conseils, Paris 1796
je 15 x 9 cm
SML Inv.-Nr.: 104 Nap. 781/ 2-13
jeweils bez. u. l.: St. Sauveur direx.
u. r.: Labrousse sculp.
jeweils beschr. u. M.: Membre d'Administration
Membre du Tribunal de fassation
Président d'Administration
Secretaire
Ministre
Membre du Pouvoir Executif

Zwei Bögen mit je 20 Assignaten im Wert von je 15 Sols
Frankreich, Oktober 1792
Kupferstiche
je 35 x 47 cm
SML Inv.-Nr.: VD I/24
Abbildung ▲
Im November 1789 beschloß die französische Nationalversammlung die Ausgabe eines Staatspapiers, der Assignate, zur Tilgung der Staatsschulden. Als Pfand sollte der enteignete und fortlaufend veräußerte Kirchenbesitz dienen. Bald jedoch wurden diese „Schatzanweisungen" durch immer größere Stückelungen zu einem bloßen Papiergeld, das rapide an Wert verlor. Die stetige Abwertung der Assignaten erreichte 1792 ihren Höhepunkt. In Frankreich kursierte der

Scherz, es sei billiger, die Wände gleich mit Assignaten zu bekleben, als erst dafür Tapeten zu kaufen. Die ausgestellten, praktisch wertlosen Zahlungsversprechen der Regierung sind erst gar nicht mehr in Einzelscheine zerschnitten worden.

Assignate zu 15 Sols
Frankreich, Januar 1792
Kupferstich
6,5 x 8 cm
SML Inv.-Nr.: W/Div 27

Assignate zu zehn Sous
Frankreich, Mai 1793
Kupferstich
6,5 x 8 cm
SML Inv.-Nr.: W/Div 28

Seitengewehr eines Kadetten der École de mars, Modell 1794
Frankreich, um 1794
Eisen, Messing, Holz, Tuch
GL 63 cm, Kl 48 cm
SML Inv.-Nr.: W/S 24
Abbildung ▼

dominierte der Tauschhandel. Allmählich ging man wieder zum Metallgeld über. Eine Vorform ist diese Wertmarke, mit der bei Pariser Kaufleuten Waren im Wert von fünf Sols bzw. Assignaten im Wert von 50 Sols „oder darüber" gehandelt werden konnten. Die eher unbestimmte Angabe des Wertes dieser Marke in Papierwährung macht das Ausmaß der galoppierenden Inflation des Revolutionsgeldes deutlich.

Ueber die Ursachen der französischen Revolution und des darauf erfolgten beispiellosen Kriegs, mit besonderer Hinsicht auf das jetzige Interesse Deutschlands.
Nebst einer statistisch-geographisch-historischen Beschreibung, sämtlicher auf der linken Seite des Rheins gelegener nach einem vorläufigen Schluß des nun wieder aufgelösten Reichs-Friedens Congresses zu Rastadt an Frankreich überlassener Länder.
Frankfurt und Leipzig 1799
Buchdruck
19,5 x 24 cm (aufgeschlagen)
SML Inv.-Nr.: II S 18

Wertmarke der Pariser Kaufleute zu fünf Sols
1792
Bronze, gegossen
D 4 cm
Avers: ovale Darstellung: Fest der Föderation in Paris
Schrift oben: PACTE FEDERATIF.
sign. u. l. an der Säule: Dufre F.
Umschrift: VIVRE LIBRES OU MOURIR.
Im Abschnitt: 14 Juillet./1790
Revers: In der Mitte siebenzeilige Aufschrift: MEDAILLE/DE CONFIANCE/DE CINQ-SOLS/ REMBOURSABLE/EN ASSIGNATS/DE 50. ET/ AU DESSUS.
Im Abschnitt: L´AN IV DE LA/LIBERTÉ.
Umschrift: MONNERON FRERES NEGOCIANS A PARIS. 1792
Randschrift: DU GARD. & DEPARTEMENS DE PARIS, RHONE ET LOIRE.
SML Inv.-Nr.: M 406
Im Jahre 1792 war das Vertrauen der Bevölkerung in die Assignaten völlig zusammengebrochen. Im Warenverkehr

Infanteriegewehr mit Bajonett, M 1777
Frankreich, um 1800
Holz, Eisen
Schloß gestempelt: Manufactur de St. Etienne
GL 150 cm (mit Bajonett 197 cm), LL 114 cm
SML Inv.-Nr.: W/G 10

Uebergang der Preussen und Hessen über den Rhein, am 1.ten August 1792.
Johann Carl Bock (1757–1843)
Kupferstich nach einer Zeichnung von Johann Michael Volz (1784–1858)
20,5 x 24,5 cm
bez. u. l.: Gez. v. J. Volz in Nördl.
u. r.: Gest. v. J. C. Bock in Nbg.
SML Inv.-Nr.: Inv.-Nr. 108
Der Zeichner J. M. Volz, tätig in Nördlingen, hinterließ ein Werk von über 4000 Blättern, besonders zu zeitgeschichtlichen Themen aus der Epoche Napoleons und der Freiheitskriege.

Allegorischer Kupferstich deren Hocherlauchtesten Docttoren der Falschen Aufklärung ...
Mainz 1793
Radierung
23,3 x 36,5 cm
SML Inv.-Nr.: Bibl. II R 10
Abbildung ▲
Das Blatt ist vermutlich nach der Kapitulation von Mainz am 23. Juli 1793 entstanden. Die als Klubisten bezeichneten Mitglieder des Mainzer Nationalkonvents waren scharfer Verfolgung ausgesetzt und wurden, so man ihrer habhaft werden konnte, mit langjähriger Haft bestraft. Deutlich kommt die Häme über die Besiegten zum Ausdruck. Bei den namentlich Genannten handelt es sich um führende Vertreter des Mainzer Jakobinerklubs, die, wie aus den beigefügten Berufsbezeichnungen ersichtlich wird, dem gebildeten Bürgertum zuzurechnen waren.

Bekanntmachung des Prinzen Reuss und des Grafen von Luchésini an die Einwohner Frankreichs betr. unverzüglicher Hinrichtung derjenigen, die innerhalb der Lager der verbündeten Mächte mit Waffen oder sonstigen Mordwerkzeugen angetroffen werden, durch den Strang oder das Rad
Malancourt, 11. September 1792
französisch
Buchdruck
42,5 x 35 cm
SML Inv.-Nr.: Bibl. o. Nr.
Der Aufruf, erlassen in der Champagne wenige Tage vor jener denkwürdigen Kanonade von Valmy, die die preußische Invasionsarmee zum Rückzug veranlaßte, spiegelt die geradezu panische Furcht des Adels der gegen Frankreich verbündeten Staaten vor dem für ihn verbrecherischen

Handeln der Revolutionäre wider. Der Erlaß zielte vor allen Dingen auf die Ergreifung etwaiger Meuchelmörder ab, die es auf die Fürsten und Bevollmächtigten der Verbündeten abgesehen haben könnten. Sicherlich waren Nachrichten über die Ereignisse vom 10. August 1792 bereits nach Malancourt gelangt: Die Pariser hatten die Tuilerien gestürmt, sich mit der Palastwache eine regelrechte Schlacht geliefert und anschließend die königliche Familie im Temple-Gefängnis eingekerkert. Dieses bis dato unerhörte Verhalten eines Volkes gegen seinen Souverän schürte auch die Furcht im Lager der Invasionsarmee.

Bekanntmachung des Revolutionsgenerals Custine an die Einwohner des Erzbistums Mainz und der Städte und Bistümer Worms und Speyer betr. der Einsetzung verschiedener deutscher Bürger als oberste Revolutionsbeamte, um für die Durchsetzung gerechterer Behandlung und Aufrechterhaltung von Ruhe und Ordnung zu sorgen
Mainz, 18. November 1792
Buchdruck
21 x 17 cm
SML Inv.-Nr.: Bibl. II R 10

Huldigungsblatt für den österreichischen Feldmarschall Clairfait
Frankfurt 1795
Kupferstich
Verlag F. L. Neubauer
24 x 18 cm
bez. u. r.: AFrancfort chez F L Neubauer.
SML Inv.-Nr.: Nap. XII 84/Völk C I 1
Abbildung ▶

Karl Joseph de Croix, Graf von Clairfait, war im ersten Koalitionskrieg gegen Frankreich Oberbefehlshaber der Reichsarmee. In der allegorischen Szene ist er in einem Triumphwagen fahrend dargestellt, im Hintergrund die von ihm befreiten Städte Mainz und Mannheim.

Die lateinische Inschrift in der Kartusche oben bedeutet sinngemäß:
Deutschland ist seinem Befreier dankbar, der den Feind dreimal geschlagen hat.

Das französische Sonett unter der Darstellung lautet sinngemäß:

Dreimal in einem Monat den Sieg davonzutragen
Durch 1000 Feuer, von allen Seiten vorstoßend
An einem Tag zehn schreckliche Festungen zu bezwingen
Alles streifend, was die Geschichte bewundert und lobt

Sanft und bescheiden zu sein auf dem Gipfel des Ruhms;
Unerschrocken und ruhig inmitten aller Zufälle
Durch seine seltenen Talente in der großen Kunst des Mars
Seinen Namen zu verewigen im Tempel der Erinnerung

Gleich zu werden mit Hannibal, Xenophon noch zu übertrumpfen,
Die großen Taten von Eugène und Landon zu wiederholen
Seine Soldaten zu entflammen mit unzähmbarem Eifer.

Ohne Aufregung zu begegnen dem Neid und seinem häßlichen Gesicht
Zu hören allein auf die Stimme der wahren Ehre
Das ist es, was Clairfait für immer berühmt macht.

Bekanntmachung des Rates der Stadt Leipzig betr. Verwarnung an Fremde, in der Stadt weder aufrührerische Reden zu führen, noch gefährliche und aufrührerische Schriften zu verbreiten
Leipzig, 20. März 1793
Buchdruck
25 x 22 cm
SML Inv.-Nr.: Bibl. o. Nr.

Mandat Friedrich Augusts III. von Sachsen „Wider Tumult und Aufruhr“
Dresden, 18. Januar 1791
Buchdruck
34 x 22 cm
SML Inv.-Nr.: Bibl. o. Nr.
Abbildung ▶
Das Mandat stellt eine direkte Reaktion auf die im Gefolge der Französischen Revolution im sächsischen Kurfürstentum ausgebrochenen Unruhen, insbesondere den sächsischen Bauernaufstand von 1790, dar. Immer wieder war es zur Verweigerung von Abgaben und zum Widerstand gegen Vertreter der Obrigkeit gekommen. Vielerorts kursierten Traktate und Zeitungen, die die revolutionären Ereignisse jenseits des Rheins erörterten und die Ideale von Freiheit, Gleichheit und Brüderlichkeit begrüßten.
Das Mandat untersagte „aufrührerische Verbindungen und Gewalttätigkeiten“ und „unrechtmäßige Selbsthilfe und Verweigerung hergebrachter Schuldigkeiten“. Ausdrücklich wurde die Gründung jeglicher „Vereinigungen und Zusammenberufung um solches durchzusetzen“ oder „die Obrigkeit zu etwas zu zwingen“ untersagt. Die Verbreitung aufrührerischer Schriften, das Halten öffentlicher Reden und Tadeln von Behörden konnte als Anstiftung zum Tumult gewertet und mit der Hinrichtung durch das Schwert oder gar das Rad, zumindest aber mit zehnjähriger Zuchthausstrafe geahndet werden. Selbst Publizisten hatten, wenn sie durch ihre Veröffentlichungen als Anstifter eines Aufruhrs angesehen wurden, im schlimmsten Fall mit dem Tod zu rechnen. Dieses Bündel außerordentlich drakonischer Strafmaßnahmen gegen jeden, der sich öffentlich zustimmend zu den Ereignissen in Frankreich äußerte oder ähnliche gesellschaftliche Reformen für Sachsen einforderte, zeigt deutlich, daß es im Kurfürstentum Friedrich Augusts III. eine intensive Diskussion über die Ereignisse in Frankreich gab, gegen die die Obrigkeit gewillt war, mit aller Härte vorzugehen.

Rede worin die Bedenklichkeiten welche den Mainzern gemacht wurden sich eine Con-stitution zu geben, beantwortet werden, zugleich der Vorschlag, die bisher bestandene Verfassung auszubessern verworfen wird, gehalten in der Versammlung der Freunde für Freiheit und Gleichheit, im großen ehemaligen Hofsale.
Von dem Neufrankenbürger und Professor Mathias Metternich
Mainz 1792
Buchdruck
23,5 x 18,5 cm
SML Inv.-Nr.: Bibl. II R 10

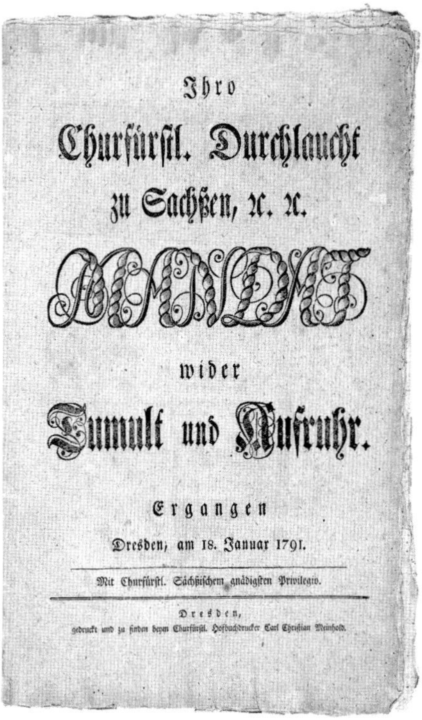
Ihro
Churfürstl. Durchlaucht
zu Sachßen, ꝛc. ꝛc.
Mandat
wider
Tumult und Aufruhr.
Ergangen
Dresden, am 18. Januar 1791.
Mit Churfürstl. Sächßischem gnädigsten Privilegio.
Dresden,
gedruckt und zu finden beym Churfürstl. Hofbuchdrucker Carl Christian Meinhold.

Discours addressé aux commissaires de la Convention Nationale, aux guerriers francais et aux corps administratifs à Mayence, réunis à la Société des Amis de la Liberté et de Egalité de cette ville, avant de se mettre en marche pour aller planter l'arbre de la Liberté, le 13. Janvier 1793, l'an deuxième de la Republique francais, par le Citoyen GEORG FORSTER président de la société.
Georg Forster (1754–1794)
Mainz, 13. Januar 1793
Buchdruck
23,5 x 18,5 cm
SML Inv.-Nr.: Bibl. II R 10
Abdruck einer Rede des Präsidenten der Mainzer Gesellschaft der Freunde der Freiheit und Gleichheit, Georg Forster, gehalten am 13. Januar 1793 anläßlich der Errichtung eines Freiheitsbaumes in Mainz.

Zurückforderung der Denkfreiheit von den Fürsten Europens, die sie bisher unterdrückten.
Johann Gottlieb Fichte (1762–1814)
Jena 1793
Buchdruck
16 x 18 cm (aufgeschlagen)
SML Inv.-Nr.: Bibl. II R 184

Die Weltseele zu Pferde
Napoleon Bonaparte

Napoleon Bonaparte wurde am 15. August 1769 als Sohn italienischer Adliger in Ajaccio auf Korsika geboren. Im Alter von neun Jahren trat er in die Militärschule von Brienne ein, wo er eine außerordentliche Begabung für Mathematik zeigte, die ihm den Besuch der Pariser Militärschule ermöglichte. Den Ausbruch der Revolution erlebte er als Offizier eines Artillerieregiments. 1793 erlangte er bei der Belagerung von Toulon erstes öffentliches Ansehen und erreichte den Rang eines Brigadegenerals, zwei Jahre später den eines Generals der Heimatarmee. Im Jahre 1796 erhielt er den Oberbefehl über die Italienarmee, die er trotz zahlenmäßiger Unterlegenheit und schlechter Ausrüstung mit Charisma und ungewöhnlich raschen militärischen Manövern von Sieg zu Sieg führte. Nach dem Abbruch des Ägyptenfeldzuges 1798/99 kehrte er nach Paris zurück und beendete die anarchischen politischen Zustände im Frankreich der Direktoriumsregierung durch den Staatsstreich des 18. Brumaire (9. November 1799). Fortan stand er als Erster Konsul an der Spitze der neuen Regierung. Mit unverzüglichen Maßnahmen zur Reformierung von Verwaltung, Wirtschaft und Justiz führte er Frankreich aus der Staatskrise. Nachdem Napoleon bereits 1802 Konsul auf Lebenszeit wurde, krönte er sich 1804 zum Kaiser der Franzosen. Ein Jahr darauf kam noch die italienische Königskrone hinzu. Seine weitläufige Familie wurde mit Ämtern und eigenen Staaten versorgt, die er teilweise kurzerhand für seine Verwandten schuf. Mit zahlreichen Familien- und Vasallenstaaten errichtete er die Hegemonie des Grand Empire in Europa. Wesentlichen Anteil hatte Napoleon an der Erstellung des Code civil, später auch als Code Napoléon bezeichnet, dem bürgerlichen Gesetzbuch, das auch in einigen deutschen Staaten eingeführt wurde. Das Werk konsolidierte die Errungenschaften der Revolution und schuf feste administrative und rechtliche Grundlagen für die Herrschaft des Bürgertums. Der hier erstmals kodifizierte Gleichheitsgrundsatz war für die europäische Rechtsgeschichte von epochemachender Bedeutung. Rückblickend bezeichnete er selbst das Zustandekommen dieses Gesetzbuches als seine vielleicht wichtigste und bedeutendste Tat. 1812 erreichte das Imperium Bonapartes die größte Ausdehnung. Seinem direkten Einfluß waren 152 Departements mit 50 Millionen Einwohnern unterstellt. Sein unbändiger Ehrgeiz, die Günstlingswirtschaft im Interesse seiner Verwandten und Generale und die völlige Überforderung des Idealismus des eigenen und der verbündeten Völker dämpften die ursprünglich grenzenlose öffentliche Begeisterung für den Mann, der, ungeachtet überkommener Traditionen, mit Energie und Radikalität die Menschen notfalls mit Gewalt auf den Weg in ein neues Zeitalter zwingen wollte. Die anfänglich fast ausnahmslose Unterstützung der Franzosen für „den Kaiser" – so entschied das Plebiszit 1804 mit 3 572 329 gegen 2 579 Stimmen für die

Errichtung des Kaisertums – wandelte sich mit den immer drückender werdenden Belastungen durch ständige Feldzüge und Verschärfung des Wirtschaftskrieges in latente Unzufriedenheit, was wiederum strengere Repressionsmaßnahmen provozierte. Das dem übrigen Europa unter Mißachtung von Nationalstolz, historisch gewachsenen Traditionen und Beziehungen sowie religiösen und kulturellen Gegebenheiten aufgezwungene Bonapartistische Herrschaftsmodell stieß auf dem Kaiser völlig unbegreiflichen Widerstand. Als sich Preußen und Österreich 1813 mit Rußland, England und Schweden gegen ihn verbündeten, brach das Grand Empire militärisch zusammen. Mit der Rolle eines abgedankten Kaisers auf einer kleinen Insel wollte sich Napoleon nicht zufrieden geben und versuchte mit der Rückkehr nach Frankreich am 1. März 1815 erneut, die Franzosen zu gewinnen. Politische Kurskorrekturen kamen jedoch zu spät. Ungeachtet bemerkenswerter Anfangserfolge blieb die Phalanx der Gegner geschlossen, und die „Herrschaft der hundert Tage“ endete am 18. Juni 1815 auf dem Schlachtfeld von Waterloo. Als Internierter verbrachte der zum General degradierte Kaiser seine letzten Lebensjahre auf dem Eiland St. Helena im Südatlantik, wo er am 5. Mai 1821 starb.
Trotz Hunderttausender Kriegsopfer und aller sonstigen negativen Erfahrungen wuchs sich die Popularität Napoleons nach seinem Tod zum regelrechten Kult aus. Die Restaurationsherrschaft der Bourbonen trug wesentlich dazu bei, den kleinen Mann, der halb Europa beherrscht hatte und inmitten goldbeladener Marschälle in seinem unscheinbaren grauen Mantel alle Blicke auf sich zog, der, selbst aus wenig begüterten Verhältnissen stammend, Bäcker zu Generalen und die Söhne von Gastwirten und Böttchern zu Königen und Fürsten machte, der festlegte, daß vor Gericht der Schneidermeister gleichviel als ein Herzog zählte, zum Mythos zu stilisieren. Am 15. Dezember 1840 wurden die sterblichen Überreste Napoleons in den Pariser Invalidendom überführt. Gebrauchs- und Ziergegenstände zierte sein Bildnis oder sein nicht minder bekannter Hut. Neben Tellern, Tassen, Spazierstöcken und Tabaksdosen mit dem Konterfei des Korsen sind selbst Darstellungen Napoleons mit dem Heiligenschein der christlichen Ikonographie bekannt. Noch 1828 schrieb Goethe, der das ihm verliehene Kreuz der Ehrenlegion mit Stolz trug, über Napoleon, von dem er nur als „meinem Kaiser“ sprach: „Sein Leben war das Schreiten eines Halbgottes von Schlacht zu Schlacht und von Sieg zu Sieg. Von ihm könnte man sehr wohl sagen, daß er sich in dem Zustande einer fortwährenden Erleuchtung befunden; weshalb auch sein Geschick ein so glänzendes war, wie es die Welt vor ihm nicht sah, und vielleicht auch nach ihm nicht sehen wird.“

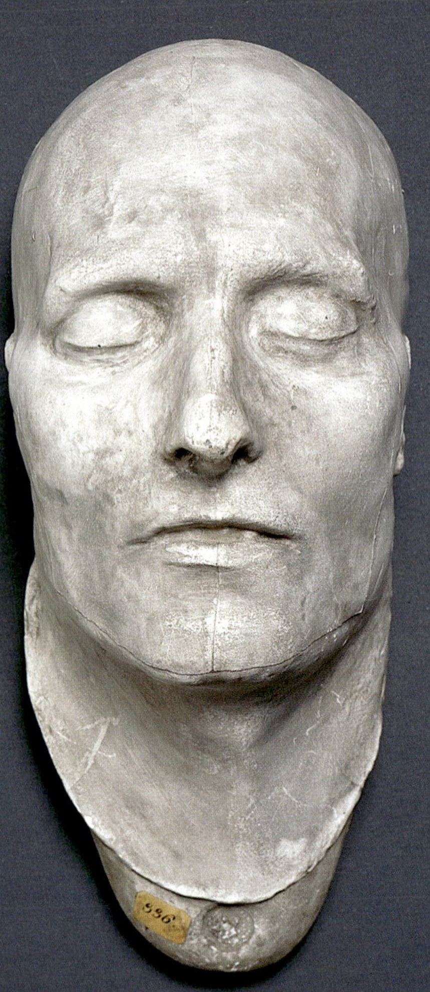

Totenmaske Napoleons
Francesco Antommarchi (1789–1838)
Frankreich, um 1833
Gips, hellgrau gefaßt
35 x 15,5 x 19,3 cm
am Halsansatz eingetiefte runde Marke: Imperatorenbüste mit Lorbeerkranz, Umschrift: (NAPOLE?) ON IMP. ET ROI.
SML Inv.-Nr.: 1083 a
Abbildung ▲

Gemeinsam mit einem englischen Arzt fertigte Napoleons Leibarzt auf St. Helena, Antommarchi, einige Originalmasken des am 5. Mai 1821 verstorbenen Napoleon an. Im Jahre 1833 produzierte Antommarchi nach diesen Originalen Kopien aus Gips oder Bronze, die zum Kauf angeboten wurden. Bei diesem Stück handelt es sich um eine derartige Kopie.

Dose in Form von Napoleons Zweispitz
Frankreich, 1. Hälfte 19. Jh.
Horn
8 x 4,5 cm
auf der Rückseite Relief mit Darstellung Napoleons in einer Landschaft, Aufschrift: Napoleon À Ste Helene
SML Inv.-Nr.: W/Div 13

Napoleon d'or, 20 Francs
1811
Gold, geprägt
D 2 cm
Avers: lorbeerbekränzter Kopf Napoleons nach links, sign. am Halsabschnitt: Droz F.
Umschrift: NAPOLEON EMPEREUR.
Revers: 20 Francs im geschlossenen Lorbeerkranz, Umschrift: Hahn (als Zeichen) EMPIRE FRANÇAIS. V. 1811
*Randschrift: *DIEU PROTEGE LA FRANCE.*
SML Inv.-Nr.: VD I/25

Französisches Kaiserthum
um 1805
kolorierte Radierung
28 x 38,5 cm
SML Inv.-Nr.: Car.-Nr. 66/a E Inv.-Nr. 96
Abbildung ▲
Unter einem Baldachin thront Napoleon, der Papst setzt ihm die Kaiserkrone auf, auf dem Baldachin sitzt der gallische Hahn, um Napoleons Kopf schweben zahlreiche Bienen. Im Vordergrund sind eine Reihe von Zuschauern dargestellt, die teilweise jubeln, diskutieren oder auf den neuen Kaiser zeigen. Auf der Mauer links steht eine weibliche Statue mit Lorbeerkranz und einem Stab, auf dem eine Jakobinermütze steckt. Die mit den Worten Freiheit Gleichheit beschriftete Statue wischt sich mit dem Mantelzipfel die Tränen aus dem linken Auge. Neben ihr stehen fünf mit Trauerflor bedeckte Urnen, die als die fünf verschiedenen französischen Verfassungen (Constitutionen) gekennzeichnet sind.

Karussellbekrönung (?), Napoleons Kopf darstellend
19. Jh.
Holz, geschnitzt, polychrom gefaßt
H 30 cm
SML Inv.-Nr.: Div 262
Abbildung ▶
Das Stück belegt die große Popularität, die der Kaiser der Franzosen im 19. Jahrhundert genoß. Ursprünglich dürfte es Teil einer Karussellbekrönung oder eines Jahrmarkt-Ballwurfspiels gewesen sein.

Döbereiner Feuerzeug mit Darstellung des jungen Napoleon bei der Belagerung von Toulon
deutsch (?), um 1825
D 14 cm, H 21 cm
Messing lithographiert, Blech, Glas, Zink, Platin
SML Inv.-Nr.: Div 267
◀ *Abbildung*
Das Prinzip dieser chemischen Zündmaschine erfand der deutsche Chemiker Johann Wolfgang Döbereiner im Jahre 1823. Ein Zinkstab wurde in einen mit Schwefelsäure gefüllten Glaskolben eingeführt. Durch chemische Reaktion wurde Wasserstoff freigesetzt, der sich, über ein verschließbares Ventil geleitet, auf einem Platinschwamm entzündete. Aufgrund des notwendigen Gefäßes für die chemische Reaktion waren derartige Feuerzeuge so dimensioniert, daß sie mit Abbildungen verziert werden konnten. Dieses Exemplar ist Beispiel für die bereits wenige Jahre nach Napoleons Tod weit verbreitete Napoleonverehrung.

Bildnisbüste Napoleon Bonapartes
nach dem Modell von Antoine-Denis Chaudet (1763–1810) von 1805
Frankreich, um 1805
Marmor
25 x 39 x 54 cm
SML Inv.-Nr.: Pl. 1010
◀ *Abbildung*
Vornehmlich für die Nationalmanufaktur von Sèvres lieferte Chaudet zahlreiche Modelle für Bildnisbüsten. Das Modell für die hier vorgestellte Büste stammt ebenfalls von ihm und wurde für Plastiken in großer Stückzahl und verschiedensten Materialien verwendet.

Napoleon I. zu Pferd
Antoine Charles Horace Vernet (1758–1836)
um 1830
Farblithographie
73,5 x 61,5 cm
SML Inv.-Nr.: Rep. 128/13
Abbildung ▲

Tabakspfeife mit Bildnisbüste Napoleons als Pfeifenkopf
um 1850
Meerschaum, Bernstein
L 21 cm, D Kopf 6 cm
SML Inv.-Nr.: Div 329

Und die Grenzen aller Länder wanken Und die alten Formen stürzen ein

Die Confédération du Rhin

Schon früh hatte sich Napoleon um die süddeutschen Souveräne bemüht, um sie als „drittes Deutschland" gegen den Einfluß Österreichs und Preußens im Reichsverband aufzubauen. Er hoffte, diese Fürstentümer durch den Reichsdeputationshauptschluß zu stärken und an Frankreich zu binden. Bereits im dritten Koalitionskrieg standen Bayern, Württemberg und Baden an seiner Seite. Durch den Preßburger Friedensschluß erhielten die drei Staaten einerseits weitere, ehemals österreichische Gebiete, andererseits war durch die Aufteilung des habsburgischen Besitzes in Süddeutschland der Einfluß Österreichs hier völlig zurückgedrängt worden. Ungehindert und von Napoleon ermutigt, bemächtigten sich jetzt seine deutschen Bundesgenossen auch reichsritterschaftlicher Gebiete. Gleichzeitig entstand aus bayerischen und preußischen Territorien am Niederrhein das Fürstentum Berg, mit dem Napoleon seinen Schwager Joachim Murat belohnte. Damit wurde ein Angehöriger der kaiserlichen Familie Mitglied im Reichsverband.
Schon Anfang 1806 war der Plan einer Konföderation mit Frankreich diskutiert worden, doch gestalteten sich die Gespräche durch Vorbehalte Bayerns und Württembergs hinsichtlich des damit verbundenen Verlustes bestimmter Souveränitätsrechte problematisch. Nach einigen Detailkorrekturen unterzeichneten die Vertreter von 16 deutschen Fürstenhäusern am 12. und 16. Juli 1806 die Gründungsakte der Confédération du Rhin und sagten sich am 1. August vom Reichsverband los. Kern des Vertrages war eine Offensiv- und Defensivallianz, durch die Napoleon nun für jeden künftigen Kontinentalkrieg Truppenkontingente der Bundesmitglieder zur Verfügung standen. Durch diesen Schritt wurde das Heilige Römische Reich Deutscher Nation praktisch aufgelöst. Franz II. legte am 6. August 1806 die Reichskrone nieder und entband alle Stände ihrer Pflichten. Bis zum Ende des Jahres 1808 waren mit Ausnahme Preußens und Österreichs alle deutschen Staaten Mitglied der Konföderation unter dem Protektorat Napoleons geworden. Um 1811, auf seinem Höhepunkt, umfaßte der Rheinbund vier Königreiche, fünf Großherzogtümer, elf Herzogtümer und 16 Fürstentümer mit einem Gebiet von 325 752 Quadratkilometern mit 14 808 877 Einwohnern.
Pläne für eine gemeinsame Bundesverfassung scheiterten am Widerstand Bayerns und Württembergs. Eine vorgesehene Bundesversammlung trat nie zusammen. Nach zwei halbherzigen Versuchen, die Konföderation zu einer politischen, rechtlichen und wirtschaftlichen Einheit zu entwickeln, verschob Napoleon die Lösung dieser Aufgabe auf den ungewissen Zeitpunkt eines allgemeinen Friedens. Das für ihn wichtigste Ziel, die Militärallianz, war zunächst erreicht. Zeitweise standen bis zu 120 000 Soldaten der Rheinbundstaaten im Dienste Napoleons im Feld. Außerdem sollten auch die wirt-

schaftlichen Ressourcen der Bundesstaaten Frankreich zur Verfügung stehen. Dies war nur möglich, wenn sie, von alten Fesseln befreit, unbedingt notwendige Maßnahmen zur staatlichen Konsolidierung ergriffen und die Verhältnisse der Länder allmählich eine Angleichung an die französischen erfuhren. So wurde den Bundesfürsten zumindest die Einführung des Code civil empfohlen.

Musterstaat des Rheinbundes sollte das aus Hessen-Kassel, Minden, Osnabrück, der Altmark, Braunschweig und den hannöverschen Gebieten um Göttingen geschaffene Königreich Westfalen werden, das der Bruder des Kaisers, Jerôme Bonaparte, als König regierte. In dem neuen Königreich wurde mit dem Code Napoléon zum ersten Mal in Deutschland ein bürgerliches Gesetzbuch zur Geltung gebracht. Die französischen Verwaltungs- und Finanzbeziehungen wurden übernommen, Gewerbefreiheit und Ablösung der Feudallasten verkündet. Die aufwendige Hofhaltung Jerômes und mehr noch die ständigen Geldforderungen seines kaiserlichen Bruders führten zu einer permanenten Geldknappheit nahe am Staatsbankrott.

Die Großherzogtümer Berg und Frankfurt wurden ebenfalls nach französischem Vorbild organisiert. Anders verlief die Entwicklung in den Staaten des ehemaligen Reiches. Während Mecklenburg und Sachsen ihr altständisches Leben fortsetzten und nur um Reformen im Militärwesen nicht herumkamen, hatten am Mittelrhein die bereits 1803 eingeführten Neuerungen Bestand. Einige der Reformen überdauerten den Bund. Bayern erhielt 1808 eine Staatsverfassung, die Reste der persönlichen Leibeigenschaft, wie Dienstzwang und Leibzins, aufhob, in Baden wurde sogar der Code Napoléon eingeführt. Hier und in der bayerischen Pfalz blieb das bürgerliche französische Gesetzbuch sogar bis zum Jahre 1899 gültig. Wie in Bayern, so wurde auch in Württemberg die Parität des religiösen Bekenntnisses verkündet. Namentlich in den süddeutschen Staaten standen die Regierungen vor der Aufgabe, die neu gewonnenen Gebiete zu integrieren. Dies ging in der Regel mit der Beseitigung feudaler und ständischer Privilegien, der Schaffung einer moderneren Verwaltungsorganisation und der Modernisierung des Steuersystems nach französischem Vorbild einher, wenn auch die Umsetzung individuelle Züge trug. Tatsächlich wurden durch Reformen in den Rheinbundstaaten zahlreiche Mißstände beseitigt, doch blieb durch die „Revolution von oben" die Person des Souveräns unangetastet, ja wurde dessen Stellung oft noch beträchtlich gestärkt. So hieß es in einer zeitgenössischen Flugschrift: „Er (Napoleon) erspart uns blutige Revolutionen, die der fortschreitende Zeitgeist notwendig gemacht hätte ... ohne Einwirkung der rohen Menge ..."

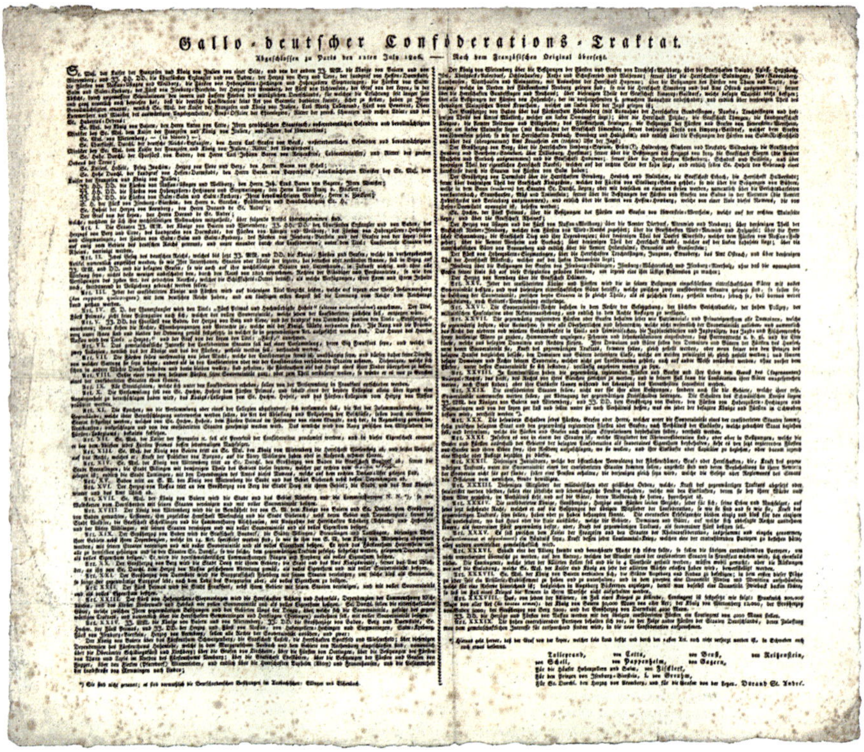
Gallo-deutscher Conföderations-Traktat.
Abgeschlossen zu Paris den 12ten July 1806. — Nach dem Französischen Original übersetzt.

Gallo-deutscher Conföderations-Traktat.
Abgeschlossen zu Paris den 12ten July 1806.
Nach dem Französischen Original übersetzt.
Buchdruck
54 x 45 cm
SML Inv.-Nr.: Bibl. o. Nr.
Abbildung ▲

Infanterietschako, Füsilier vom 6. Linienregiment
Westfalen 1806–15
Filz, Leder, Messing, Holz, Tuch
D 26 cm, H 18 cm
SML Inv.-Nr.: W/K 16

Rohr einer sechspfündigen Feldkanone, System Gribeauval
Westfalen 1812
Bronze
am Rohrende oberhalb der Traube Schwalbenschwanzschiene für ein Visier, Zündloch vernagelt
Inschrift auf dem Bodenstück: überkröntes JN (Jerôme Bonaparte) über Jahreszahl 1812
L 171,5 cm, D Mündung 21 cm, G (nach Vorschrift) 450 kg
SML Inv.-Nr.: W/V 2a
Das Geschützrohr wurde Jahrzehnte nach der Völkerschlacht dort ausgegraben, wo sich im Jahre 1813 in der Nähe der damaligen Stadtmauer der sogenannte Blutegelteich befand. Wahrscheinlich haben die am 19. Oktober zurückweichenden Truppen Napoleons das Rohr vernagelt, um es unbrauchbar zu machen, und es zudem im Wasser versenkt, damit es nicht in die Hände des Gegners fiel. Die wertvollen Geschütze waren begehrte Beuteobjekte, konnten sie doch meist ohne große Schwierigkeiten sofort wieder eingesetzt werden.

Rock der Leichten Infanterie, 6. Linienregiment
Westfalen, um 1810
Tuch, Leinen, Wolle, Messing, Eisen
Rock aus weißem Tuch mit geraden, weiß gepaspelten Rabatten, blauem, weiß gepaspeltem geschlossenem Kragen und ebensolchen Aufschlägen, blaue, weiß gepaspelte Epauletten und blaue Schoßumschläge mit aufgenähten Abzeichen mit einer 6 und einem Stern aus weißem Tuch, grobes Leinenfutter, Messingknöpfe mit aufgeprägter 6, eiserne Haken und Ösen
rückwärtige Länge 69 cm
SML Inv.-Nr.: U 156
Abbildung ▲

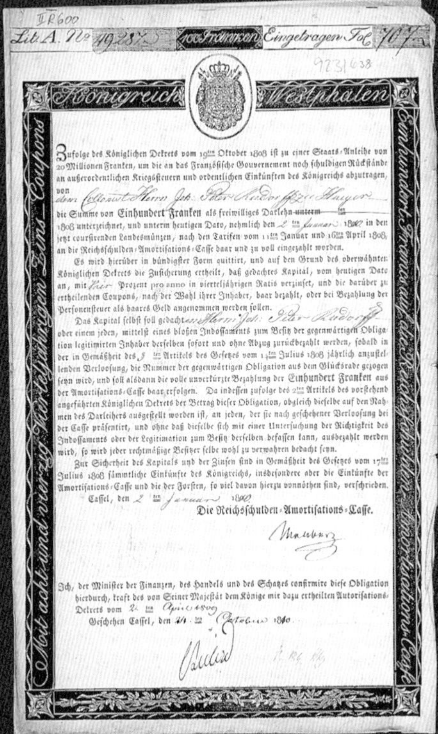

Lit. A. № 49287 100 Franken Eingetragen Fol. 707

Königreich Westphalen

Zufolge des Königlichen Dekrets vom 19ten Oktober 1808 ist zu einer Staats-Anleihe von 20 Millionen Franken, um die an das Französische Gouvernement noch schuldigen Rückstände an außerordentlichen Kriegssteuern und ordentlichen Einkünften des Königreichs abzutragen, von dem Colonat Herrn Joh: Peter Rudorff zu Hayer die Summe von Einhundert Franken als freiwilliges Darlehn ~~unterm~~ 1808 unterzeichnet, und unterm heutigen Dato, nehmlich den 2ten Januar 1810 in den jetzt coursirenden Landesmünzen, nach den Tarifen vom 11ten Januar und 16ten April 1808, an die Reichsschulden-Amortisations-Casse baar und zu voll eingezahlt worden.

Es wird hierüber in bündigster Form quittirt, und auf den Grund des obenerwähnten Königlichen Dekrets die Zusicherung ertheilt, daß gedachtes Kapital, vom heutigen Dato an, mit Vier Prozent pro anno in vierteljährigen Ratis verzinset, und die darüber zu ertheilenden Coupons, nach der Wahl ihrer Inhaber, baar bezahlt, oder bei Bezahlung der Personensteuer als baares Geld angenommen werden sollen.

Das Kapital selbst soll gedacht an Herrn Joh: Peter Rudorff oder einem jeden, mittelst eines bloßen Indossaments zum Besitz der gegenwärtigen Obligation legitimirten Inhaber derselben sofort und ohne Abzug zurückbezahlt werden, sobald in der in Gemäßheit des 5ten Artikels des Gesetzes vom 14ten Julius 1808 jährlich anzustellenden Verloosung, die Nummer der gegenwärtigen Obligation aus dem Glücksrade gezogen seyn wird, und soll alsdann die volle unverkürzte Bezahlung der Einhundert Franken aus der Amortisations-Casse baar erfolgen. Da indessen zufolge des 2ten Artikels des vorstehend angeführten Königlichen Dekrets der Betrag dieser Obligation, obgleich dieselbe auf den Nahmen des Darleihers ausgestellt worden ist, an jeden, der sie nach geschehener Verloosung bei der Casse präsentirt, und ohne daß dieselbe sich mit einer Untersuchung der Richtigkeit des Indossaments oder der Legitimation zum Besitz derselben befassen kann, ausbezahlt werden wird, so wird jeder rechtmäßige Besitzer selbe wohl zu verwahren bedacht seyn.

Zur Sicherheit des Kapitals und der Zinsen sind in Gemäßheit des Gesetzes vom 17ten Julius 1808 sämmtliche Einkünfte des Königreichs, insbesondere aber die Einkünfte der Amortisations-Casse und die der Forsten, so viel davon hierzu vonnöthen sind, verschrieben.

Cassel, den 2ten Januar 1810.

Die Reichsschulden-Amortisations-Casse.

Ich, der Minister der Finanzen, des Handels und des Schatzes confirmire diese Obligation hierdurch, kraft des von Seiner Majestät dem Könige mir dazu ertheilten Autorisations-Dekrets vom 2ten April 1809

Geschehen Cassel, den 24ten Oktober 1810.

Mit acht und vierzig Vierteljährigen Zins-Coupons

Einhundert Francs auf die Reichsschulden-Amortisations-Casse

A. N° Fol. A.
Zins-Coupon über
Zahlbar den 30ten Septbr. 18
Vierteljährige Zinsen
aus der Westphälischen Reichsschulden - Amortisations - Casse.
Westphälische
Gesetz vom 14. Jul. 1808.
A. Reichsschulden-Amortisations-Casse. A.

A. N° 49287 Fol. 394/394 A.
Zins-Coupon über Zwey Francs.
Zahlbar den 31ten Decbr. 1816.
Vierteljährige Zinsen
aus der Westphälischen Reichsschulden - Amortisations - Casse.
A. Reichsschulden-Amortisations-Casse. A.

A. N° Fol. A.
Zins-Coupon über
Zahlbar den 31ten März 18
Vierteljährige Zinsen
aus der Westphälischen Reichsschulden - Amortisations - Casse.
A. Reichsschulden-Amortisations-Casse. A.

A. N° 49287 Fol. 394/394 A.
Zins-Coupon über Zwey Francs.
Zahlbar den 30ten Juni 1817.
Vierteljährige Zinsen
aus der Westphälischen Reichsschulden - Amortisations - Casse.
A. Reichsschulden-Amortisations-Casse. A.

Obligation der Königlich Westphälischen Amortisations Casse über einhundert Franken mit vier Zinscoupons für die Jahre 1816 und 1817
Kassel, 24. Oktober 1810
Buchdruck mit handschriftlichen Eintragungen
Obligation: 38 x 23 cm
Coupons: je 26,5 x 20 cm
SML Inv.-Nr.: Bibl. II R 600
Abbildung ▲
Zur Deckung der Staatsausgaben, insbesondere der fortwährenden, außerordentlich hohen Kriegskosten, wurde diese Anleihe aufgelegt.

Aristides oder über die Aufhebung der Steuerfreiheit und eine gleiche Vertheilung der Reallasten im Königreiche Sachsen, so wie über die Mittel, dieselben zu erleichtern.
Von einem sächsischen Patrioten bei Gelegenheit des Landtags 1811.
Dresden 1811
Arnoldische Buchhandlung
Buchdruck
17 x 21 cm (aufgeschlagen)
SML Inv.: II H 38

Verzeichnis sämmtlicher Herren Stände bei dem Landtage zu Dresden 1811.
Gefertiget bei der landschaftlichen Canzley.
Dresden 1811
Druck Carl Gottlob Gärtner
Buchdruck
18,5 x 22 cm (aufgeschlagen)
SML Inv.-Nr.: II H 37

Medaille für Teilnehmer am Spanienkrieg
Baden, um 1809
Bronze
D 3,4 cm
Avers: Aufschrift PENINSULA in Eichenlaub- und Lorbeerkranz
Revers: militärische Trophäen im Stil der römischen Antike, im Zentrum ein Schild mit dem Monogramm des Großherzogs von Baden
sign. u. l. unter den Trophäen: BRASSEUX FRERES
SML Inv.-Nr.: Ord. A alpha S, VI, 2
Abbildung ▶

Neben dem Bestreben, den Zerfall des Heiligen Römischen Reiches zu beschleunigen und die Stellung Österreichs zu schwächen, war einer der Beweggründe Napoleons für die Schaffung des Rheinbundes die Verstärkung seiner Armeen durch Truppen der Bündnispartner. Jeder Bundesstaat hatte sich mit exakt festgelegten Kontingenten an den Kontinentalkriegen Napoleons zu beteiligen. Gemeinsam mit nassauischen, hessischen und Frankfurter Truppen bildeten badische Einheiten die „Deutsche Division" (später „Rheinische Bundesdivision"), die fünf Jahre lang auf der Iberischen Halbinsel kämpfte. In der Schlacht bei Talavera (28. Juli 1809) stand ihr die King's German Legion (hannöversche Truppen im Dienste des englischen Königs) gegenüber. Tragischer konnten sich die schwerwiegenden Folgen der deutschen Kleinstaaterei kaum auswirken. Deutsche Einheiten kämpften in englischen bzw. französischen Diensten in Spanien gegeneinander. Die letzten badischen Rheinbundtruppen, die für Napoleon in Spanien gekämpft hatten, kehrten erst nach dem Pariser Frieden (31. Mai 1814) in ihre Heimat zurück.
Die hier gezeigte Medaille ist eine der seltenen Auszeichnungen eines Rheinbundstaates, die eigens für die Teilnahme an einem Krieg an der Seite Napoleons verliehen wurde.

24 Quartierscheine für den Kaufmann Brandstetter
Hof, 18. November 1806 – 27. Dezember 1815
Buchdruck mit handschriftlichen Eintragungen
je 6,5 x 15 cm
SML Inv.-Nr.: II R 532

Langten auf dem Marsch befindliche Truppen zur Zeit des allabendlichen Biwaks in Ortschaften an, so wurden die Offiziere, und wenn es die Größe des Ortes zuließ, auch die Soldaten, in den Häusern der Bewohner einquartiert. Besonders in größeren Städten konnte ein solcher Aufenthalt mehrere Tage andauern. Die Quartierwirte erhielten je nach Größe des Hauses durch ein Formular eine bestimmte Anzahl Soldaten zugewiesen, denen sie Schlafstatt und Verpflegung zu bieten hatten, die sie verauslagen mußten. Gegen Vorlage des Quartierscheins wurden den Wirten ihre Unkosten später erstattet. Mitunter ist von einem regelrechten Handel mit solchen Quartierscheinen zu lesen. Offensichtlich boten die ungebetenen Gäste, sicherlich vornehmlich für wenig Begüterte, eine Möglichkeit, etwas Geld zu verdienen. Für die Zivilbevölkerung waren Einquartierungen in der Regel eine schwere Belastung. Hatte sich das Kriegsglück gewendet und zogen die einquartierten Truppen eilends weiter, blieben dem Wirt für seine Auslagen oft genug nur die wertlosen bedruckten Zettel. Die hier gezeigten Scheine verdeutlichten die Belastungen, denen ein Bürger in den Jahren der Napoleonischen Kriege ausgesetzt war.

Schraubtaler auf die Kriegsereignisse der Jahre 1806/07 und die Siege der Rheinbundtruppen
o. J. (1807)
Zinn, gegossen
D 5 cm
Avers: Brustbilder des sächsischen Königs Friedrich August und des württembergischen Königs Friedrich einander zugekehrt, beide geharnischt. Umschrift:
*FRIEDR:AUG:KÖNIG:V:SACHSEN**
*FRIEDRICH:KÖ:V:WÜRTEMBERG**
Revers: Brustbilder Napoleon Bonapartes und des bayerischen Königs Maximilian ebenfalls einander zugekehrt und geharnischt.
*Umschrift: NAPOLEON:KAI:D:FR:U:KÖ:V:ITALIEN**
*MAXIMILIAN IOSEPH:KÖ:V:BAIERN**
sign. u. l. am Brustabschnitt Napoleons: Stettner
An den Innenseiten der Hüllen zwei jeweils von Lorbeerkränzen umgebene Inschriften:
1. Der/Kayserl.französischen/König, baiernschen/würtembergischen/sächsischen und alliirten/Armee/gewidmet.
2. Unverwelkliche/Lorbeeren/erkämpft auf den Gefilden/des Ruhms –/ von den/Kayserl. französischen/König. baiernschen./ würtembergischen/sächsischen u: alliirten/ Truppen.
Inliegend Serie von 18 kolorierten Radierungen
D je 4,2 cm
jeweils beschr. mit Ort und Datum der Kampfhandlungen:
Grossglogau den 3. Dec. 1806.
Übergang über den Flus Wkra 24. Dec. 1806.
Strehlen 24. Dec. 1806.
Pultusk den 26. Dec. 1806.
Rügen 8 Sept. 1807.
Ostrolenka. 16. Feb. 1807.
Stralsund 20. Aug. 1807.
Neisse 30. Mai. 1807.
Schweidniz den 6. Feb. 1807.
Danzig 26. May 1807.
Glaz 25. Jun. 1807.
Kosel 18. Jun. 1807.
Heilsberg d. 9. Juni. 1807.
Friedland 14. Juni. 1807.
Allenstein d. 4. Feb. 1807.
Eylau 6. Feb. 1807.
Brieg 16. Jun. 1807.
Breslau den 4. Jan. 1807.
SML Inv.-Nr.: DAF 35, M 176

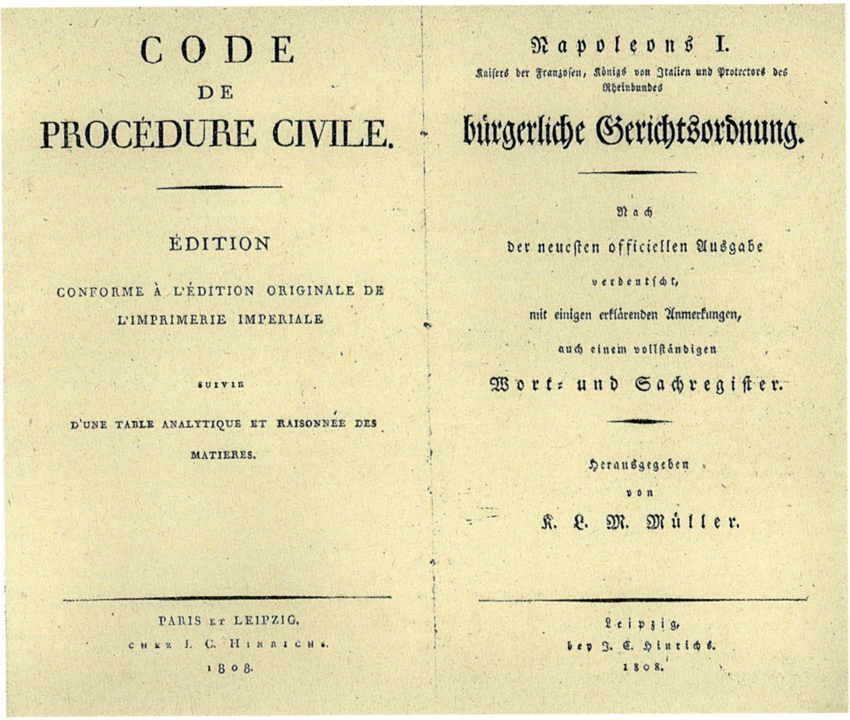

CODE
DE
PROCÉDURE CIVILE.

ÉDITION
CONFORME À L'ÉDITION ORIGINALE DE
L'IMPRIMERIE IMPERIALE
SUIVIE
D'UNE TABLE ANALYTIQUE ET RAISONNÉE DES
MATIERES.

PARIS ET LEIPZIG,
CHEZ J. C. HINRICHS.
1808.

Napoleons I.
Kaisers der Franzosen, Königs von Italien und Protectors des
Rheinbundes
bürgerliche Gerichtsordnung.

Nach
der neuesten officiellen Ausgabe
verdeutscht,
mit einigen erklärenden Anmerkungen,
auch einem vollständigen
Wort- und Sachregister.

Herausgegeben
von
K. L. M. Müller.

Leipzig,
bey J. C. Hinrichs.
1808.

Napoleons I. Kaisers der Franzosen, Königs von Italien und Protectors des Rheinbundes bürgerliche Gerichtsordnung.
Nach der neuesten officiellen Ausgabe verdeutscht, mit einigen erklaerenden Anmerkungen, auch einem vollstaendigen Wort- und Sachregister.
französisch und deutsch
Hrsg. K. L. M. Müller
Paris und Leipzig 1808
Verlag J. C. Hinrichs
Buchdruck
20,5 x 26 cm (aufgeschlagen)
SML Inv.-Nr.: Bibl. S 192
Abbildung ▲

Von der Kunst, eine Schlacht zu verlieren
Jena und Auerstedt

Friedrich Wilhelms III. jahrelange Politik der Geheimverhandlungen und des Taktierens ließ Preußen im Frühjahr 1806 ohne Verbündete isoliert dastehen. Die Verpflichtungen aus dem Schönbrunner Vertrag vom 15. Dezember 1805 gegenüber Napoleon empfand der preußische Monarch als aufgezwungen und setzte die Geheimverhandlungen mit Rußland fort. Zwei Kräftegruppierungen stritten um den künftigen außenpolitischen Kurs. Während eine Partei um Prinz Louis Ferdinand für den Bruch mit Napoleon eintrat, verfolgte die andere Pläne zur Bildung eines norddeutschen Kaiserreiches unter preußischer Führung, die allerdings scheiterten. Im März 1806 besetzte der Schwager Napoleons, Joachim Murat, Herzog von Cleve und Berg, die preußischen Abteien Essen und Werden. Zwar zog er sich bald darauf wieder zurück, das preußische Mißtrauen gegen den französischen Bündnispartner aber blieb bestehen. Als Friedrich Wilhelm III. die Mitteilung erhielt, Napoleon habe in Verhandlungen mit England die Rückgabe der kurz zuvor durch Preußen besetzten hannöverschen Gebiete angeboten, verkündete der preußische König die allgemeine Mobilmachung (8. August 1808). Nachdem gegenseitige Forderungen zur Reduzierung der militärischen Präsenz nicht erfüllt wurden, forderte Preußen Napoleon ultimativ auf, seine Truppen bis zum 8. Oktober aus den süddeutschen Gebieten zurückzuziehen.
Preußen war auf den kommenden Krieg nicht vorbereitet. Bis auf Kursachsen und einige deutsche Kleinstaaten verfügte es über keine Bündnispartner. Verhandlungen mit Rußland hatten noch kein greifbares Ergebnis erbracht. Der Ruhm des preußischen Heeres gründete sich vor allem auf die Siege Friedrichs des Großen. Ausbildung, Taktik und Truppenführung hatten sich seitdem nicht geändert. Das Offizierskorps war völlig überaltert. Das überholte Kompaniewesen führte dazu, daß Gelder, die für die Ausrüstung der Soldaten gedacht waren, zu einem beträchtlichen Teil in die Taschen korrupter Offiziere flossen. Demzufolge befand sich die Ausrüstung der Soldaten in einem kläglichen Zustand. Mit diesem Gegner hatte Napoleon leichtes Spiel. Bereits am 10. Oktober besiegte er die preußische Vorhut unter Louis Ferdinand bei Saalfeld. Am 14. Oktober folgte das Fiasko. Napoleon und Davout bereiteten den preußisch-sächsischen Armeen bei Jena und Auerstedt eine verheerende Niederlage. Die geschlagenen Truppen lösten sich völlig auf. Friedrich August III. von Sachsen beeilte sich, die Neutralität seines Kurfürstentums zu erklären. Napoleon zog kampflos in Berlin ein. Der preußische Hof floh nach Königsberg. Das preußische

Militär zeigte sich vollkommen demoralisiert. Schicksalsergeben überbot man sich gegenseitig in der Geschwindigkeit der Kapitulationen. So übergab der 81 Jahre alte Kommandant von Stettin seine Festung mit 5 000 Soldaten, 100 Geschützen und großen Vorräten an einen Trupp von 800 Husaren Murats! Küstrin wurde drei französischen Kompanien überlassen, und die 24 000 Mann starke Festung Magdeburg mit 600 Geschützen und immensen Vorräten übergab der 73 Jahre alte Kommandant an französische Truppen, die lediglich über drei leichte Mörser verfügten. Die Fassungslosigkeit des Offizierskorps über die unglaubliche Niederlage war grenzenlos. Ein Präliminarfrieden, der für Preußen beträchtliche Gebietsverluste vorsah, wurde am 30. Oktober unterzeichnet. Inzwischen hatte Rußland die Kriegshandlungen, die 1805 eingestellt worden waren, wieder aufgenommen. Zum Schutz der Grenzen ließ der Zar seine Truppen bis zur Weichsel vorrücken. Friedrich Wilhelm III. entschloß sich zum Bündnis mit Rußland. Am 7. / 8. Februar 1807 endete das erste große Treffen der russisch-preußischen Armee mit dem französischen Heer ohne eindeutigen Sieger. Nach längerem Zögern lehnte Friedrich Wilhelm III. ein Angebot Napoleons für einen Separatfrieden ab. Als die russische Armee am 14. Juni nach der Schlacht bei Friedland zum Rückzug gezwungen worden war, ging Alexander I. auf Friedensverhandlungen ein. Auf einem Floß im Njemen handelten er und Napoleon die Bedingungen eines künftigen Friedens aus. Der preußische König mußte sich mit der Rolle eines unbeteiligten Zuschauers bescheiden. Der Friedensvertrag zwischen Frankreich und Rußland wurde am 7. Juli 1807 in Tilsit unterzeichnet. Zwei Tage später blieb Friedrich Wilhelm III. nichts anderes übrig, als das Diktat anzuerkennen, durch das Preußen über die Hälfte seines Territoriums und fünf Millionen Einwohner verlor. Bis zur endgültigen Klärung der Kontributionshöhe, die später bei jährlichen preußischen Staatseinnahmen von 56,5 Millionen Francs auf 154,5 Millionen Francs festgelegt wurde, verblieben französische Truppen in Preußen.

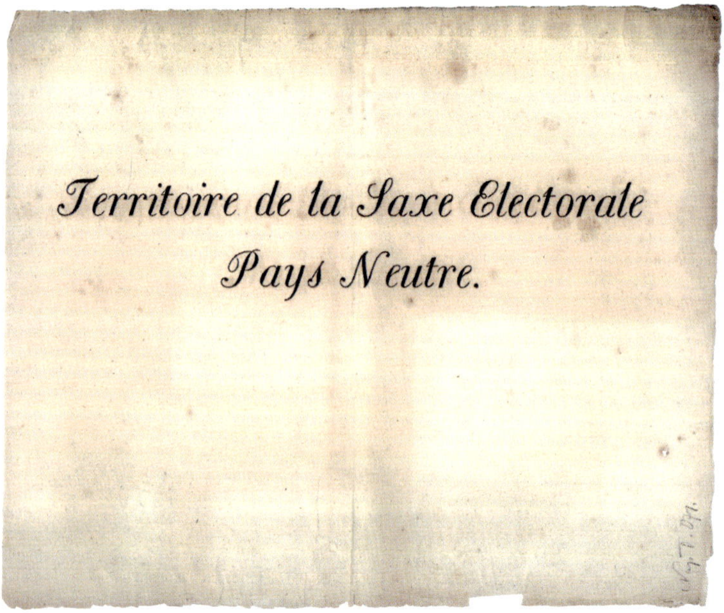
Territoire de la Saxe Electorale
Pays Neutre.

Anschlagzettel: Territoire de la Saxe Electorale Pays Neutre.
Sachsen 1806
Buchdruck
34 x 41 cm
SML Inv.-Nr.: Bibl. o. Nr.
Abbildung ▲
Am 24. Oktober 1806 wurde in Sachsen die Neutralität des Kurfürstentums proklamiert. An seinen Grenzen errichtete man „Neutralitätspfähle" mit obigem Anschlag, der einmarschierenden französischen Truppen bekanntmachen sollte, daß sie sich nun nicht mehr auf feindlichem Gebiet befänden und Land und Bevölkerung entsprechend zu behandeln hätten.

Bekanntmachung des Rates der Stadt Leipzig betr. der nahenden Kriegsgefahr und der Beruhigung der zur gegenwärtigen Messe anwesenden Kaufleute
Leipzig, 11. Oktober 1806
Buchdruck
21,5 x 18,5 cm
SML Inv.-Nr.: Bibl. o. Nr.

BATAILLE DE IENA le 14 Octobre 1806
(Schlacht bei Jena am 14. Oktober 1806)
Johann Lorenz Rugendas (1775–1826)
um 1810
kolorierte Radierung
47,5 x 57,5 cm
bez. o. r.: XI.
u. M.: Se vend a Augsburg chez J. L. Rugendas.
u. l.: Inventé, et les environs dessinés d'après la nature par I. L. Rugendas
beschr. u. M.: Cette fameuse Bataille entre l'Armée Française, & l'Armée Prusse-Saxonne, commandée du Premiere par Napoleon Empereur des Français, & l'autre par frederic Guillaume Roi de Prusse, avoit lieu près de lena, & decida par ses suites du Sort de la Campagne en Faveur des Français.
(Diese berühmte Schlacht zwischen der französischen Armee und der preußisch-sächsischen Armee, erstere befehligt von Kaiser Napoleon und die andere von Friedrich Wilhelm, König von Preußen, fand bei Jena statt und entschied in der Folge über den Ausgang des Feldzuges zugunsten der Franzosen.)
SML Inv.-Nr.: Nap. II 174/170
J. L. Rugendas gehörte zu einer Dynastie in Augsburg ansässiger Kupferstecher und Radierer, er hinterließ mehr als 50 Darstellungen aus der Zeit der Freiheitskriege. Im Gegensatz zu diesem Blatt, in dem er ausdrücklich auch als Zeichner der Landschaft genannt wird, ließ er die landschaftlichen Hintergründe oft von einheimischen Künstlern zeichnen, im Falle Leipzigs beispielsweise von J. J. Wagner.
Die Ansicht der Jenaer Schlacht ist von einem hohen Betrachterstandpunkt aus komponiert, der Betrachter überblickt gemeinsam mit den Soldaten am Geschütz vorn links eine weite Ebene, in der sich das Geschehen abspielt. Geschickt wird der Blick entlang der Truppenbewegungen in die Bildtiefe und zu den Gefechtssituationen geleitet. Zu den Standardmotiven bei vergleichbaren Darstellungen dieser Zeit gehören u. a. der tote geborstene Baum als seitliche Bildbegrenzung und die Überreste der Schlacht im Vordergrund: Leiche, totes Pferd und zerschossene Trommel.

Kavalleriekartuschtasche mit Bandelier
Sachsen, um 1806
Leder, Messing, Eisen, Holz
Bandelier aus geweißtem Leder mit zwei Riemen zur Befestigung der Kartuschtasche, Messingschnalle und Messingbeschläge, Tasche mit Holzeinsatz für 18 Papierkartuschen und Aussparung zur Aufnahme des Ladestocks für Pistolen, Ladestock mit Fangriemen am Bandelier befestigt, um einen evtuellen Verlust des Stockes zu verhindern
L Bandelier 95 cm
Kartuschtasche 24 x 8 x 12,5 cm
SML Inv.-Nr.: U 141,1/ U 141,2

Husarenoffizierssäbel
Sachsen, um 1810
Eisen, Messing, z. T. vergoldet, Leder, Holz
Messinggefäß mit in einen Löwenkopf auslaufender Griffkappe, überkröntes Wappenrelief im Griffbügel, Ende der Parierstange als Tatze ausgebildet, Mitteleisen mit floralen Elementen dekoriert, Wicklung fehlt, im oberen Drittel gebläute und mit floralen, vergoldeten Ornamenten verzierte Klinge, hölzerne, mit schwarzem Leder überzogene Scheide mit zwei verzierten Blechen mit Ringbändern und einem Messingschlepper
GL 98 cm, Kl 82 cm
SML Inv.-Nr.: W/S 130
Abbildung ▼

Parade der französischen Garde, vor Sr. Kaiserl: Königl: Majestät Napoleon I. am Lustgarten in Berlin.
Johann Friedrich Jügel (gest. 1833)
um 1806
Radierung
26,8 x 30 cm
bez. u. l.: F. Jügel fecit
SML Inv.-Nr.: Nap. II 40 (DB); A-35

Beschreibung der Schlacht bey Jena, welche am 14. October 1806. zwischen den Kaiserl. Königl. Französischen und Königl. Preußischen Armeen vorfiel.
1806
Titelkupfer: Bildnis Napoleon I.
Buchdruck
17,3 x 18,8 cm (aufgeschlagen)
eingebunden: Plan der BATAILLE bey JENA am 14ten Oct. 1806
kolorierte Radierung
17 x 27 cm
SML Inv.-Nr.: II R 100

Gardegrenadiermütze
Sachsen, um 1810
Bärenfell, Leder, Tuch, Messing, Kupfer
Mütze mit rotem, mit weißer Granate versehenem Boden und messingnem, geprägtem Blech mit den überkrönten Initialen FAR, umgeben von Eichenlaub und zwei Granaten, Krampen zur Befestigung des Bleches ergänzt, Behänge fehlen
D 20 cm, H 34 cm
SML Inv.-Nr.: W/K 32

Infanteriegewehr M/1801, sogenanntes Nothardt-Gewehr
Preußen, um 1806
Holz, Eisen. Messing
GL 142 cm, LL 102 cm
Schloß gestempelt: PS & S Suhl
SML Inv.-Nr.: W/G 115

Kavalleriepistole M 1731
Preußen, um 1750
Holz, Eisen, Messing, Horn
GL 55 cm, LL 36,5 cm
Schloßplatte gestempelt: POTZDAMMAGAZ und S A D (Splittgerber & Daum), Daumenplatte: überkröntes FR (Fridericus Rex)
SML Inv.-Nr.: W/P 154
Abbildung ▼

Hoch lebe Napoleon, der großmüthige Wiederhersteller des Sächsischen Königthums!

Ein Königreich von Napoleons Gnaden

Nach seinem Sieg bei Jena und Auerstedt hatte Napoleon öffentlich bekanntmachen lassen, daß er in Sachsen ein Land sehe, das sich nur unter Zwang mit Preußen verbündet hätte. Er sei nun in das Kurfürstentum einmarschiert, um es zu befreien. Daraufhin beeilte sich Kurfürst Friedrich August III., das Bündnis mit Preußen aufzukündigen, und erklärte Sachsen am 16. Oktober 1806 zum neutralen Territorium. Trotzdem wurde das Kurfürstentum am 23. Oktober 1806 unter französische Verwaltung gestellt und in Departements aufgeteilt. Zentrum des französischen Militärverwaltungssystems für ganz Sachsen wurde Leipzig. Unter diesen Umständen fand Napoleon in den folgenden Friedensverhandlungen im sächsischen Kurfürsten einen fügsamen Partner. Sachsen trat im Frieden von Posen (11. Dezember 1806) dem Rheinbund bei. Das bisherige Kurfürstentum wurde zum Königreich erhoben. Während König Friedrich August I. das Gebiet zwischen Erfurt und dem Eichsfeld an das künftige Königreich Westfalen abtreten mußte, erhielt er nach dem Tilsiter Frieden die ehemalige preußische Enklave in der Niederlausitz, den Cottbuser Kreis und als Sekundogenitur das neu entstandene Großherzogtum Warschau. Die anfänglich stürmische Begeisterung der sächsischen Bevölkerung für den französischen Bündnispartner und Protektor des Rheinbundes wich bald einer kritischen Haltung. Unmittelbar nach dem Einmarsch der Franzosen waren schon erste Abgaben, Kontributionsleistungen und Spanndienste gefordert worden. In der Handels- und Messestadt Leipzig forschten Napoleons Beamte besonders intensiv nach englischen Kaufleuten und deren Warenniederlagen.

Beim Handel mit englischen Waren nahm Leipzig die führende Stellung unter den deutschen Handelsstädten des frühen 19. Jahrhunderts ein. Bereits im letzten Drittel des 18. Jahrhunderts wurden drei Viertel aller in den deutschen Staaten gehandelten Waren des Inselstaates über Leipzig vertrieben. Selbst in der wirtschaftlich komplizierten Situation der Jahre nach dem Siebenjährigen Krieg betrug der Wert der aus England in die Messestadt eingeführten Güter etwa 3,5 Millionen Taler. Mit der industriellen Revolution in England war der Inselstaat ab etwa 1760 zwar in der Lage, ein umfangreiches Warensortiment in großen Stückzahlen herzustellen, benötigte dafür aber entsprechende Absatzmärkte. Da die Leipziger Messe sich zum Zentrum des Osthandels entwickelt hatte, kam ihr beim Absatz dieser Waren nach Osteuropa zentrale Bedeutung zu. Die Zahl der englischen Kaufleute auf Leipziger Messen stieg sprunghaft an.

Der französische Stadtkommandant, General Macon, ließ nach der Besetzung Leipzigs sämtliche Waren des feindlichen Inselreiches in der als „Hauptniederlage für englische Waren“ bekannten Stadt im Wert von neun Millionen Francs unverzüglich beschlagnahmen. Die unter Sequester gestellten Güter bestanden zu 24,66 Prozent aus Baumwollstoffen, zu 73,06 Prozent aus Manufaktur- und zu 2,28 Prozent aus Kolonialwaren. Nach schwierigen Verhandlungen gelang es dem Rat der Stadt, die zum Teil bereits bezahlten Waren gegen die Zahlung von sieben Millionen Francs wieder auszulösen.
Die Konfiskation sollte zwar in erster Linie England treffen, wirkte sich aber für die Messestadt weit ungünstiger aus. Nach einer von 18 Handels- und Bankhäusern gezogenen Bilanz betrug das Leipziger Guthaben derselben in England 356 767 Taler; hinzu kamen noch nicht eingelöste Wechsel in Höhe von 266 521 Talern, zusammen 623 288 Taler, denen nur 80 389 Taler Verpflichtungen gegenüberstanden.
Als Napoleon das Dekret über die Kontinentalsperre in Kraft setzte (21. November 1806), wurde die Fahndung nach Waren des Inselstaates noch intensiver. Doch die sächsischen Unternehmer wußten aus dem Wegfall der englischen Konkurrenz auch beträchtliche Vorteile zu ziehen. Insbesondere die sächsische Tuchfabrikation nahm einen beachtlichen Aufschwung. In den folgenden fünf Jahren konnte sie ihre Produktion verdoppeln.
Letztendlich war Sachsen aus dem verlorenen Krieg mit Napoleon noch einigermaßen glimpflich davongekommen. Von einem ähnlichen Zusammenbruch des Staates, wie ihn Preußen erlebt hatte, konnte keine Rede sein. Dies und die durchaus vorhandenen Vorteile, die Sachsen aus dem Bündnis mit Frankreich erwuchsen, ließen eine solch umfassende Reorganisation wie in Preußen als nicht notwendig erscheinen. Im Hinblick auf Verwaltung und Verfassung verharrte Sachsen auf dem Niveau des 18. Jahrhunderts. Trotzdem setzten sich viele sächsische Intellektuelle für die dringend notwendige Reformierung des Staates ein, die sich am französischen und preußischen Leitbild orientierte.

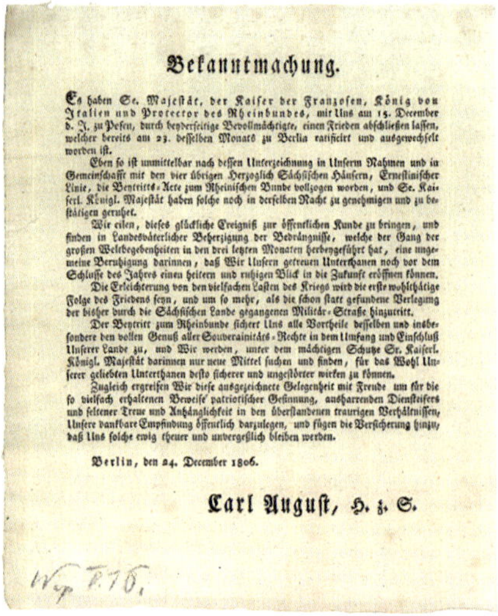
Bekanntmachung.

Es haben Se. Majestät, der Kaiser der Franzosen, König von Italien und Protector des Rheinbundes, mit Uns am 15. December d. J. zu Posen, durch beyderseitige Bevollmächtigte, einen Frieden abschließen lassen, welcher bereits am 23. desselben Monats zu Berlin ratificirt und ausgewechselt worden ist.

Eben so ist unmittelbar nach dessen Unterzeichnung in Unserm Nahmen und in Gemeinschafft mit den vier übrigen Herzoglich Sächsischen Häusern, Ernestinischer Linie, die Beytritts-Acte zum Rheinischen Bunde vollzogen worden, und Se. Kaiserl. Königl. Majestät haben solche noch in derselben Nacht zu genehmigen und zu bestätigen geruhet.

Wir eilen, dieses glückliche Ereigniß zur öffentlichen Kunde zu bringen, und finden in Landesväterlicher Beherzigung der Bedrängnisse, welche der Gang der großen Weltbegebenheiten in den drei letzten Monaten herbeygeführt hat, eine ungemeine Beruhigung darinnen, daß Wir Unsern getreuen Unterthanen noch vor dem Schlusse des Jahres einen heitern und ruhigen Blick in die Zukunft eröffnen können.

Die Erleichterung von den vielfachen Lasten des Kriegs wird die erste wohlthätige Folge des Friedens seyn, und um so mehr, als die schon statt gefundene Verlegung der bisher durch die Sächsischen Lande gegangenen Militär-Straße hinzutritt.

Der Beytritt zum Rheinbunde sichert Uns alle Vortheile desselben und insbesondere den vollen Genuß aller Souverainitäts-Rechte in dem Umfang und Einschluß Unserer Lande zu, und Wir werden, unter dem mächtigen Schutze Sr. Kaiserl. Königl. Majestät darinnen nur neue Mittel suchen und finden, für das Wohl Unserer geliebten Unterthanen desto sicherer und ungestörter wirken zu können.

Zugleich ergreifen Wir diese ausgezeichnete Gelegenheit mit Freude um für die so vielfach erhaltenen Beweise patriotischer Gesinnung, ausharrenden Diensteifers und seltener Treue und Anhänglichkeit in den überstandenen traurigen Verhältnissen, Unsere dankbare Empfindung öffentlich darzulegen, und fügen die Versicherung hinzu, daß Uns solche ewig theuer und unvergeßlich bleiben werden.

Berlin, den 24. December 1806.

Carl August, H. z. S.

Bekanntmachung Carl Augusts, Herzog zu Sachsen, betr. des abgeschlossenen Friedensvertrages zwischen Frankreich und Sachsen und des Beitritts Sachsens zum Rheinbund zu Posen am 15. Dezember 1806
Berlin, 24. Dezember 1806
Buchdruck
17,5 x 20,5 cm
SML Inv.-Nr.: Bibl. o. Nr.
◀ *Abbildung*

Proklamation Friedrich Augusts I. über die Erhebung Kursachsens zum Königreich und die Annahme der Königswürde
Dresden, 2. Januar 1807
Buchdruck
35 x 41,5 cm
SML Inv.-Nr.: Bibl. o. Nr.

FRIEDRICH AUGUST KOENIG VON SACHSEN.
geb. den 23 Dec. 1750. gest. den 5 May 1827.
sächsisch (?), 1. Hälfte 19. Jh.
kolorierter Crayon-Stich
21,5 x 15,5,cm
SML Inv.-Nr.: SVS 34/D 22

Bekanntmachung des Rates der Stadt Leipzig betr. Feier der Annahme der Königswürde durch Friedrich August I. am 1. Januar 1807
Leipzig, 29. Dezember 1806
Buchdruck
34 x 21 cm
SML Inv.-Nr.: Bibl. o. Nr.
◀ *Abbildung*

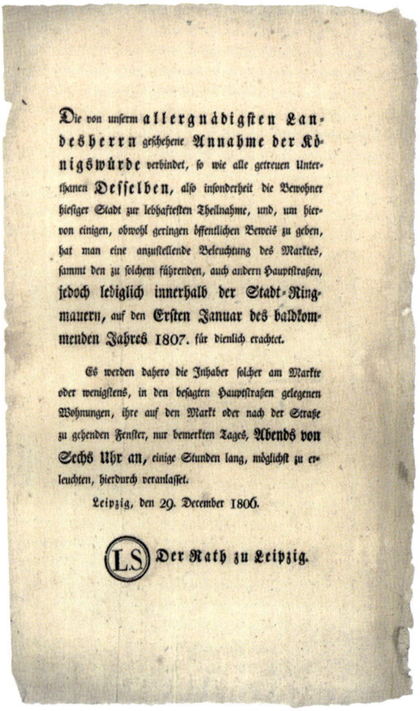
Die von unserm allergnädigsten Landesherrn geschehene Annahme der Königswürde verbindet, so wie alle getreuen Unterthanen Desselben, also insonderheit die Bewohner hiesiger Stadt zur lebhaftesten Theilnahme, und, um hiervon einigen, obwohl geringen öffentlichen Beweis zu geben, hat man eine anzustellende Beleuchtung des Marktes, sammt den zu solchem führenden, auch andern Hauptstraßen, jedoch lediglich innerhalb der Stadt-Ringmauern, auf den Ersten Januar des baldkommenden Jahres 1807. für dienlich erachtet.

Es werden dahero die Inhaber solcher am Markte oder wenigstens, in den besagten Hauptstraßen gelegenen Wohnungen, ihre auf den Markt oder nach der Straße zu gehenden Fenster, nur bemerkten Tages, Abends von Sechs Uhr an, einige Stunden lang, möglichst zu erleuchten, hierdurch veranlasset.

Leipzig, den 29. December 1806.

(L.S.) Der Rath zu Leipzig.

Illumination des Marktes zu Leipzig den 25. Septbr. 1808
Leipzig, nach 1808
Aquarell und Deckfarben
26 x 34,5 cm
SML Inv.-Nr.: Nap. II 39
Vom 27. September bis zum 14. Oktober 1808 versammelten sich anläßlich eines Treffens Napoleons mit Zar Alexander in Erfurt alle Rheinbundfürsten zum Erfurter Fürstentag. Der Kaiser der Franzosen nutzte diese Gelegenheit, um der Welt seine Macht in einem Reigen glanzvollster Feste und Audienzen zur Schau zu stellen.
Bereits am 20. September ordnete der Rat der Stadt Leipzig zu Ehren des auf dem Weg nach Erfurt durch Leipzig reisenden Friedrich August I. von Sachsen eine „große Illumination" an. Am 25. September 1808 bewiesen die Leipziger mit der festlich durch Spruchbänder, Girlanden und andere phantasievolle Kreationen geschmückten Stadt dem König ihre Ergebenheit.

Porträtmedaillon zur Erinnerung an das 50jährige Thronjubiläum Friedrich Augusts von Sachsen
Sachsen, September 1818
Hochrelief mit Profilbildnis Friedrich Augusts
Messing, gedrückt, auf schwarzem Samt
D 18 cm
am Rand umlaufender Eichenlaubkranz mit Spruchband: FRIEDRICH AUGUST KOENIG VON SACHSEN 50 JAHRE VATER DES JUBELNDEN VATERLANDES
SML Inv.-Nr.: Me 150
Abbildung ▶

Verleihungsurkunde der Grande décoration de la legion d'honneur für König Friedrich August I. von Sachsen
Paris, 3. Dezember 1810
Handschrift auf Papier mit eigenhändiger Unterschrift Napoleons I.
31,5 x 19,5 cm
SML Inv.-Nr.: Bibl. Autogr. o. Nr.
Abbildung ▼

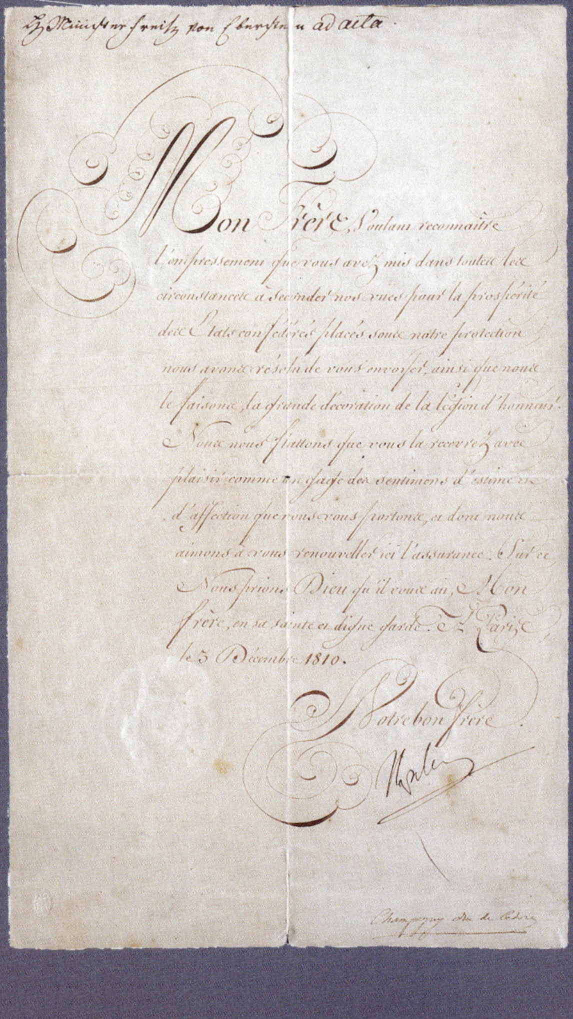

Mon Frère, Voulant reconnaître l'empressement que vous avez mis dans toutes les circonstances à seconder nos vues pour la prospérité des Etats confédérés placés sous notre protection nous avons résolu de vous envoyer, ainsi que nous le faisons, la grande décoration de la légion d'honneur. Nous nous flattons que vous la recevrez avec plaisir comme un gage des sentimens d'estime et d'affection que nous vous portons, et dont nous aimons à vous renouveller ici l'assurance. Sur ce Nous prions Dieu qu'il vous ait, Mon Frère, en sa sainte et digne garde. A Paris, le 3 Décembre 1810.

Votre bon frère

Champagny duc de Cadore

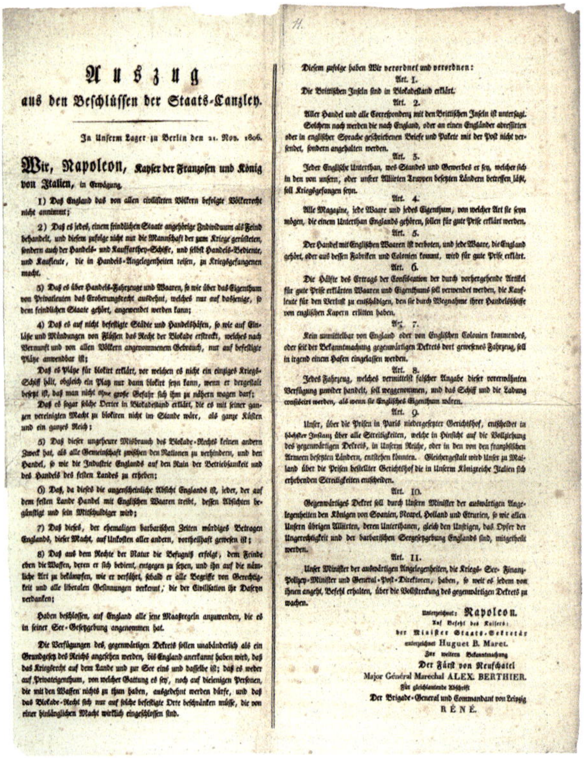

Auszug
aus den Beschlüssen der Staats-Canzley.

In Unserm Lager zu Berlin den 21. Nov. 1806.

Wir, Napoleon, Kayser der Franzosen und König von Italien, in Erwägung,

1) Daß England das von allen civilisirten Völkern befolgte Völkerrecht nicht annimmt;

2) Daß es jedes, einem feindlichen Staate angehörige Individuum als Feind behandelt, und diesem zufolge nicht nur die Mannschaft der zum Kriege gerüsteten, sondern auch der Handels- und Kauffarthey-Schiffe, und selbst Handels-Bediente, und Kaufleute, die in Handels-Angelegenheiten reisen, zu Kriegsgefangenen macht.

3) Daß es über Handels-Fahrzeuge und Waaren, so wie über das Eigenthum von Privatleuten das Eroberungsrecht ausdehnt, welches nur auf dasjenige, so dem feindlichen Staate gehört, angewendet werden kann;

4) Daß es auf nicht befestigte Städte und Handelshäfen, so wie auf Einlässe und Mündungen von Flüssen das Recht der Blokade erstreckt, welches nach Vernunft und von allen Völkern angenommenem Gebrauch, nur auf befestigte Plätze anwendbar ist;

Daß es Plätze für blokirt erklärt, vor welchen es nicht ein einziges Kriegs-Schiff hält, obgleich ein Platz nur dann blokirt seyn kann, wenn er dergestalt besetzt ist, daß man nicht ohne große Gefahr sich ihm zu nähern wagen darf;

Daß es sogar solche Oerter in Blokadestand erklärt, die es mit seiner ganzen vereinigten Macht zu blokiren nicht im Stande wäre, als ganze Küsten und ein ganzes Reich;

5) Daß dieser ungeheure Misbrauch des Blokade-Rechts keinen andern Zweck hat, als alle Gemeinschaft zwischen den Nationen zu verhindern, und den Handel, so wie die Industrie Englands auf den Ruin der Betriebsamkeit und des Handels des festen Landes zu erheben;

6) Daß, da dieses die augenscheinliche Absicht Englands ist, jeder, der auf dem festen Lande Handel mit Englischen Waaren treibt, dessen Absichten begünstigt und sein Mitschuldiger wird;

7) Daß dieses, der ehemaligen barbarischen Zeiten würdiges Betragen Englands, dieser Macht, auf Unkosten aller andern, vortheilhaft gewesen ist;

8) Daß aus dem Rechte der Natur die Befugniß erfolgt, dem Feinde eben die Waffen, deren er sich bedient, entgegen zu setzen, und ihn auf die nämliche Art zu bekämpfen, wie er verfährt, sobald er alle Begriffe von Gerechtigkeit und alle liberalen Gesinnungen verkennt, die der Civilisation ihr Daseyn verdanken;

Haben beschlossen, auf England alle jene Maaßregeln anzuwenden, die es in seiner See-Gesetzgebung angenommen hat.

Die Verfügungen des, gegenwärtigen Dekrets sollen unabänderlich als ein Grundgesetz des Reichs angesehen werden, bis England anerkannt haben wird, daß das Kriegsrecht auf dem Lande und zur See eins und dasselbe ist; daß es weder auf Privateigenthum, von welcher Gattung es sey, noch auf diejenigen Personen, die mit den Waffen nichts zu thun haben, ausgedehnt werden dürfe, und daß das Blokade-Recht sich nur auf solche befestigte Orte beschränken müsse, die von einer hinlänglichen Macht wirklich eingeschlossen sind.

Diesem zufolge haben Wir verordnet und verordnen:

Art. 1.

Die Brittischen Inseln sind in Blokadestand erklärt.

Art. 2.

Aller Handel und alle Correspondenz mit den Brittischen Inseln ist untersagt. Solchem nach werden die nach England, oder an einen Engländer adressirten oder in englischer Sprache geschriebenen Briefe und Pakete mit der Post nicht versendet, sondern angehalten werden.

Art. 3.

Jeder Englische Unterthan, wes Standes und Gewerbes er sey, welcher sich in den von unsern, oder unserer Alliirten Truppen besetzten Ländern betreffen läßt, soll Kriegsgefangen seyn.

Art. 4.

Alle Magazine, jede Waare und jedes Eigenthum, von welcher Art sie seyn mögen, die einem Unterthan Englands gehören, sollen für gute Prise erklärt werden.

Art. 5.

Der Handel mit Englischen Waaren ist verboten, und jede Waare, die England gehört, oder aus dessen Fabriken und Colonien kommt, wird für gute Prise erklärt.

Art. 6.

Die Hälfte des Ertrags der Confiscation der durch vorhergehende Artikel für gute Prise erklärten Waaren und Eigenthums soll verwendet werden, die Kaufleute für den Verlust zu entschädigen, den sie durch Wegnahme ihrer Handelsschiffe von englischen Kapern erlitten haben.

Art. 7.

Kein unmittelbar von England oder von Englischen Colonien kommendes, oder seit der Bekanntmachung gegenwärtigen Dekrets dort gewesenes Fahrzeug, soll in irgend einem Hafen eingelassen werden.

Art. 8.

Jedes Fahrzeug, welches vermittelst falscher Angabe dieser vorerwähnten Verfügung zuwider handelt, soll weggenommen, und das Schiff und die Ladung confiscirt werden, als wenn sie Englisches Eigenthum wären.

Art. 9.

Unser, über die Prisen in Paris niedergesetzter Gerichtshof, entscheidet in höchster Instanz über alle Streitigkeiten, welche in Hinsicht auf die Vollziehung des gegenwärtigen Dekrets, in Unserm Reiche, oder in den von den französischen Armeen besetzten Ländern, entstehen könnten. Gleichergestalt wird Unser zu Mailand über die Prisen bestellter Gerichtshof die in Unserm Königreiche Italien sich erhebenden Streitigkeiten entscheiden.

Art. 10.

Gegenwärtiges Dekret soll durch Unsern Minister der auswärtigen Angelegenheiten den Königen von Spanien, Neapel, Holland und Etrurien, so wie allen Unsern übrigen Alliirten, deren Unterthanen, gleich den Unsrigen, das Opfer der Ungerechtigkeit und der barbarischen Seegesetzgebung Englands sind, mitgetheilt werden.

Art. 11.

Unser Minister der auswärtigen Angelegenheiten, die Kriegs- See- Finanz- Polizey-Minister und General-Post-Direktoren, haben, so weit es jedem von ihnen angeht, Befehl erhalten, über die Vollstreckung des gegenwärtigen Dekrets zu wachen.

Unterzeichnet: **Napoleon.**
Auf Befehl des Kaisers:
der Minister Staats-Sekretär
unterzeichnet Huguet B. Maret.
Zur weitern Bekanntmachung
Der Fürst von Neufchatel
Major Général Marechal ALEX. BERTHIER.
Für gleichlautende Abschrift
Der Brigade-General und Commandant von Leipzig
RÉNÉ.

Auszug aus den Beschlüssen der Staatskanzlei über die Verhängung der Kontinentalsperre vom 21. November 1806
Leipzig, November 1806
Buchdruck
54 x 42,5 cm
SML Inv.-Nr.: Bibl. o. Nr.
Abbildung ▲

Proklamation des Generals Macon an die Leipziger Bankiers, Negozianten und Kaufleute betr. Anzeige sämtlicher in der Stadt befindlichen englischen Waren
deutsch und französisch
Leipzig, 18. Oktober 1806
Buchdruck
56 x 45 cm
SML Inv.-Nr.: Bibl. o. Nr.
Abbildung ▶

Anordnung des französischen Stadtkommandanten von Leipzig, General Réné, über die Schließung des Barfußpförtchens bei Einbruch der Nacht
französisch
Leipzig, 21. Januar 1807
Buchdruck
21 x 26 cm
SML Inv.-Nr.: Bibl. o. Nr.

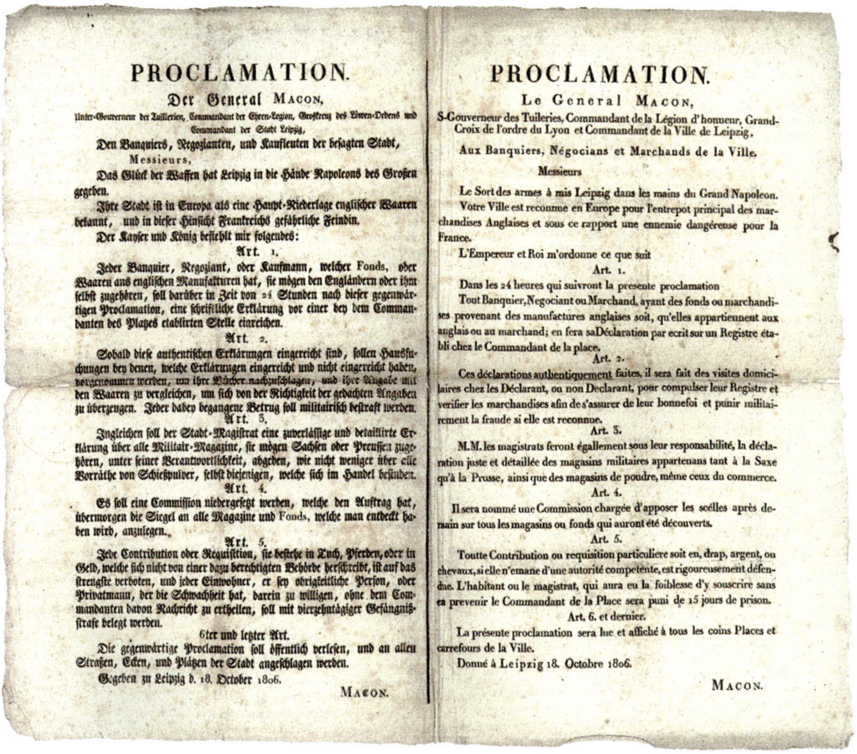

PROCLAMATION.

Der General MACON,

Unter-Gouverneur der Tuillerien, Commandant der Ehren-Legion, Großkreuz des Löwen-Ordens und Commandant der Stadt Leipzig,

Den Banquiers, Negozianten, und Kaufleuten der besagten Stadt,

Messieurs,

Das Glück der Waffen hat Leipzig in die Hände Napoleons des Großen gegeben.

Ihre Stadt ist in Europa als eine Haupt-Niederlage englischer Waaren bekannt, und in dieser Hinsicht Frankreichs gefährliche Feindin.

Der Kayser und König befiehlt mir folgendes:

Art. 1.

Jeder Banquier, Negoziant, oder Kaufmann, welcher Fonds, oder Waaren aus englischen Manufakturen hat, sie mögen den Engländern oder ihm selbst zugehören, soll darüber in Zeit von 24 Stunden nach dieser gegenwärtigen Proclamation, eine schriftliche Erklärung vor einer bey dem Commandanten des Platzes etablirten Stelle einreichen.

Art. 2.

Sobald diese authentischen Erklärungen eingereicht sind, sollen Haussuchungen bey denen, welche Erklärungen eingereicht und nicht eingereicht haben, vorgenommen werden, um ihre Bücher nachzuschlagen, und ihre Angabe mit den Waaren zu vergleichen, um sich von der Richtigkeit der gedachten Angaben zu überzeugen. Jeder dabey begangene Betrug soll militairisch bestraft werden.

Art. 3.

Ingleichen soll der Stadt-Magistrat eine zuverlässige und detaillirte Erklärung über alle Militair-Magazine, sie mögen Sachsen oder Preussen zugehören, unter seiner Verantwortlichkeit, abgeben, wie nicht weniger über alle Vorräthe von Schießpulver, selbst diejenigen, welche sich im Handel befinden.

Art. 4.

Es soll eine Commission niedergesetzt werden, welche den Auftrag hat, übermorgen die Siegel an alle Magazine und Fonds, welche man entdeckt haben wird, anzulegen.

Art. 5.

Jede Contribution oder Requisition, sie bestehe in Tuch, Pferden, oder in Geld, welche sich nicht von einer dazu berechtigten Behörde herschreibt, ist auf das strengste verboten, und jeder Einwohner, er sey obrigkeitliche Person, oder Privatmann, der die Schwachheit hat, darein zu willigen, ohne dem Commandanten davon Nachricht zu ertheilen, soll mit vierzehntägiger Gefängnißstrafe belegt werden.

6ter und letzter Art.

Die gegenwärtige Proclamation soll öffentlich verlesen, und an allen Straßen, Ecken, und Plätzen der Stadt angeschlagen werden.

Gegeben zu Leipzig d. 18. October 1806.

MACON.

PROCLAMATION.

Le General MACON,

S-Gouverneur des Tuileries, Commandant de la Légion d'honneur, Grand-Croix de l'ordre du Lyon et Commandant de la Ville de Leipzig,

Aux Banquiers, Négocians et Marchands de la Ville.

Messieurs

Le Sort des armes à mis Leipzig dans les mains du Grand Napoleon.

Votre Ville est reconnue en Europe pour l'entrepot principal des marchandises Anglaises et sous ce rapport une ennemie dangéreuse pour la France.

L'Empereur et Roi m'ordonne ce que suit

Art. 1.

Dans les 24 heures qui suivront la presente proclamation

Tout Banquier, Negociant ou Marchand, ayant des fonds ou marchandises provenant des manufactures anglaises soit, qu'elles appartiennent aux anglais ou au marchand; en fera sa Déclaration par ecrit sur un Registre établi chez le Commandant de la place.

Art. 2.

Ces déclarations authentiquement faites, il sera fait des visites domiciliaires chez les Déclarant, ou non Declarant, pour compulser leur Registre et verifier les marchandises afin de s'assurer de leur bonnefoi et punir militairement la fraude si elle est reconnue.

Art. 3.

M.M. les magistrats feront égallement sous leur responsabilité, la déclaration juste et détaillée des magasins militaires appartenans tant à la Saxe qu'à la Prusse, ainsi que des magasins de poudre, même ceux du commerce.

Art. 4.

Il sera nommé une Commission chargée d'apposer les scélles après demain sur tous les magasins ou fonds qui auront été découverts.

Art. 5.

Toutte Contribution ou requisition particuliere soit en, drap, argent, ou chevaux, si elle n'emane d'une autorité competente, est rigoureusement défendue. L'habitant ou le magistrat, qui aura eu la foiblesse d'y souscrire sans en prevenir le Commandant de la Place sera puni de 15 jours de prison.

Art. 6. et dernier.

La présente proclamation sera lue et affiché à tous les coins Places et carrefours de la Ville.

Donné à Leipzig 18. Octobre 1806.

MACON.

General Villemanzy an den Leipziger Bankier Karl Eberhard Löhr betr. der Ausstellung von Wechseln auf das Bankhaus Löhr zur Begleichung der außerordentlichen Kontributionen des Saalekreises

Leipzig, 18. Mai 1808
französisch mit deutschem Vermerk des Bankhauses
Handschrift auf Papier
33 x 22 cm
SML Inv.-Nr.: Bibl. Autogr. o. Nr.

Der französische General Graf Jacques-Pierre Orillard de Villemanzy (1751–1830), Inspecteur en chef aux revues, hatte die Ämter eines Generaldirektors der Kontributionen, Generaladministrators der Finanzen und Generaladministrators der eroberten Gebiete zwischen Elbe und Rhein inne und war nach dem Generalintendanten im kaiserlichen Hauptquartier der oberste Militärbeamte der französischen Verwaltungsbehörden in Sachsen mit Sitz in Leipzig. Die Struktur der französischen Verwaltung Sachsens nach dem Wittenberger Dekret Napoleons vom 23. Oktober 1806 war unkompliziert und effektiv. Sächsische Behörden und Beamte sowie bestehende Geschäftsbeziehungen wurden weitestgehend übernommen und für die Begleichung der Kontributionen eingesetzt.

Proklamation des Intendanten des Leipziger Kreises Treilhard, des Generaladministrators der Finanzen für die besetzten Gebiete Villemanzy und des Generalkommandanten Réné betr. Kontrollen an den Stadttoren durch Zollbeamte, um englische Waren zu finden
französisch und deutsch
Leipzig, 29. November 1806
Buchdruck
35 x 43,5 cm
SML Inv.-Nr.: Bibl. o. Nr.
Abbildung ▼

Bekanntmachung des Rates der Stadt Leipzig betr. Anzeige von in der Stadt befindlichen englischen Untertanen
Leipzig, 26. November 1806
Buchdruck
23,5 x 18 cm
SML Inv.-Nr.: Bibl. o. Nr.
Auf diese Aufforderung hin wurden nur fünf Personen von den Leipzigern als „Engländer" angegeben. Darunter befanden sich zwei sächsische Untertanen, von denen der eine in Schottland geboren war und der andere in London weilte, der dritte konnte sich als Hamburger ausweisen, während der vierte in Dresden geboren war. Der fünfte war tatsächlich Engländer, hatte Leipzig aber schon am 25. November verlassen.

Bekanntmachung des Rates der Stadt Leipzig betr. Einführung von doppelten Wiegegeldern und anderen Abgaben zur Abtragung der kriegsbedingten Stadtanleihe
Leipzig, 8. September 1807
Buchdruck
37 x 22 cm
SML Inv.-Nr.: Bibl. o. Nr.

Anweisung des Generalkommandanten Leipzigs und des Leipziger Kreises an die Torwachen betr. Festlegung der Passierzeiten für Kaufmannsgüter an den Stadttoren
französisch und deutsch
Leipzig, 4. April 1807
Buchdruck
53 x 44 cm
SML Inv.-Nr.: Bibl. o. Nr.

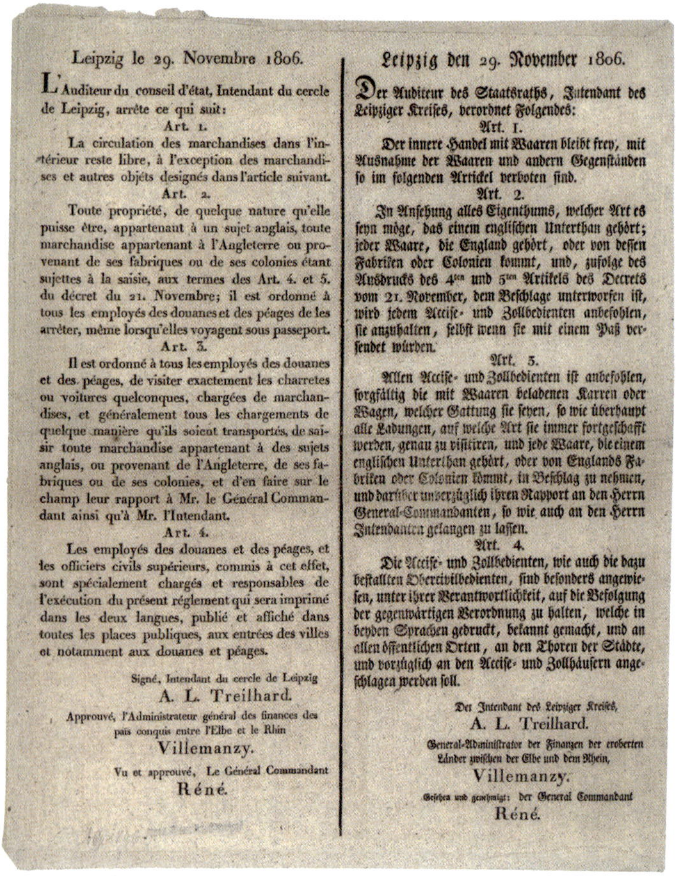
Leipzig le 29. Novembre 1806.

L'Auditeur du conseil d'état, Intendant du cercle de Leipzig, arrête ce qui suit:

Art. 1.

La circulation des marchandises dans l'intérieur reste libre, à l'exception des marchandises et autres objéts designés dans l'article suivant.

Art. 2.

Toute propriété, de quelque nature qu'elle puisse être, appartenant à un sujet anglais, toute marchandise appartenant à l'Angleterre ou provenant de ses fabriques ou de ses colonies étant sujettes à la saisie, aux termes des Art. 4. et 5. du décret du 21. Novembre; il est ordonné à tous les employés des douanes et des péages de les arrêter, même lorsqu'elles voyagent sous passeport.

Art. 3.

Il est ordonné à tous les employés des douanes et des péages, de visiter exactement les charretes ou voitures quelconques, chargées de marchandises, et généralement tous les chargements de quelque manière qu'ils soient transportés, de saisir toute marchandise appartenant à des sujets anglais, ou provenant de l'Angleterre, de ses fabriques ou de ses colonies, et d'en faire sur le champ leur rapport à Mr. le Général Commandant ainsi qu'à Mr. l'Intendant.

Art. 4.

Les employés des douanes et des péages, et les officiers civils supérieurs, commis à cet effet, sont spécialement chargés et responsables de l'exécution du présent réglement qui sera imprimé dans les deux langues, publié et affiché dans toutes les places publiques, aux entrées des villes et notamment aux douanes et péages.

Signé, Intendant du cercle de Leipzig
A. L. Treilhard.
Approuvé, l'Administrateur général des finances des païs conquis entre l'Elbe et le Rhin
Villemanzy.
Vu et approuvé, Le Général Commandant
Réné.

Leipzig den 29. November 1806.

Der Auditeur des Staatsraths, Intendant des Leipziger Kreises, verordnet Folgendes:

Art. 1.

Der innere Handel mit Waaren bleibt frey, mit Ausnahme der Waaren und andern Gegenständen so im folgenden Artickel verboten sind.

Art. 2.

In Ansehung alles Eigenthums, welcher Art es seyn möge, das einem englischen Unterthan gehört; jeder Waare, die England gehört, oder von dessen Fabriken oder Colonien kommt, und, zufolge des Ausdrucks des 4ten und 5ten Artikels des Decrets vom 21. November, dem Beschlage unterworfen ist, wird jedem Accise- und Zollbedienten anbefohlen, sie anzuhalten, selbst wenn sie mit einem Paß versendet würden.

Art. 3.

Allen Accise- und Zollbedienten ist anbefohlen, sorgfältig die mit Waaren beladenen Karren oder Wagen, welcher Gattung sie seyen, so wie überhaupt alle Ladungen, auf welche Art sie immer fortgeschafft werden, genau zu visitiren, und jede Waare, die einem englischen Unterthan gehört, oder von Englands Fabriken oder Colonien kömmt, in Beschlag zu nehmen, und darüber unverzüglich ihren Rapport an den Herrn General-Commandanten, so wie auch an den Herrn Intendanten gelangen zu lassen.

Art. 4.

Die Accise- und Zollbedienten, wie auch die dazu bestallten Obercivilbedienten, sind besonders angewiesen, unter ihrer Verantwortlichkeit, auf die Befolgung der gegenwärtigen Verordnung zu halten, welche in beyden Sprachen gedruckt, bekannt gemacht, und an allen öffentlichen Orten, an den Thoren der Städte, und vorzüglich an den Accise- und Zollhäusern angeschlagen werden soll.

Der Intendant des Leipziger Kreises,
A. L. Treilhard.
General-Administrator der Finanzen der eroberten Länder zwischen der Elbe und dem Rhein,
Villemanzy.
Gesehen und genehmigt: der General Commandant
Réné.

Was hat sich in die Sack?
Christian Gottfried Heinrich Geißler
(1770–1844)
Leipzig, um 1807
kolorierte Radierung
17,5 x 15 cm
SML Inv.-Nr.: SVS 43
Abbildung ▲
Karikatur auf die Schnüffelei französischer Beamter bei der Suche nach Schmuggelware.

Die Russen bringen Colonial Waaren nach Leipzig 1810
Christian Gottfried Heinrich Geißler (1770–1844)
Leipzig, um 1810
Radierung
11,6 x 18,5 cm
SML Inv.-Nr.: Nap. II 110
Abbildung ▲

Die englischen Waaren werden vernichtet
Christian Gottfried Heinrich Geißler (1770–1844)
Leipzig 1810
Radierung
11 x 19 cm
SML Inv.-Nr.: Nap. II 112

Bekanntmachung des Rates der Stadt Leipzig betr. Erklärung jeglichen Eigentums englischer Untertanen in Leipzig zur guten Prise und erneuter Strafandrohung für den Handel mit Waren englischen Ursprungs
Leipzig, 27. November 1806
Buchdruck
23 x 19 cm
SML Inv.-Nr.: Bibl. o. Nr.

Bekanntmachung des Rates der Stadt Leipzig betr. Verbots jeglicher Verfügung über die in der Stadt befindlichen englischen Waren und die anzufertigenden Verzeichnisse derselben
Leipzig, 1. Dezember 1806
Buchdruck
21,5 x 17,5 cm
SML Inv.-Nr.: Bibl. o. Nr.

Bekanntmachung des Rates der Stadt Leipzig betr. Verbots, von den Angehörigen des Isenburger Regiments Ausrüstungsgegenstände zu kaufen
Leipzig, 23. Januar 1807
Buchdruck
36,5 x 20,5 cm
SML Inv.-Nr.: Bibl. o. Nr.

Bekanntmachung des Rates der Stadt Leipzig betr. Verbots des Handels mit Quartierbillets
Leipzig, 20. November 1807
Buchdruck
23 x 19 cm
SML Inv.-Nr.: Bibl. o. Nr.
Obwohl die ständigen Einquartierungen durchziehender Truppen, die vornehmlich im Zeitraum 1806/07 und 1813/15 enorme Ausmaße annahmen, im allgemeinen eine große Belastung für die Bevölkerung darstellten, boten sich hier wohl auch Möglichkeiten zur persönlichen Bereicherung. In der Regel wurden verauslagte Kosten für die Verpflegung der Einquartierten den Quartierwirten später erstattet. Jeder Quartierschein war so bares Geld wert. Offensichtlich fanden sich genügend Leipziger, die diese Quartierscheine gegen einen geringeren Kurs ankauften, um sie später zum realen Wert einzulösen. Der Verkäufer kam auf diese Weise umgehend wieder zu einem Teil der verauslagten Kosten, während der Käufer an der Differenz verdiente. Dieses Verfahren hatte vermutlich solche Ausmaße angenommen, daß der Rat der Stadt sich zu einem Verbot des Handels mit Quartierscheinen genötigt sah.

Die französischen Soldaten untersuchen im Thor, ob keine Englischen Waaren hinausgebracht werden
Christian Gottfried Heinrich Geißler (1770–1844)
Leipzig, um 1807
kolorierte Radierung
24 x 18 cm
bez. u. l.: Leipziger Kriegs-Scenen
u. r.: No 3
u. M.: Industrie Comptoir in Leipzig
SML Inv.-Nr.: Geißler III/14
Abbildung ▼

Die Leipziger Kriegsszenen Geißlers (insgesamt acht) wurden vom Verlag, dem Industrie Comptoir, in der Leipziger Zeitung mit den folgenden Worten angepriesen: „Leipziger Kriegsszenen. Oder Bildliche Darstellungen interessanter Auftritte in Leipzig während des Krieges in Norddeutschland in den Jahren 1806 und 1807. Es muß dem Einheimischen wie dem Auswärtigen interessant sein, in der Ansicht dieser höchst charakteristischen Schilderungen sich die mannigfaltigen Ereignisse zu vergegenwärtigen, die Leipzig in jenen Tagen so reichlich darbot." Tatsächlich ist vom Krieg in Geißlers Szenen nichts zu spüren, er war eher auf der Suche nach kuriosen Situationen, die die Neugierde seines Publikums befriedigten. Auch die hier abgebildete Szene ist ganz in volkstümlich heiterer Weise dargestellt. Die Soldaten wie auch die Händler, die ihre Kiste öffnen müssen, scheinen zu scherzen, einer von ihnen hat seinen Dreispitz abgenommen, um sich zu kämmen, ein neugieriger Passant wird zum Weitergehen veranlaßt.

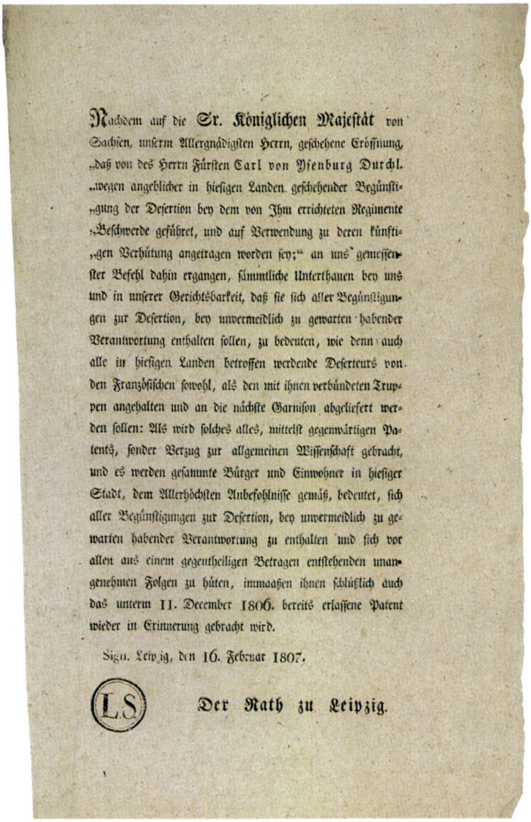

Nachdem auf die **Sr. Königlichen Majestät** von Sachsen, unserm Allergnädigsten Herrn, geschehene Eröffnung, „daß von des Herrn Fürsten Carl von Ysenburg Durchl. „wegen angeblicher in hiesigen Landen geschehender Begünsti„gung der Desertion bey dem von Ihm errichteten Regimente „Beschwerde geführet, und auf Verwendung zu deren künfti„gen Verhütung angetragen worden sey;“ an uns gemessenster Befehl dahin ergangen, sämmtliche Unterthanen bey uns und in unserer Gerichtsbarkeit, daß sie sich aller Begünstigungen zur Desertion, bey unvermeidlich zu gewarten habender Verantwortung enthalten sollen, zu bedeuten, wie denn auch alle in hiesigen Landen betroffen werdende Deserteurs von den Französischen sowohl, als den mit ihnen verbündeten Truppen angehalten und an die nächste Garnison abgeliefert werden sollen: Als wird solches alles, mittelst gegenwärtigen Patents, sonder Verzug zur allgemeinen Wissenschaft gebracht, und es werden gesammte Bürger und Einwohner in hiesiger Stadt, dem Allerhöchsten Anbefohlnisse gemäß, bedeutet, sich aller Begünstigungen zur Desertion, bey unvermeidlich zu gewarten habender Verantwortung zu enthalten und sich vor allen aus einem gegentheiligen Betragen entstehenden unangenehmen Folgen zu hüten, immaaßen ihnen schlüßlich auch das unterm 11. December 1806. bereits erlassene Patent wieder in Erinnerung gebracht wird.

Sign. Leipzig, den 16. Februar 1807.

(L.S.) Der Rath zu Leipzig.

Bekanntmachung des Rates der Stadt Leipzig betr. Bekräftigung des Verbots, Desertion im allgemeinen, insbesondere aber bei Angehörigen des Isenburger Regiments zu begünstigen

Leipzig, 16. Februar 1807

Buchdruck

37 x 22,5 cm

SML Inv.-Nr.: Bibl. o. Nr.

Abbildung ▲

Im November 1806 ließ Fürst Karl von Isenburg in Leipzig das Werbebüro für ein neues Regiment errichten. Aus preußischen Kriegsgefangenen wurde ein „preußisches Fremdenregiment in französischen Diensten“ aufgestellt, das die Leipziger einfach als die „Isenburger“ bezeichneten. Da sich für die vorgesehenen vier Bataillone nicht genug preußische Inhaftierte bereit fanden, unter den Fahnen des Grand Empire zu dienen, begann man alsbald, auch unter anderen Interessenten zu werben. Um das Regiment aufzufüllen, wurden sogar zwielichtige Gestalten, Abenteurer und Glücksritter aufgenommen. Da in Leipzig keine Kasernen zur Verfügung standen, wurden die Isenburger in verschiedenen Kirchen und dem Reithaus untergebracht. Augenscheinlich wuchs sich die Anwesenheit dieser Soldaten zum permanenten Ärgernis für die Leipziger aus. Immer wieder versuchten Verordnungen des Rates der Stadt, die schlimmsten Auswüchse zu mildern. So verkauften die Isenburger die gerade neu erhaltenen Kleidungs- und Ausrüstungsgegenstände an den Straßenecken an die Bürger weiter, desertierten in großer Anzahl und entkamen zwar so der Kriegsgefangenschaft, hielten sich aber durch Diebstähle am Hab und Gut der Einwohner schadlos. Selbst Einbrüche und ein Totschlag gingen auf das Konto der Fremdenlegionäre. Schließlich wurden die Soldaten kurzerhand bei den Leipzigern einquartiert, was deren Sympathie für die ungebetenen Gäste nicht steigerte.

Am Ende zahlte der Rat der Stadt im Frühjahr 1807 dem Fürsten zu Isenburg „wegen Beschleunigung des Abmarsches seines Regiments“ als „abgenötigtes Geschenk“ die Summe von 2 500 Talern. Die Isenburger zogen endlich ab, die Geschichten über Einbrüche, Belästigungen und Schlägereien dieser Plage waren im Jahre 1807 und noch lange darüber hinaus ein beliebtes Gesprächsthema in Leipzig.

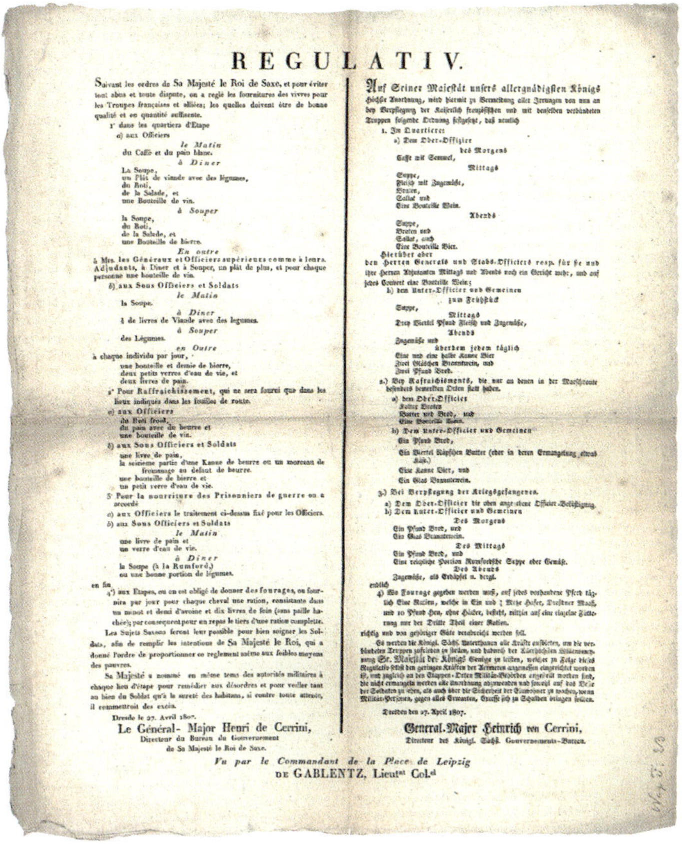
REGULATIV.

Dresde le 27. Avril 1807.

Le Général-Major Henri de Cerrini,

Dresden den 27. April 1807.

General-Major Heinrich von Cerrini,

Vu par le Commandant de la Place de Leipzig DE GABLENTZ, Lieut.nt Col.el

Verpflegungsregulativ für die französischen und mit diesen alliierten Truppen in Sachsen

Dresden, 27. April 1807
französisch und deutsch
Buchdruck
51 x 43 cm
SML Inv.-Nr.: Bibl. o. Nr.
Abbildung ▲

Zur Ermöglichung schnellerer Märsche und größerer Bewegungsfreiheit des Heeres war beim französischen Militär die Magazinverpflegung, die das Mitführen großer Fuhrkolonnen erforderte (z. B. benötigte man allein für den Transport eines zerlegbaren Feldbackofens zwei sechsspännige Wagen), abgeschafft worden. Es war Aufgabe des kommandierenden Korpsgenerals, sich die Mittel zur Verpflegung in den Ländern zu verschaffen, die durchquert wurden. Benötigte Verpflegung konnte requiriert, d. h. gegen eine später eventuell einlösbare Quittung mitgenommen werden. Oftmals artete dies in regelrechte Plünderungen aus. So raubten Soldaten des Korps Davout am 19. Oktober 1806 die Dörfer Möckern, Seehausen, Hohenhayda, Göbschelwitz und Wiederitzsch völlig aus. In der Regel aber wurde den Quartierwirten die Verpflegung der ihnen zugewiesenen Soldaten zur Pflicht gemacht.

Genaue Verpflegungsreglements, deren Einhaltung von militärischen Kommandostellen überwacht wurde, schrieben Art und Mindestmenge der zu verabreichenden Kost vor. Um zu ermessen, wie groß der Verpflegungsaufwand bzw. dessen Kosten für die Bevölkerung war, sei hier angeführt, daß beispielsweise eine Kanne (0,936 Liter) Wein – dem einfachen Soldaten stand im Oktober 1806 „eine halbe Bouteille" zu – im Jahre 1806 zehn Groschen kostete. Eine Kostenrechnung ergibt, bei mäßigem Ansatz der einzelnen Nahrungsmittel, einen Verpflegungsaufwand für den einfachen Soldaten in Höhe von etwa 16 Groschen pro Tag! Demgegenüber betrug der Tagelohn eines Maurers zu Beginn des 19. Jahrhunderts knapp elf Groschen und der eines Zimmermanns zehn Groschen. Zimmerleute und Maurer, die beim Ausbau der Festung Torgau arbeiten mußten, wurden zu dieser Zeit mit nur fünf Groschen täglich entlohnt.

Die englischen Waaren auf der Leipziger Messe.
Ein Wort zum Neuen Jahr an meine lieben Sächsischen Landsleute.
Leipzig 1802
Comptoir für Litteratur
Buchdruck
14,7 x 9 cm
SML Inv.-Nr.: Bibl. I J 27

Proben typischer Handelswaren aus englischen Überseekolonien
Pfeffer, Muskatnüsse, grüner Kaffee, Ingwer, Gewürznelken, Piment, Reis, Baumwolle, Alaun, Tabak, Tee, Rohrzucker und Zuckerhut, Zimtstangen, Kakao
Nach Verhängung der Kontinentalsperre stiegen die Preise für Baumwolle, Zucker und andere Kolonialwaren drastisch an. Kostete beispielsweise der sächsische Zentner (51,4 Kilogramm) Zucker im Jahre 1805 4 921 Pfennige, so mußten im Jahre 1808 dafür 21 095 Pfennige gezahlt werden. Der Preis für den Zentner Baumwolle stieg von 15 840 Pfennigen im Jahre 1805 auf 21 024 Pfennige im Jahre 1808. Die Verschärfung der Einfuhrbestimmungen und die hohe Impostierung der Kolonialwaren ab 1810 führten rasch zu einer weiteren enormen Verteuerung. Für den Zentner Baumwolle mußten im Jahre 1810 27 072 Pfennige und ein Jahr darauf bereits 31 680 Pfennige gezahlt werden. Damit waren im Vergleich zu 1806 die Preise für Baumwolle auf fast 200 Prozent gestiegen. Der Preis für Zucker erreichte 1810 die Höhe von 29 634 Pfennigen je Zentner, was einer Steigerung zu 1805 um fast 500 Prozent entsprach.

Zange zum Zerkleinern des Zuckerhutes
1. Viertel 19. Jh.
Eisen
L 21 cm
SML Inv.-Nr.: Rp. 26/1963/3

Zirkel
1. Hälfte 19. Jh.
Eisen
L 18 cm
SML Inv.-Nr.: Rp 9/1965

Faltfächer
um 1790
Elfenbein, Papier
Gouache auf weißem Papier, durchbrochene, mit Pailetten besetzte, farbige Beinstäbe.
Vorderseite: florale Motive, Landschaftsdarstellungen mit Schäferidylle, aufgemalte Spitze
L 26 cm
SML Inv.-Nr.: Fäch. Nr. 4

Natürliche Muster neuer Zeug-Manufaktur-Artikel
England 1801
Nr. 1 Feiner Englischer gedruckter Battist-Mousselin zu Damenkleidern
Nr. 2 Englischer gedruckter Jeannet zu Westen
Zeugdruckmuster, eingeklebt in: Journal für Fabrik, Manufaktur, Handlung und Mode, 21. Bd.
Leipzig, Juli 1801
Verlag Roch und Compagnie
Buchdruck
Stoffproben: 28,5 x 4,3 cm, 2 x 4,5 cm
Buch: 20,8 x 12 cm
SML Inv.-Nr.: III Q 329

Natürliche Muster neuer Zeug-Manufaktur-Artikel
England 1804
Nr. 2 Neuer englischer Patent-Piqué mit Atlas-Streifen zu Herren-Gilets
Zeugdruckmuster, eingeklebt in: Journal für Fabrik, Manufaktur, Handlung und Mode, 27. Bd.
Leipzig, Juli 1804
Verlag Christian Adolph Hempel
Buchdruck
Stoffprobe: 2 x 4,5 cm
Buch: 20,8 x 12 cm
SML Inv.-Nr.: III Q 329

Natürliche Muster neuer Zeug-Manufaktur-Artikel
England 1804
Nr. 2 Englischer Patent-Piqué zu Herren-Gilets
Zeugdruckmuster, eingeklebt in: Journal für Fabrik, Manufaktur, Handlung und Mode, 26. Bd.
Leipzig, Mai 1804
Verlag Christian Adolph Hempel
Buchdruck
Stoffprobe: 2 x 4 cm
Buch: 20,8 x 12 cm
SML Inv.-Nr.. III Q 329

Handlaterne
19. Jh.
Eisen
H 35,8 cm, Bd 15,1 cm
SML Inv.-Nr.: Me 330

Längenmaß
1. Viertel 19. Jh.
Holz, Messing
L 63 cm
beschr.: London, Vienna
SML Inv.-Nr.: MuG A X 20

Längenmaß
1. Viertel 19. Jh.
Bein, Messing
L 32 cm
beschr.: Paris, Rhinland, Hamburg, London
SML Inv.-Nr.: MuG A X 22

Rollenbandmaß
Sheffield, 1. Viertel 19. Jh.
Leinen, Metall
D 4,2 cm, L Band 139,5 cm
beschr.: London, Rhinland, Pied de Roi
SML Inv.-Nr.: MuG A X 24

Einsteckkamm
1. Hälfte 19. Jh.
Horn, gesägt, verschliffen, mit Schmuckteil durch Scharnier verbunden, Silber, Silberfiligran mit aufgesetzten Sternchen und Tropfen
7 x 13,5 cm
SML Inv.-Nr.: Me 234

Textilmusterbuch
Leipzig, 11. Februar 1787 – 18. September 1803
Papier, diverse Stoffmuster
47 x 44 cm (aufgeschlagen)
SML Inv.-Nr.: Bibl. o. Nr.
Abbildung ▲
Mit Hilfe solcher Musterbücher präsentierten die Tuchhändler ihren Kunden das verfügbare Sortiment, aus welchem bestellt werden konnte. Im vorliegenden Exemplar sind hauptsächlich englische Tuche aufgeführt; zum großen Teil wurden auch Beschreibungen, Liefertermine usw. in englischer Sprache vorgenommen.

Taschenuhr
London, 2. Hälfte 18. Jh.
Silber, Emaille, Messing
Gehäuse aus Silber, Zifferblatt aus graviertem Silber und Messing mit römischen und arabischen Ziffern, auf der Rückseite Emailleminiatur einer Dame, Schlüsselaufzug
D 4,8 cm
Zifferblatt beschr.: Garon London
Rückseite beschr.: Garon London 1229
SML Inv.-Nr.: TU 47
Abbildung ▲

Taschenuhr
Norton
London, um 1780
Silber, Emaille, Messing
getriebenes Gehäuse aus Silber, emailliertes Zifferblatt mit römischen Ziffern, Gehäuserückseite mit Genreszene versehen, Schlüsselaufzug
D 5,4 cm
Zifferblatt beschr.: Norton London
SML Inv.-Nr.: TU 24

Dochtschere
um 1800
Messing
L 14,5 cm
SML Inv.-Nr.: Me 422

Dochtschere
um 1800
Eisen
L 18 cm
SML Inv.-Nr.: Me 300

Ein Paar Taschenpistolen
Manufaktur Knubley
London, um 1800
Mahagoni, Eisen
Steinschloß mit Hahn- und Pfannensicherung
L je 16 cm
Schloß jeweils graviert
rechte Seite: zwei gekreuzte Fahnen, darüber Schild mit der Aufschrift London
linke Seite: zwei gekreuzte Fahnen, darüber Schild mit der Aufschrift Knubley
Beschußzeichen an der Laufunterseite: überkröntes V
SML Inv.-Nr.: WP 165/166

Bund von zwölf Knöpfen für Zivilbekleidung
London, um 1800
Messing mit angelöteten Ösen
D je 2,2 cm
auf der Unterseite eingeprägt: DOUBLE GILT LONDON
SML Inv.-Nr.: o. Nr.

Bund von sechs Knöpfen für Zivilbekleidung
London, um 1800
Messing, Zinn, Silber, Perlmutt
teilvergoldetes Messing mit angelöteten Ösen, zum Teil mit Zinn-, Silber- und Perlmutteinlagen
D je 1,1 cm
auf der Unterseite eingeprägt: DOUBLE GILT
SML Inv.-Nr.: o. Nr.

Unbearbeitete Degenklinge
England, um 1800
Eisen
98 x 2,3 cm
SML Inv.-Nr.: W/Div 40

Herrenweste
um 1800
cremefarbene Seide, bestickt mit Tier- und floralen Motiven in Seiden- und Metallstickerei, Futter und Rückenteil aus Leinen, im Rückenteil verstellbarer Riegel mit Metallschnalle, drei Taschen
rückwärtige Länge 48 cm
SML Inv.-Nr.: Textilien West 3
Abbildung ▲

Reformieren, um nicht zu revolutionieren
Reformbestrebungen

Während sich die meisten deutschen Staaten im Rheinbund zusammenfanden und Österreich versuchte, sich mit vorsichtigen Reformen eine gute Ausgangsposition für einen neuerlichen Waffengang mit Napoleon zu verschaffen, stand Preußen vor den Trümmern einstiger Größe. Aus einer europäischen Großmacht hatten die Niederlagen von Jena und Auerstedt und die harten Bedingungen des Tilsiter Friedens einen unbedeutenden Rumpfstaat am Rande des Bankrotts gemacht. Die Verringerung des Staatsgebietes um die Hälfte und der Verlust von fünf Millionen Einwohnern, schwere wirtschaftliche Schäden durch die Kontinentalsperre und astronomisch hohe französische Kontributionsforderungen stellten Preußen vor die unbedingte Notwendigkeit umfassender Reformen des völlig überalterten Staatswesens. Durch das Desaster von Tilsit hatten die Anhänger bürgerlicher Emanzipationstendenzen erheblich an Boden gewonnen. Vertreter der seit längerem existierenden Reformpartei gingen nun daran, die Grundlagen für eine bürgerliche Umgestaltung des Staates zu schaffen. Die schwungvolle Entwicklung der inneren Verhältnisse zwischen 1807 und 1813 ist untrennbar mit den Namen der Freiherren vom Stein und von Hardenberg verbunden. Beide arbeiteten an dem Erneuerungswerk, das die Basis für jenen Staat legte, der wenige Jahre später die Befreiung der deutschen Staaten von der Fremdherrschaft entscheidend vorantreiben sollte. Stein initiierte die Reformen mit kühnem Schwung, Hardenberg führte sie später gemäßigt weiter. Steins Motivation für die Erneuerung des Staates war die Begründung eines Bürgersinns, einer engen Verbindung zwischen dem Bürger und seinem Monarchen, die den Bürger zum Engagement motivierte und an den Staat band. Die Voraussetzungen dafür schufen das Edikt zur Abschaffung der Erbuntertänigkeit und aller persönlichen Abhängigkeiten (9. Oktober 1807) und die Städteordnung (19. November 1807), die den Stadtbürgern weitgehende Selbstverwaltungsrechte übertrugen. Steins Reform der Zentralregierung (24. November 1808) setzte an die Stelle des bisherigen Kompetenzwirrwars von Fach- und Provinzialministern ein Kabinett nach englischem Vorbild. Bereits im Winter 1806/07 hatte Friedrich Wilhelm III. Konsequenzen aus der sich abzeichnenden militärischen Katastrophe gezogen und neben der Bestrafung unfähiger und pflichtvergessener Offiziere eine Reform des Heereswesens erwogen. Hier fand er bei verschiedenen Offizieren begeisterte und kompetente Unterstützung. Insbesondere Scharnhorst und Gneisenau prägten die preußischen Heeresreformen der Militär-Reorganisations-Kommission. Zunächst wurde das völlig überalterte Offizierskorps überprüft und das

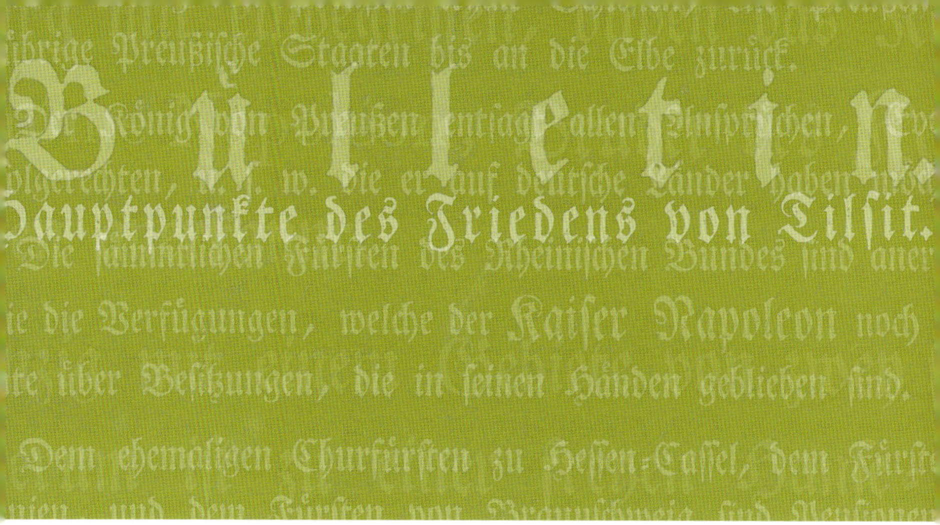

Verhalten der Offiziere im Krieg 1806/07 untersucht. Zahlreiche Offiziere wurden wegen Unfähigkeit oder aus Altersgründen entlassen. Kriegsgerichte untersuchten Fälle von Verrat. Von 143 Generalen, die 1806 in der preußischen Armee dienten, waren 1813 noch zwei im aktiven Dienst. Die darauffolgenden Reformen, wie die Abschaffung entehrender Körperstrafen (Spießrutenlaufen), Zugang zu Offiziersstellen für Bürgerliche, Ausbildung von Offizieren an der Kriegsakademie, Abschaffung des Söldnerwesens, Neuausrüstung der Armee, Modernisierung der Artillerie, Verbesserung der Ausbildung der Soldaten durch Gefechtsübungen und grundlegende Veränderungen in der Taktik, waren darauf ausgerichtet, eine moderne Armee in einem modernisierten Staat zu schaffen. Alle Militärbehörden wurden in einem neu gebildeten Kriegsministerium zentralisiert. Die Einführung der allgemeinen Wehrpflicht nach französischem Beispiel stieß auf den Widerstand des Königs und Napoleons gleichermaßen, so daß man sich für einen permanenten Wechsel kurzzeitig eingezogener Rekruten, das sogenannte Krümpersystem, entschied. Dadurch verfügte Preußen im Frühjahr 1813 in relativ kurzer Zeit über eine schlagkräftige Armee.
In den Jahren 1809/10 begann Wilhelm von Humboldt mit der Einrichtung von Gymnasien. Diese und die neugegründete Berliner Universität sollten den preußischen Staat mit Beamten von hoher Allgemeinbildung versorgen.
Nachdem Stein auf Veranlassung Napoleons entlassen worden war, führte Hardenberg das Reformwerk fort. Die bürgerliche Gleichstellung der Juden, die formelle Beseitigung des Zunftzwangs und besonders das Regulierungsedikt zur Ablösung der auf dem bäuerlichen Land liegenden feudalen Lasten vom 14. September 1811, das es den Bauern ermöglichte, Eigentümer des bewirtschafteten Bodens zu werden, brachte Preußen dem Ziel eines bürgerlichen Staates wesentlich näher. Ungeachtet der offensichtlichen Notwendigkeit all dieser Maßnahmen, gab es heftigen Widerstand gegen die Neuerungen. Infolge der Gebietsverluste durch den Tilsiter Frieden stand Preußen mehr denn je unter dem Einfluß konservativer Großgrundbesitzer der ostelbischen Gebiete, die sich bemühten, die Reformen nach Kräften zu bremsen. Nach dem Sturz Steins, den sie begrüßten, waren die weniger kühnen Umgestaltungen Hardenbergs, der nationalem und liberalem Gedankengut eher distanziert bis ablehnend gegenüberstand, das Äußerste an Neuerungen, was sie gewillt waren, hinzunehmen. Insgesamt, von der Neuordnung des Heereswesens abgesehen, waren die Reformen, insbesondere die Agrarreform, Umgestaltungen, die auf lange Sicht hauptsächlich den Junkern zugute kamen.

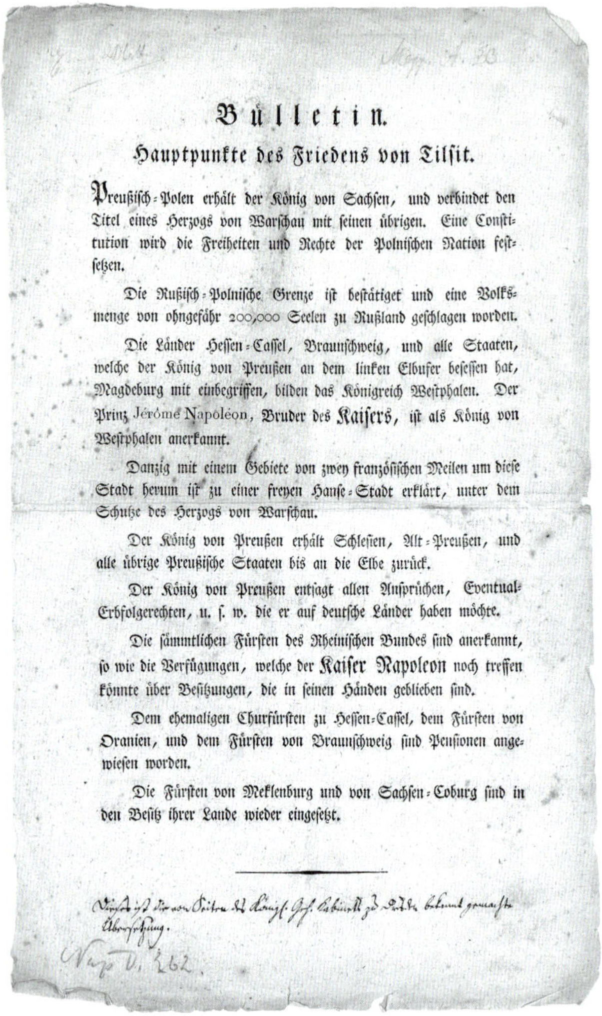

Bülletin.

Hauptpunkte des Friedens von Tilsit.

Preußisch-Polen erhält der König von Sachsen, und verbindet den Titel eines Herzogs von Warschau mit seinen übrigen. Eine Constitution wird die Freiheiten und Rechte der Polnischen Nation festsetzen.

Die Rußisch-Polnische Grenze ist bestätiget und eine Volksmenge von ohngefähr 200,000 Seelen zu Rußland geschlagen worden.

Die Länder Hessen-Cassel, Braunschweig, und alle Staaten, welche der König von Preußen an dem linken Elbufer besessen hat, Magdeburg mit einbegriffen, bilden das Königreich Westphalen. Der Prinz Jérôme Napoléon, Bruder des Kaisers, ist als König von Westphalen anerkannt.

Danzig mit einem Gebiete von zwey französischen Meilen um diese Stadt herum ist zu einer freyen Hanse-Stadt erklärt, unter dem Schutze des Herzogs von Warschau.

Der König von Preußen erhält Schlesien, Alt-Preußen, und alle übrige Preußische Staaten bis an die Elbe zurück.

Der König von Preußen entsagt allen Ansprüchen, Eventual-Erbfolgerechten, u. s. w. die er auf deutsche Länder haben möchte.

Die sämmtlichen Fürsten des Rheinischen Bundes sind anerkannt, so wie die Verfügungen, welche der Kaiser Napoleon noch treffen könnte über Besitzungen, die in seinen Händen geblieben sind.

Dem ehemaligen Churfürsten zu Hessen-Cassel, dem Fürsten von Oranien, und dem Fürsten von Braunschweig sind Pensionen angewiesen worden.

Die Fürsten von Meklenburg und von Sachsen-Coburg sind in den Besitz ihrer Lande wieder eingesetzt.

Bulletin über die wichtigsten Punkte des Vertrages von Tilsit
1807
Buchdruck
36 x 22 cm
SML Inv.-Nr.: Bibl. o. Nr.
Abbildung▲

Edikt, den erleichterten Besitz und freyen Gebrauch des Grundeigenthums, so wie die persönlichen Verhältnisse der Landbewohner betreffend
Memel, 9. Oktober 1807
in: Friedrich von Cölln, Gedanken über die Aufhebung der Erbunterthänigkeit in Schlesien,
in: Beylage zu den Neuen Feuerbränden, 1808
Buchdruck
22 x 26 cm (aufgeschlagen)
SML Inv.-Nr.: Bibl. II R 372
Abbildung ▶

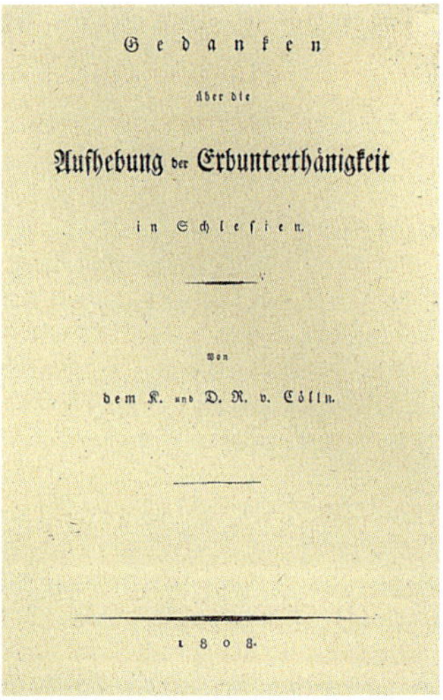

Gedanken

über die

Aufhebung der Erbunterthänigkeit

in Schlesien.

Von

dem K. und D. R. v. Cölln.

1808.

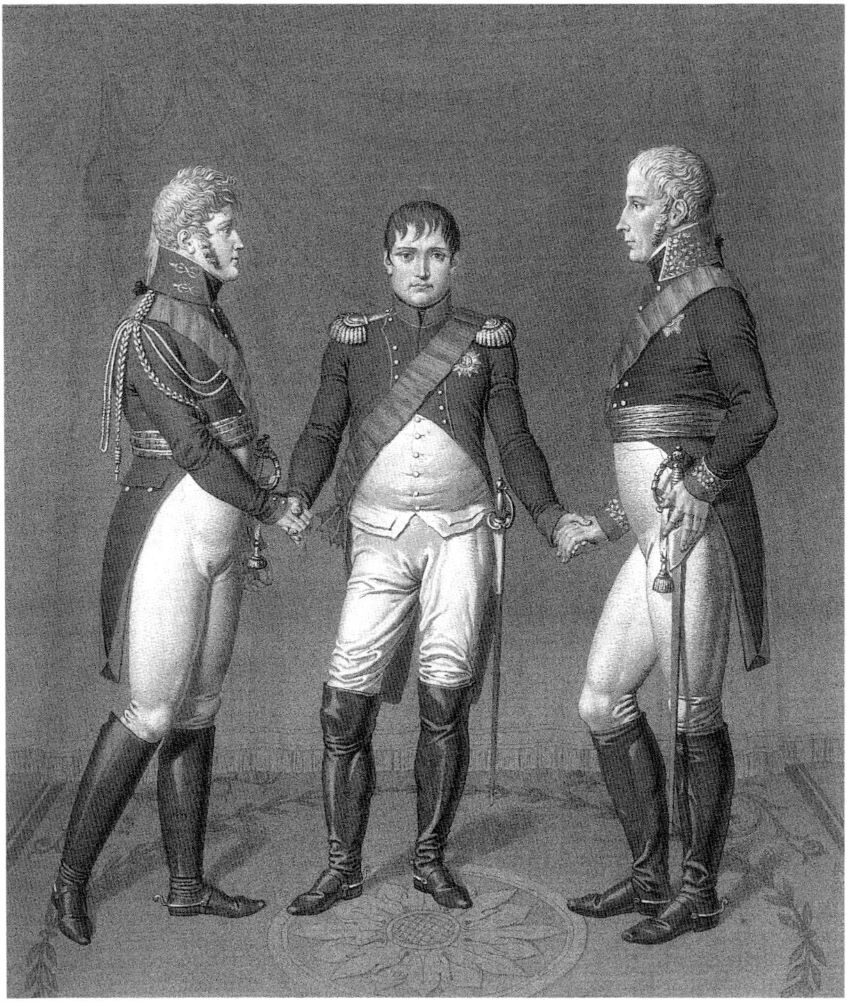

Welche Veränderungen sind in der Preußischen Staats=Verfassung und Verwaltung nothwendig?
in: Neue Feuerbrände, Bd. 2
Friedrich von Cölln (1766–1820)
Amsterdam und Köln 1807
Verlag Peter Hammer
Buchdruck
22 x 26 cm (aufgeschlagen)
SML Inv.-Nr.: Bibl. II R 71

ZUSAMMENKUNFT der Kaiser NAPOLÉON und ALEXANDER und des Königs FRIEDRICH WILHELM III. zu Tilsit, im Pavillon auf dem Niemen, am 26. Junius 1807.
Berlin 1807
Radierung nach einer Zeichnung von Heinrich Anton Dähling (1773–1850)
Verlag J. J. Freithof
27 x 36 cm
bez. u. l.: Gezeichnet von H. Dähling.
u. r.: Getuscht von L. Buchhorn
u. M.: Berlin, bei J. J. Freithof 1807
SML Inv.-Nr.: Völk 39
Abbildung ▲
Napoleon wird hier als die treibende Kraft der Situation in Szene gesetzt. Er ergreift die Hände der beiden anderen Herrscher und blickt den Betrachter an, während diese im Profil wiedergegeben sind.

Der schöne Glaube war ein schöner Wahn

Der Widerstand wächst

Seit längerer Zeit andauernde Kontroversen innerhalb des spanischen Zweiges der Bourbonenfamilie, die schließlich in einer Verschwörung des Thronfolgers Ferdinand gipfelten, der Karl IV. zur Abdankung zwang, nutzte Napoleon im Frühjahr 1808, um nach der Eroberung Portugals die französische Position auf der Pyrenäenhalbinsel zu stärken. Er erzwang die Abdankung der Bourbonen als Herrscher von Spanien und Indien zugunsten seines Bruders Joseph. Für Napoleon völlig unerwartet, löste dieses skrupellose Vorgehen eine Welle heftigen Widerstandes aus. Volksregierungen verschiedener spanischer Provinzen proklamierten den nationalen Widerstand. In Sevilla bildete sich eine provisorische Regierung für Ferdinand VII. Rasch ergriff die Erhebung ganz Spanien. Napoleon sah sich gezwungen, immer stärkere Truppenverbände dorthin zu entsenden. Ende 1808 standen 200 000 Mann französischer und rheinbündischer Truppen in Spanien. Anfang Dezember gelang schließlich die Einnahme von Madrid, die freilich den Krieg nicht beendete. Die spanische Bevölkerung organisierte mit Unterstützung eines englischen Hilfskorps unter Arthur Wellesley, dem späteren Herzog von Wellington, einen für die Franzosen äußerst verlustreichen Guerillakampf, der bis zur endgültigen Befreiung Spaniens fortdauerte und zunehmend die wirtschaftlichen und militärischen Ressourcen Frankreichs belastete. Die verschiedenen Reformversuche Josephs blieben in den Wirren permanenter militärischer Aktionen im Ansatz stecken. Auflösung der Inquisition, Abschaffung aller feudalen Vorrechte und Wirtschaftsreformen wogen in den Augen der spanischen Bevölkerung die Nachteile der Fremdherrschaft nicht auf, die immer brutaler dazu überging, mit offenem Terror zu regieren und das Land regelrecht auszuplündern. Zum ersten Mal in der Napoleonischen Zeit rief die französische Besetzung eines Landes eine entschlossene gesamtnationale Abwehr hervor, die Napoleon nicht niederschlagen konnte. Diese Vorgänge lösten auch in den übrigen Staaten Europas unter den napoleonfeindlichen Parteien zustimmende Reaktionen aus. In Preußen forderten Reformanhänger wie Stein, Gneisenau oder Scharnhorst die Auslösung eines Volkskrieges. Diese Vorstellungen wurden allerdings durch den preußisch-französischen Vertrag vom September 1808, durch den der Abzug der französischen Truppen aus Preußen geregelt wurde, zunichte gemacht. Stein wurde auf Druck Napoleons wegen spanienfreundlicher Äußerungen entlassen und floh nach Böhmen. Unter dem Einfluß der Reformkräfte in Österreich, wie dem neuen Staatskanzler Graf von Stadion und dem Vorsitzenden des Kriegsrates Erzherzog Karl, bereitete sich Österreich nach der katastrophalen Niederlage von 1805 auf eine neue Erhebung vor. Der Ausbruch des spanischen Volkskrieges schien das Signal zu sein. Im April 1809 marschierte das österreichische Heer in Bayern ein. Erzherzog Karl rief in einem Manifest an die

„deutschen Völker" zum gemeinsamen Kampf gegen die Fremdherrschaft auf. Als einzige Geste der Verbundenheit stellte Preußen vorübergehend die Kontributionszahlungen ein.
Eine Verschwörergruppe ehemaliger preußischer Beamter und Offiziere, preußischer Staatsbürger und Intellektueller stand mit den Österreichern und Engländern seit längerer Zeit in Verbindung. Ein konspiratives Komitee in Berlin, mit dem Stadtkommandanten Graf Chazot an der Spitze, versuchte, die einzelnen Aktionen zu koordinieren. Entsprechend der geheimen Planung, sollte der Ausbruch des Krieges zwischen Österreich und Frankreich im Frühjahr 1809 ein Signal für weitere Aktionen in verschiedenen deutschen Staaten sein, die einen möglichst geschlossenen Aufstand der Bevölkerung gegen die Fremdherrschaft auslösen sollten. Wie der frühere preußische Hauptmann von Katt mit etlichen Freiwilligen in der nunmehr zu Westfalen gehörenden Altmark bei seinem Sturm auf Magdeburg, scheiterte auch der ehemalige preußische Offizier Dörnberg beim Überfall auf die Festung Kassel. Parallel dazu trat Ferdinand von Schill, ebenfalls Mitglied des Geheimbundes, seinen „Rebellenzug" durch Norddeutschland an, während der Herzog von Braunschweig von Böhmen aus mit einer bewaffneten Streitmacht den Aufstand unterstützte. Die erhoffte Beihilfe durch die Bevölkerung der deutschen Staaten blieb allerdings aus, zumal der Krieg für die Österreicher bald einen ungünstigen Verlauf nahm. Schill konnte Stralsund zwar im Handstreich besetzen, wurde aber von Westfalen, Dänen und Holländern im Straßenkampf besiegt und fiel, während der Herzog von Braunschweig die rettende See erreichte. Das österreichische Hauptquartier hatte den Krieg mit zögerlichen Operationen begonnen. Nach der ersten Niederlage bei Eckmühl (22. April 1809) verlor Erzherzog Karl in sechs kleineren Gefechten bereits ein Viertel seines Heeres und konnte die vorübergehende Besetzung Wiens nicht verhindern. Zwar gelang mit der Schlacht bei Aspern (22. Mai 1809) der spektakuläre erste Sieg über Napoleon in einer offenen Feldschlacht, doch wurde dieser nicht tatkräftig ausgenutzt. Mit dem Ausbruch des Krieges erhob sich die Bevölkerung des vor dem Preßburger Frieden zu Österreich gehörenden Tirol unter Andreas Hofer und Josef Speckbacher gegen die bayerische Herrschaft. Zunächst verlief der Aufstand erfolgreich. Die Befreiung Innsbrucks gelang den aufständischen Bergbauern sogar ohne Unterstützung der regulären Armee. Jedoch war die österreichische Armeeführung nicht in der Lage, die Erfolge dieser Bundesgenossen zu sichern und auszubauen. In der Schlacht bei Wagram (5./6. Juli 1809) erlitt sie die endgültige Niederlage. Bereits am 14. Oktober wurde der Friedensvertrag zu Schönbrunn unterzeichnet, der Österreich durch zahlreiche Gebietsverluste zum Binnenstaat degradierte. Franz II. gab Tirol wiederum preis. Der Versuch der Tiroler, den Kampf allein weiterzuführen, war zum

Scheitern verurteilt. Im Januar 1810 wurde Hofer durch Verrat gefaßt und wenige Wochen später in Mantua erschossen. Österreich setzte nunmehr vollständig auf den Ausgleich mit Napoleon. An die Stelle des dem alten Reichsgedanken anhängenden Grafen Stadion trat Fürst Metternich als Staatskanzler. Durch die Heirat seiner Tochter, der Erzherzogin Marie Louise, mit Napoleon im Jahre 1810 stellte Franz II. endgültig sein Bestreben, sich mit dem Kaiser der Franzosen zu arrangieren, unter Beweis.
Eine der wichtigsten Voraussetzungen für die Entwicklung einer breiten Volksbewegung zur Befreiung von der französischen Fremdherrschaft war die Förderung eines Nationalgefühls in möglichst allen Bevölkerungsschichten der deutschen Staaten. Teile des gebildeten Bürgertums gerade auch in Preußen hatten aus der Niederlage von 1806 die Notwendigkeit abgeleitet, dieses nationale Gemeinschaftsdenken auf breiter Ebene zu fördern, um es letztendlich in politisches Handeln umwandeln zu können. Vornehmlich Philosophie und Literatur spielten in diesem Zusammenhang eine herausragende Rolle. Großes Gewicht kam der neugegründeten Berliner Universität zu. Die Lehren Schellings und Fichtes, die die Nation als Kollektivpersönlichkeit begriffen, die sich gegenüber anderen Nationen behaupten müsse, fanden von hier aus weite Verbreitung. Die Berliner Universität wurde mit weiteren hervorragenden Gelehrten wie Niebuhr, Reil, Hufeland, Hoffmann, Wolf und Savigny geistiger Mittelpunkt der bürgerlich-nationalen Bewegung weit über Preußens Grenzen hinaus und eine der ersten Erziehungsanstalten, die den politisierten Bürger zum Pflichtbewußtsein gegenüber dem Staat und zur Vaterlandsliebe heranbilden sollten. Dabei kamen Fichtes „Reden an die deutsche Nation“ an der Berliner Akademie ebensolche Bedeutung zu wie den Predigten Friedrich Schleiermachers. Heinrich von Kleist verfaßte 1808 seine „Hermannsschlacht“ als Gleichnis zwischen dem römisch besetzten Germanien und den zeitgenössischen deutschen Staaten. Ähnlich wie sein „Prinz von Homburg“ dienten auch die von ihm herausgegebenen und vom ehemaligen Berliner Polizeichef Gruner, einem Mitglied der Reformpartei, initiierten „Berliner Abendblätter“ dem Aufruf zum Kampf gegen die Fremdherrschaft. Am entschiedensten rief der Schriftsteller Ernst Moritz Arndt in zahlreichen Veröffentlichungen zum nationalen Unabhängigkeitskampf auf, den er mit einem maßlosen Haß gegen alles Französische breitenwirksam propagierte. Friedrich von Cölln wandte sich in den von ihm veröffentlichten „Neuen Feuerbränden“ kompromißlos gegen Adelsprivilegien und warb für den Aufbau einer neuen bürgerlichen Gesellschaft in Preußen. Joseph von Görres' „Rheinischer Merkur“ profilierte sich zu einer der am entschlossensten gegen Napoleon gerichteten Zeitschriften. Der Verbreitung national-liberalen Gedankengutes verschrieb sich auch der mehrere hundert Mitglieder zählende Königsberger „Tugendbund“, der engen Kontakt zu Stein und

Lützow's wilde Jagd.

Was glänzt dort vom Walde im Sonnenschein?
Hör's näher und näher brausen.
Es zieht sich herunter in düsteren Reihn,
Und gellende Hörner schallen darein,
Und erfüllen die Seele mit Grausen.
Und wenn ihr die schwarzen Gesellen fragt:
Das ist Lützow's wilde verwegene Jagd.

Scharnhorst hielt und Verbindungen in die Rheinbundstaaten pflegte. Überall in Preußen und vor allem auch in den ehemaligen preußischen Gebieten entstanden geheime politische Vereine.
Breitere Massen erreichte die deutsche Turnbewegung Friedrich Ludwig Jahns, der sich mit seiner Schrift „Deutsches Volksthum“ unmißverständlich für die Einigung Deutschlands und den Kampf gegen die Napoleonische Repression erklärte. Seit er 1811 den ersten öffentlichen Turnplatz in der Berliner Hasenheide eingerichtet hatte, verbreitete sich das Turnen und die Idee Jahns, es möge sowohl der körperlichen Vorbereitung auf den Freiheitskrieg als auch der Erziehung zu einer „vaterländischen“ Gesinnung der Jugend dienen, in allen deutschen Ländern und gewann Tausende Anhänger.
Zahlreiche Dichter und Publizisten stellten sich nach dem Tilsiter Frieden in den Dienst der politischen Reformpartei in Preußen, von der sie zum Teil finanziell gefördert wurden. Die Reformfraktion um Stein stellte großzügig Geld für Schriftsteller und Publizisten zur Verfügung, das bei weitem nicht nur aus dem kargen preußischen Staatsschatz stammte. Das englische Außenministerium unterstützte die publizistische Offensive der Reformer intensiv. Sie alle arbeiteten an der Ausgestaltung und Vorbereitung eines Leitbildes gleichberechtigter Staatsbürger in einem neuen und freien Deutschland, das es nach einem erfolgreich verlaufenen Befreiungskrieg zu errichten gelte. Einer der populärsten Dichter war Theodor Körner, der sich im Frühjahr 1813 den Lützower Jägern anschloß. Sein bekanntestes Gedicht „Lützows wilde Jagd“ schrieb er am 24. April 1813 in Leipzig. Körners aufrüttelnde, weit verbreitete Verse und sein früher Tod im Gefecht ließen ihn zum Sänger der Befreiungskriege schlechthin und später zum regelrechten Mythos werden. Stein als herausragender Vertreter der Reformanhänger sah besonders in der Literatur Gelegenheit, in der Bevölkerung ein neues staatsbürgerliches Bewußtsein hervorzurufen. Er und seine Mitstreiter erkannten in Dichtung und Publizistik Möglichkeiten, „in der Nation das Gefühl des Unwillens“ zu erhalten und mit „dem Gedanken der Selbsthilfe“ zu verbinden. Für wie wirkungsvoll und gefährlich auch die Franzosen den Einfluß kritischer Publizistik einschätzten, zeigte die Erschießung des Nürnberger Buchhändlers Palm am 26. August 1806 wegen Verbreitung der Schrift „Deutschland in seiner tiefsten Erniedrigung“. Palm wurde in den Jahren bis 1813 gezielt zum Märtyrer der freien Meinungsäußerung aufgebaut. Seine Hinrichtung galt als Paradebeispiel für die Bereitschaft Napoleons, die besetzten Staaten auch geistig zu knebeln und zu reglementieren.
Die maßlose Enttäuschung über die Beschlüsse des Wiener Kongresses und die nicht erfolgte nationale Einigung Deutschlands ließ zahlreiche Publizisten trotz Verfolgung auch nach 1814 nicht verstummen.

Litewka der Schwarzen Schar
Centenaranfertigung
deutsch, um 1909 (?)
Tuch, Leinen, Leder, Eisen
schwarzes Tuch, 19fache Verschnürung mit Behang, Leinenfutter, in Taillenhöhe innen Lederstreifen zur Verstärkung aufgenäht, Kragen mit gesticktem Eichenlaubdekor
rückwärtige Länge 98 cm
SML Inv.-Nr.: U 192
Abbildung ▲

Als Verbündeter Österreichs rückte der Herzog von Braunschweig-Oels mit einer Privatarmee, der sogenannten Schwarzen Schar, im Frühjahr 1809 nach dem von Truppen weitgehend entblößten Sachsen vor. Am 22. Juni marschierte er im Verband mit österreichischen Truppen in Leipzig ein und erzwang bedeutende Kontributionen an Waffen und Pferden. Bereits am folgenden Tag zog er sich vor dem herannahenden König von Westfalen zurück, der am 26. Juni mit sächsischen und holländischen Truppen in Leipzig einzog. Unerwartet kehrte der braunschweigische Herzog am 26. Juli nochmals nach Leipzig zurück, was die Stadt 17 000 Taler Kontribution sowie 5 800 Portionen Fleisch und Brot kostete.

Mütze des Herzogs von Braunschweig
Centenaranfertigung
deutsch, um 1909 (?)
Filz, Tuch, Leinen, Metall
schwarze Filzmütze mit blechernem Abzeichen eines Totenkopfs über gekreuzten Knochen, Leinenfutter, z. T. innen mit Leinen verstärkt
D 15 cm, H 20 cm
SML Inv.-Nr.: W/K 33

Der Herzog von Braunschweig-Oels organisierte mit materieller Unterstützung Österreichs eine Art Privatkrieg gegen Napoleon, um sein Herzogtum zurückzugewinnen. Das braunschweigische Territorium hatte Napoleon im Vertrag von Tilsit dem neuen Königreich Westfalen zugeschlagen. Der Herzog rüstete daraufhin in Böhmen eine Schwarze Schar genannte Truppe aus, mit der er im Frühjahr 1809 in Sachsen einfiel und weiter nach Westfalen zog. Zwar gelang ihm am 29. Juli die Erstürmung Halberstadts, doch mit dem Ausbleiben der erhofften Unterstützung durch die Bevölkerung blieb ihm nur der Rückzug in Richtung Nordsee offen, wo er sich nach England einschiffte. Rund 2 000 Mann seiner Schar bildeten dann den Kern der „Deutschen Legion“, die den Kampf gegen Napoleon in Spanien fortsetzte.

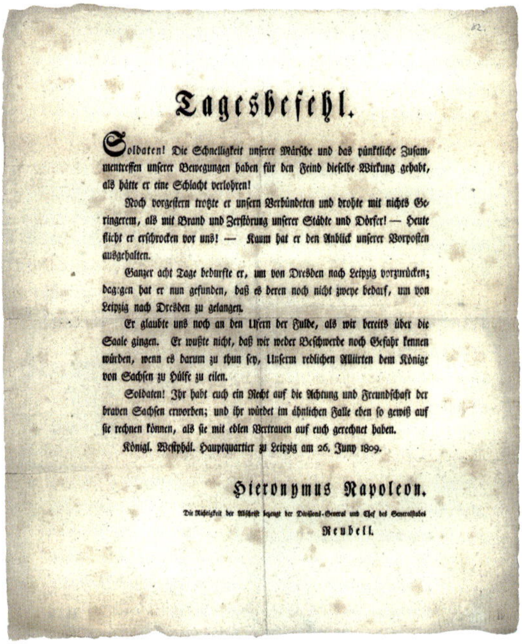

Tagesbefehl.

Soldaten! Die Schnelligkeit unserer Märsche und das pünktliche Zusammentreffen unserer Bewegungen haben für den Feind dieselbe Wirkung gehabt, als hätte er eine Schlacht verlohren!

Noch vorgestern trotzte er unsern Verbündeten und drohte mit nichts Geringerem, als mit Brand und Zerstörung unserer Städte und Dörfer! — Heute flieht er erschrocken vor uns! — Kaum hat er den Anblick unserer Vorposten ausgehalten.

Ganzer acht Tage bedurfte er, um von Dresden nach Leipzig vorzurücken; dagegen hat er nun gefunden, daß es deren noch nicht zweye bedarf, um von Leipzig nach Dresden zu gelangen.

Er glaubte uns noch an den Ufern der Fulde, als wir bereits über die Saale gingen. Er wußte nicht, daß wir weder Beschwerde noch Gefahr kennen würden, wenn es darum zu thun sey, Unserm redlichen Alliirten dem Könige von Sachsen zu Hülfe zu eilen.

Soldaten! Ihr habt euch ein Recht auf die Achtung und Freundschaft der braven Sachsen erworben; und ihr würdet im ähnlichen Falle eben so gewiß auf sie rechnen können, als sie mit edlen Vertrauen auf euch gerechnet haben.

Königl. Westphäl. Hauptquartier zu Leipzig am 26. Juny 1809.

Hieronymus Napoleon.

Die Richtigkeit der Abschrift bezeugt der Divisions-General und Chef des Generalstabes

Reubell.

Tagesbefehl Jerôme Bonapartes
Leipzig, 26. Juni 1809
Buchdruck
52 x 44 cm
SML Inv.-Nr.: Bibl. o. Nr.
◀ *Abbildung*

Tasse mit Untertasse
Königliche Porzellanmanufaktur Berlin
Porzellan
zylindrische Tasse auf drei vergoldeten Tatzenfüßen mit nach außen gestelltem vergoldetem Lippenrand, über den Lippenrand gezogener vergoldeter Volutenhenkel, auf der Vorderseite goldumrandetes Porträtmedaillon des Herzogs von Braunschweig-Oels in der Uniform der Schwarzen Schar in polychromer Malerei, Untertasse mit Standring ohne Dekor.
Ursprünglich nicht zusammengehörig.
Tasse: 1911 (Jahreszeichen L)
H 13 cm
Untertasse: nach 1869
D 18,3 cm
Zeptermarke mit schrägem Querstrich in Unterglasurblau
SML Inv.-Nr.: Po 218 e

Jagdwindbüchse
deutsch, 2. Hälfte 18. Jh.
Holz, Eisen, Messing
Ladestock fehlt
GL 125 cm, LL 87 cm
SML Inv.-Nr.: W/G 135
Österreich hatte die Truppe des Herzogs von Braunschweig neben einer größeren Menge anderer Ausrüstungsgegenstände auch mit einer Anzahl von Windbüchsen ausgestattet, die es ermöglichten, den Gegner aufgrund des fehlenden Pulverrauches und der geringen Geräuschentwicklung anzugreifen, ohne daß die Schützen sofort entdeckt wurden. Napoleon sah hierin eine Verletzung des Kriegsrechts und gab Befehl, Träger solcher Waffen nicht als Soldaten zu behandeln, sondern umgehend als Briganten zu erhängen. Trotzdem waren solche Waffen, die zum Zweck der Tarnung über ein funktionsunfähiges Steinschloß verfügten, im besonderen bei Freikorps im Gebrauch. Hier kamen auch solche Jagdwaffen zum Einsatz.

Aufruf Herzog Wilhelms zu Braunschweig-Lüneburg an die westfälische Armee
Sachsen, 25. Juni 1809
Buchdruck
35 x 21,5 cm
SML Inv.-Nr.: Bibl. o. Nr.
Der Aufruf appelliert an das bei den Angehörigen der deutschen Staaten noch wenig entwickelte Empfinden, sich als Bürger einer Nation zu verstehen und dem Kampf gegen Napoleon anzuschließen.

Bekanntmachung des Rates der Stadt Leipzig betr. Warnung an die Einwohner vor unbedachten politischen Gesprächen
Leipzig, 1. Juni 1809
Buchdruck
23 x 20 cm
SML Inv.-Nr.: Bibl. o. Nr.

Szene von der Anwesenheit des Braunschweiger Korps 1809 bei Leipzig
vermutlich Christian Gottfried Heinrich Geißler (1770–1844)
Leipzig, um 1810
Öl auf Holz
26 x 42 cm
SML Inv.-Nr.: I 41
Abbildung ▲

Das kleine Gemälde gibt spiegelverkehrt die gleiche Szene wieder wie eine mit Sicherheit von Geißler stammende Radierung des Stadtgeschichtlichen Museums (Inv.-Nr. D 511/6).

Das dargestellte Ereignis bezieht sich auf die zweite Anwesenheit des Braunschweiger Korps, der sogenannten Schwarzen Schar, die im Sommer 1809 auf ihrem Weg zur Nordsee plündernd durch Leipzig gezogen war. Das Blatt wurde durch eine Anzeige in der Leipziger Zeitung vom 16. Dezember 1809 so angekündigt: „Erinnerung an die Schwarzen in Leipzig, am 26. Juli 1809. Mit diesem Titel bezeichnet ist von heute an in der Zehlschen Kupferstichhandlung in Auerbachs Hof ein Kupferstich zu haben, welcher, von dem bekannten guten Künstler Herrn Geißler in Leipzig nach der Natur gezeichnet und gestochen, ein treues äußerst charakteristisches Gemälde der an jenem für Leipzig so schreckenvollen und merkwürdigen Tage vor dessen Toren gelagerten sogenannten Schwarzen und zugleich die Szene jenes bekannten Bedauernswürdigen im Moment der größten Todesangst darstellt. Das Ganze ist so vortrefflich gezeichnet und so geistreich, lebendig und schön gruppiert, daß es mit Recht gelobt werden darf ..."

Mit dem „Bedauernswürdigen" ist ein Stötteritzer Bäcker gemeint, der von den Soldaten mißhandelt wurde, damit er ihnen seine Vorräte herausgebe. Dieser Mann, dem man zum Hohn eine österreichische Ulanenmütze aufgesetzt hat, hockt am rechten Bildrand am Boden. Der Herzog von Braunschweig kommt soeben heran und wird von einem Soldaten auf den Bäcker hingewiesen. Auf der anderen Bildseite amüsieren sich Soldaten mit Marktfrauen. In dieser Darstellung wird wie bei den meisten der zeitgenössischen Szenen Geißlers deutlich, daß es nicht in seinem Interesse lag, hier etwa die Schikanen der Besatzung kritisch darzustellen, sondern daß er das Ereignis lediglich als Kuriosität sieht, die den potentiellen Kunden solcher Grafiken als „geistreich" und „schön gruppiert" zum Kauf empfohlen wird. Von der in der Anzeige erwähnten „Todesangst" ist dagegen wenig zu spüren.

Hut der steirischen Landwehr
Österreich, um 1809
Filz, Wolle, Seide, Silber
schwarzer Filzhut mit linksseitig hochgeschlagener Krempe, schwarz-silberne Kordel mit zwei schwarz-silbernen Eicheln, schwarz-weiße Kokarde aus Seide
D 21 cm, H 17 cm
SML Inv.-Nr.: Hu 13
◀ *Abbildung*

Infanteriesäbel, sogenannter Stralsundsäbel
deutsch, um 1800
Messing, Eisen, Holz, Leder
GL 76 cm, KL 62 cm
SML Inv.-Nr.: VD III/03/95
Auf seinem Zug Richtung Norddeutschland mußte Schill zur Ausrüstung der ihm zuströmenden rund 1 300 Freiwilligen auch für deren Bewaffnung sorgen. Wahrscheinlich beschlagnahmte er die Depotbestände eines deutschen Kleinstaates, unter denen sich solche Säbel befanden. Die dänischen Truppen erhielten nach ihrem Sieg über Schill in Stralsund aus der Kriegsbeute jene Säbel zugesprochen. Da sich die ursprüngliche Herkunft der Waffen aufgrund fehlender Stempel, Marken usw. nie klären ließ, werden sie seither als Stralsundsäbel bezeichnet.

Hirschfänger, Modell 1788
Dänemark 1789
Eisen, Messing
GL 75 cm, KL 60 cm
SML Inv.-Nr.: VD III/02/95

Infanteriegewehr M/1809, sogenanntes neupreußisches Infanteriegewehr
Preußen, ab 1809
Holz, Eisen, Messing
GL 135 cm, LL 97 cm
Schloß gestempelt: POTZDAMMAGAZ, Gegenplatte: überkröntes FWR (Friedrich Wilhelm Rex)
SML Inv.-Nr.: W/G 130
Abbildung ▼

Schilliana das ist Züge und Thatsachen aus dem Leben und Charakter des Preußischen Major von Schill.
Germanien 1809
Buchdruck
Titelkupfer: Bildnis Major von Schill
16,5 x 18 cm (aufgeschlagen)
SML Inv.-Nr.: Bibl. II R 220

Deutschland in seiner tiefsten Erniedrigung.
Johann Philipp Palm (1766–1806)
Nürnberg 1806
Buchdruck
18 x 20 cm (aufgeschlagen)
SML Inv.-Nr.: Bibl. II R 8

Gedichte.
Ernst Moritz Arndt (1769–1860)
Rostock und Leipzig 1803
Verlag Karl Christoph Stiller
Buchdruck
16,5 x 19 cm (aufgeschlagen)
SML Inv.: Bibl. II R 175

Germanien und Europa.
Ernst Moritz Arndt (1769–1860)
Altona 1803
Verlag J. F. Hammerich
Buchdruck
16,5 x 20 cm (aufgeschlagen)
SML Inv.-Nr.: Bibl. II R 168

Die Hermannsschlacht.
Heinrich von Kleist (1777–1811)
Dresden 1879
Hof- und Verlagsbuchhandlung R. V. Grumbkow
Buchdruck
14,5 x 20 cm (aufgeschlagen)
SML Inv.-Nr.: Bibl. I N 1048

Der Major von Schill Giebt seinen Husaren ein Frühstück im April 1809 bei Berlin.
deutsch, um 1809
kolorierte Radierung
21,5 x 24 cm
beschr. u. M.: Dem Braven Heil, der uns dies Fest gegeben
Uns alle eint ein unauflöslich Band
Stost frölich an, der tapfre Schill soll leben!
Es heist sein Wahlspruch, König, Vaterland.
SML Inv.-Nr.: Nap. II. 83
Abbildung ▲

Tasse mit Untertasse
Königliche Porzellanmanufaktur Berlin
Porzellan
zylindrische Tasse auf drei vergoldeten Tatzenfüßen mit nach außen gestelltem vergoldetem Lippenrand, über den Lippenrand gezogener teilvergoldeter Volutenhenkel mit Laubreliefansätzen, auf der Vorderseite goldumrandetes Porträtmedaillon Ferdinand Freiherr von Schills in polychromer Malerei, Untertasse mit Standring ohne Dekor. Ursprünglich nicht zusammengehörig.
Tasse: um 1840
H 9,5 cm
Zeptermarke mit KPM in Unterglasurblau
Untertasse: nach 1869
D 18,3 cm
Zeptermarke mit schrägem Querstrich in Unterglasurblau
SML Inv.-Nr.: Po 218 d
Abbildung (ohne Untertasse) ▼

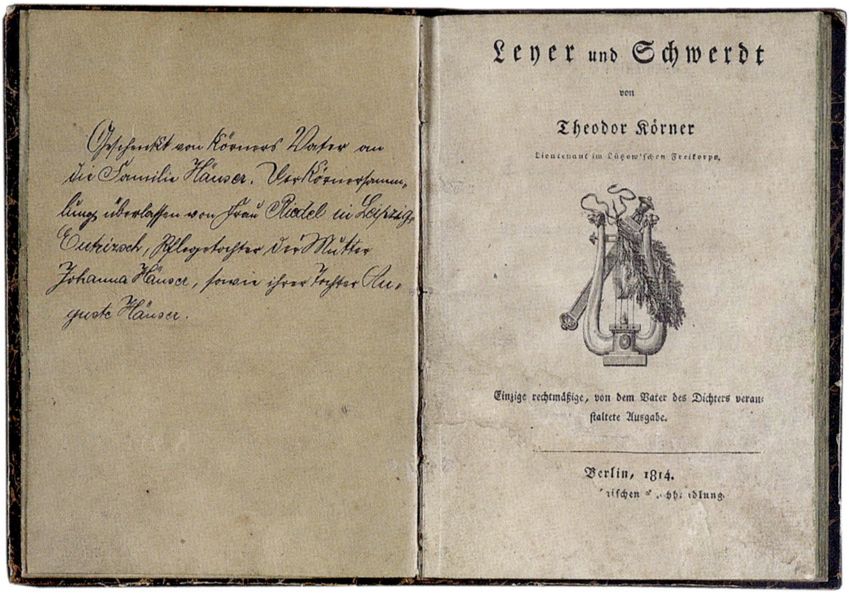

Leyer und Schwerdt
Theodor Körner (1791–1813)
Berlin 1814
Buchdruck mit Titelvignette
16 x 21 cm (aufgeschlagen)
handschriftliche Eintragung: Geschenkt von Körners Vater an die Familie Häuser. Der Körnersammlung überlassen von Frau Riedel in Leipzig Eutritzsch, Pflegetochter der Mutter Johanna Häuser, sowie ihrer Tochter Auguste Häuser.
SML Inv.: Bibl. II R 381
Abbildung ▲

Die Biene, oder neue kleine Schriften.
August von Kotzebue (1761–1819)
1809
Buchdruck
15 x 19 cm (aufgeschlagen)
SML Inv.-Nr.: Bibl. I N 4060

Reden an die deutsche Nation.
Johann Gottlieb Fichte (1762–1814)
Berlin 1808
Verlag der Realschulbuchhandlung
Buchdruck
17,5 x 22 cm (aufgeschlagen)
SML Inv.-Nr.: Bibl. II R 184

Deutsches Volksthum.
Friedrich Ludwig Jahn (1778–1852)
Lübeck 1810
Verlag Niemann und Comp.
Buchdruck
20 x 21,6 cm (aufgeschlagen)
SML Inv.-Nr.:Bibl. II R 189

Die Grundzüge des gegenwärtigen Zeitalters.
Vorlesungen zu Berlin 1804–05
Johann Gottlieb Fichte (1762–1814)
Berlin 1806
Verlag der Realschulbuchhandlung
Buchdruck
17,5 x 22 cm (aufgeschlagen)
SML Inv.-Nr.: Bibl. II R 182

Beitrag zur geheimen Geschichte des Anfangs des Kriegs von 1806. Aus den ungedruckten Papieren des Herrn von Gentz.
in: Kleinere Schriften von Friedrich von Gentz
Friedrich von Gentz (1764–1832)
Mannheim 1838
Verlag Heinrich Hoff
Buchdruck
21 x 26 cm (aufgeschlagen)
SML Inv.-Nr.: Bibl. II R 242
Friedrich von Gentz arbeitete außerordentlich eng mit Stein und dem englischen Foreign Office zusammen und suchte die Interessen der österreichischen Kriegspartei gegen Napoleon an Künstler in den deutschen Staaten zu vermitteln. Zeitweise war er als Leiter eines österreichischen Propagandabüros im Auftrag Erzherzog Johanns tätig.

Ueber die einzig mögliche Störung der akademischen Freiheit.
Eine Rede beim Antritte seines Rektorats an der Universität zu Berlin den 19ten Oktober 1811 gehalten von J. G. Fichte, der Philosophie Doctor und ordentlichem Professor.
Johann Gottlieb Fichte (1762–1814)
Berlin 1812
In Commission bei L. W. Wittich.
Buchdruck
11 x 34,8 cm (aufgeschlagen)
SML Inv.-Nr.: Bibl. II R 185
Abbildung ▶

Ueber die
einzig mögliche Störung
der
akademischen Freiheit.

Eine Rede
beim
Antritte seines Rektorats
an der
Universität zu Berlin
den 19ten Oktober 1811
gehalten
von
J. G. Fichte,
der Philosophie Doctor und ordentlichem Professor.

Berlin, 1812.
In Commission bei L. W. Wittich.

Der Nibelungen Lied
zum erstenmal in der ältesten Gestalt aus der St. Galler Urschrift mit Vergleichung aller übrigen Handschriften herausgegeben
Hrsg. Friedrich Heinrich von der Hagen (1780–1856)
Breslau 1820
Verlag Josef Max
Buchdruck
20 x 24 cm (aufgeschlagen)
SML Inv.-Nr.: Bibl. I N 2192
Abbildung ▶

Bei der Herausgabe des Nibelungenliedes spielte weniger die Verbreitung mittelhochdeutschen Schriftgutes eine Rolle, als vielmehr das Bestreben, nationale kulturelle Identifikationsmöglichkeiten zu schaffen. Dem deutschen Bürger sollte bewußt werden, daß auch die eigene Nation über eine eigenständige kulturelle Tradition verfügte.

Der
Nibelungen Lied
zum erstenmal
in der ältesten Gestalt
aus der
St. Galler Urschrift
mit
Vergleichung aller übrigen Handschriften
herausgegeben
durch
Friedrich Heinrich von der Hagen
ordentl. Professor an der Universität zu Breslau.

Dritte berichtigte, mit Einleitung und Wörterbuch vermehrte Auflage.
Carl J. Bär

1820.
Verlag von Josef Max in Breslau.

Jäger ohn' Gewehr, Kaiser ohne Heer, Heer ohne Kaiser, Wildnis ohne Weiser
Rußlandfeldzug 1812

Der Wirtschaftskrieg mit England, den Napoleon durch verschiedene Maßnahmen zur Verschärfung der Kontinentalsperre noch forcierte, belastete auch die Verbündeten Frankreichs erheblich. Besonders Rußland war in starkem Maße auf den Handel mit England und dessen Kolonien angewiesen und unterlief die Handelsrestriktionen mehr oder weniger offen. Das nach Tilsit durchaus freundschaftliche Verhältnis zwischen Frankreich und Rußland – gemeinsam hatte man Pläne für einen Angriff auf Konstantinopel diskutiert – verschlechterte sich zunehmend. Napoleon nahm weder bei der Umgestaltung der deutschen Staaten auf verwandtschaftliche Beziehungen Zar Alexanders I. zu verschiedenen deutschen Dynastien Rücksicht, noch kümmerte ihn, daß die Gründung des Großherzogtums Warschau den Einfluß des Zaren auf die europäische Politik erheblich beschnitt. Am 31. Dezember 1810 kündigte Rußland die Vereinbarungen der Kontinentalsperre auf. Beide Seiten begannen offen gegeneinander zu rüsten. Für Preußen und Österreich bestand im Falle eines bewaffneten Konflikts zwischen beiden Großmächten unabhängig davon, welcher Seite man sich anschloß, die Gefahr, vernichtet zu werden. Im März 1812 schloß Österreich mit Frankreich einen Allianzvertrag, der es zur Stellung eines Hilfskorps von 30 000 Mann gegen Rußland verpflichtete und mit Gebietsvergrößerungen vergolten werden sollte. Preußen hatte schon im Februar eine Miltärkonvention mit Napoleon unterzeichnet, die diesem 20 000 Soldaten, den freien Durchmarsch durch preußische Gebiete und Requisitionsrecht sicherte. Damit wurde Preußen Aufmarschgebiet des größten Heeres, das die Welt seit den Tagen des klassischen Altertums gesehen hatte. 600 000 Mann bildeten die Grande Armée, der nicht weniger als 180 000 Soldaten verschiedener deutscher Staaten angehörten. Vor allem Ostpreußen wurde durch den Aufmarsch des Heeres, durch Requisitionen und Übergriffe der Soldaten wie feindliches Land heimgesucht. Mit 400 000 Mann stieß Napoleon über die Weichsel Richtung Osten vor und überschritt in der Nacht vom 23. zum 24. Juni 1812 die Grenze Rußlands. Die von ihm erhoffte schnelle, alles entscheidende Feldschlacht blieb aus. Der Zar hatte den Napoleonischen Heeresmassen nur 200 000 Mann in zwei Armeekorps unter Bagration und Barclay de Tolly entgegenzustellen, die vor den einmarschierenden Truppen zurückweichen mußten. Sich dem Druck der Bevölkerung beugend, übertrug Alexander I. das Oberkommando Fürst Kutusow, der versuchte, die Weite des Raumes auszunutzen und den Gegner durch lange Nachschubwege zu erschöpfen. Schließlich konnte er einer

Schlacht nicht mehr ausweichen. Nach zwei gewonnenen, aber verlustreichen Schlachten bei Smolensk (17. August 1812) und Borodino (7. September) marschierte Napoleon mit 100 000 Mann ohne weiteren Widerstand am 14. September 1812 in das von den Russen weitgehend geräumte Moskau ein. Der Zar hüllte sich in Schweigen. Verhandlungsangebote, auf die Napoleon gehofft hatte, blieben aus. In der von den Russen in Brand gesteckten Stadt der Winterquartiere beraubt und aufgrund endloser Transportwege ohne ausreichenden Nachschub, sah sich Napoleon gezwungen, mitten im anbrechenden Winter durch ein schon auf dem Hinmarsch ausgeplündertes Land den Rückzug anzutreten. Hunger, Kälte und Krankheiten lösten das Heer zunehmend auf. Hartnäckig von der russischen Armee verfolgt, mußte sich die immer weiter zusammenschrumpfende Große Armee ständiger Kosakenüberfälle und Partisanenaktionen der russischen Bevölkerung erwehren. Rund 70 000 Mann erreichten im November die Beresina, die sie unter heftigem russischen Feuer zu überqueren suchten. Der Übergang wurde zum Desaster. Nur 30 000 Soldaten erreichten das andere Ufer. Ende 1812 langten die kläglichen Reste der einstigen Hauptarmee an der preußischen Grenze an.

Die Königlich-sächsische Armee nach der Organisation 1812
Georg Emanuel Opiz (1775–1841)
1. Hälfte 19. Jh.
aquarellierte Zeichnung
57 x 74 cm
sign. u. M. auf dem Felsblock : G. Opiz
SML Inv.-Nr.: V/56
Abbildung ▲

Gardist der National-Bürger-Garde Leipzig von 1813
Nachbildung
schwarzer Frack, Weste, Dreispitz, Plakette der National-Bürger-Garde zu Leipzig, Bandelier mit Säbel
SML Inv.-Nr.: W/Div 46

Entlassungsschein aus der National-Bürger-Garde zu Leipzig für den Apotheker Doktor Rein
Leipzig, 6. Oktober 1813
Buchdruck mit handschriftlichen Eintragungen
10,5 x 17 cm
SML Inv.-Nr.: W/Div 37
Die Überwachung der Kontinentalsperre, die Verfolgung von Deserteuren in immer größerem Ausmaß und die zahlreichen Truppendurchmärsche und Einquartierungen brachten für die Stadt und den Leipziger Kreis eine Reihe von Aufgaben mit sich, für deren Durchführung das geeignete Instrumentarium fehlte. So richtete man am 1. November 1808 eine „gens d'armerie" nach französischem Vorbild ein, die auch für das politische Wohlverhalten der Bürger Sorge tragen sollte.

Beleg über die Einquartierungskosten für März 1812 des Leipziger Bürgers Carl August Enke über sechs Taler und 16 Groschen
Leipzig, 12. März 1812
Buchdruck mit handschriftlichen Eintragungen
21 x 34 cm
SML Inv.-Nr.: Bibl. II R 560 (2)
Einquartierungen trafen Leipziger Bürger besonders hart, da die Stadt eine für diese Zeit relativ große Bevölkerungsdichte (einschließlich der Vorstädte etwa 35 000 Einwohner bei rund 1 350 Wohnhäusern) aufwies. Wohnraum war knapp, und die beengten Wohnverhältnisse wurden durch oft und zahlreich einquartierte Soldaten noch unzureichender. Waren ursprünglich nur Hausbesitzer zur Einquartierung verpflichtet, wurde die Verordnung später auch auf die Mieter ausgedehnt, um die großen Truppenmassen unterbringen zu können. Ärmere Leute waren oft nicht in der Lage, die Kosten zu verauslagen, so daß der Rat der Stadt immer mehr Bürger von der Einquartierung befreien mußte. Allein in der Zeit vom Oktober 1806 bis zum Jahresende 1807 hatte Leipzig mehr als eine halbe Million Quartiertage zu leisten. Ein sogenannter Quartiertag bedeutete, einem Soldaten für einen Tag Kost und Logis zu verschaffen. Für das Jahr 1813 wurden 3 040 158 ermittelt.

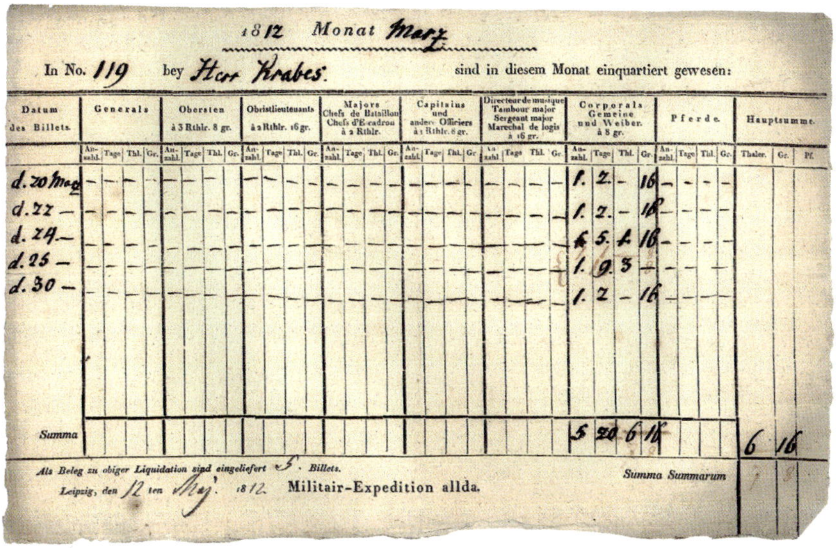

1812 Monat Marz

In No. 119 bey Herr Krabes. sind in diesem Monat einquartiert gewesen:

Datum des Billets	Generals	Obersten à 3 Rthlr. 8 gr.	Obristlieutenants à 2 Rthlr. 16 gr.	Majors Chefs de Bataillon Chefs d'Escadron à 2 Rthlr.	Capitains und andere Officiers à 1 Rthlr. 8 gr.	Directeur de musique Tambour major Sergeant major Marechal de logis à 16 gr.	Corporals, Gemeine und Weiber à 8 gr. Anzahl	Tage	Thl.	Gr.	Pferde	Hauptsumme
d. 20 Mag	–	–	–	–	–	–	1.	2.	–	16	–	
d. 22	–	–	–	–	–	–	1.	2.	–	16	–	
d. 24	–	–	–	–	–	–	1	5.	1	16	–	
d. 25	–	–	–	–	–	–	1.	9.	3	–	–	
d. 30	–	–	–	–	–	–	1.	2	–	16	–	
Summa							5	20	6	16		6 16

Als Beleg zu obiger Liquidation sind eingeliefert 5. Billets.

Leipzig, den 12ten May 1812 Militair-Expedition allda.

Summa Summarum

Beleg über die Einquartierungskosten für Mai 1812 des Leipziger Bürgers Krabes über sechs Taler und 16 Groschen
Leipzig, 12. Mai 1812
Buchdruck mit handschriftlichen Eintragungen
21 x 34 cm
SML Inv.-Nr.: Bibl. II R 560 (1)
Abbildung ▲

Patent für Jean Baptiste Nicolas Zolezzi
Moskau, 13. Oktober 1812
Buchdruck auf Pergament mit handschriftlichen Einträgen und eigenhändigen Unterschriften Napoleons, Pierre-Antoine-Noël-Bruno Graf Darus, Staatssekretär im Ministerrang und Generalintendant, und Claude-Ambroise Regniers, Herzog von Massa, Justizminister und Präsident der Gesetzgebenden Körperschaft
44 x 58 cm
SML Inv.-Nr.: Bibl. Autogr. o. Nr.
Abbildung ▼

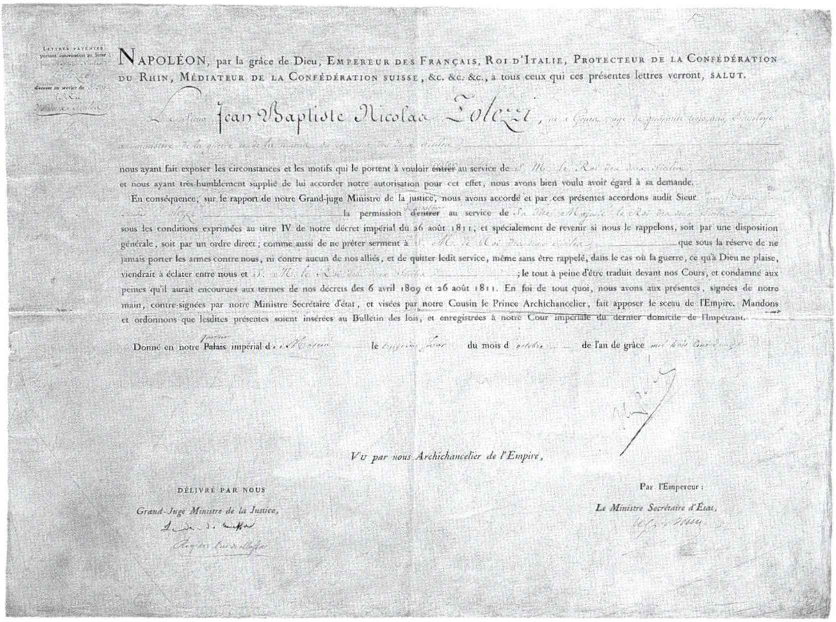

NAPOLÉON, par la grâce de Dieu, EMPEREUR DES FRANÇAIS, ROI D'ITALIE, PROTECTEUR DE LA CONFÉDÉRATION DU RHIN, MÉDIATEUR DE LA CONFÉDÉRATION SUISSE, &c. &c. &c., à tous ceux qui ces présentes lettres verront, SALUT.

Le Sieur Jean Baptiste Nicolas Zolezzi, …

nous ayant fait exposer les circonstances et les motifs qui le portent à vouloir entrer au service de … et nous ayant très-humblement supplié de lui accorder notre autorisation pour cet effet, nous avons bien voulu avoir égard à sa demande.

En conséquence, sur le rapport de notre Grand-juge Ministre de la justice, nous avons accordé et par ces présentes accordons audit Sieur … la permission d'entrer au service de … sous les conditions exprimées au titre IV de notre décret impérial du 26 août 1811, et spécialement de revenir si nous le rappelons, soit par une disposition générale, soit par un ordre direct; comme aussi de ne prêter serment à … que sous la réserve de ne jamais porter les armes contre nous, ni contre aucun de nos alliés, et de quitter ledit service, même sans être rappelé, dans le cas où la guerre, ce qu'à Dieu ne plaise, viendrait à éclater entre nous et …; le tout à peine d'être traduit devant nos Cours, et condamné aux peines qu'il aurait encourues aux termes de nos décrets des 6 avril 1809 et 26 août 1811. En foi de tout quoi, nous avons aux présentes, signées de notre main, contre-signées par notre Ministre Secrétaire d'état, et visées par notre Cousin le Prince Archichancelier, fait apposer le sceau de l'Empire. Mandons et ordonnons que lesdites présentes soient insérées au Bulletin des lois, et enregistrées à notre Cour impériale du dernier domicile de l'Impétrant.

Donné en notre Palais impérial d … le … du mois d … de l'an de grâce …

Vu par nous Archichancelier de l'Empire,

DÉLIVRÉ PAR NOUS
Grand-Juge Ministre de la Justice,

Par l'Empereur:
Le Ministre Secrétaire d'État,

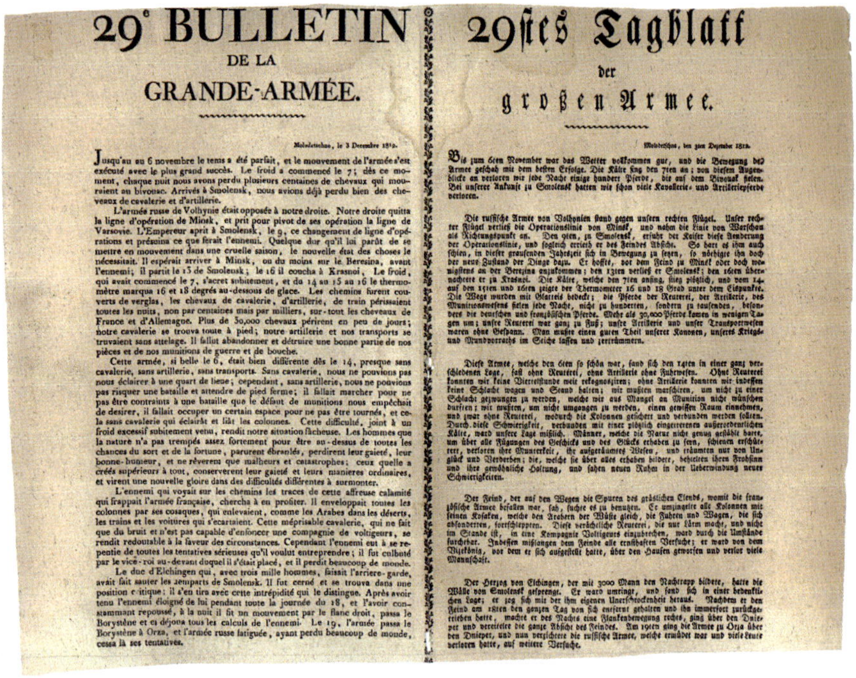

29ᵉ BULLETIN
DE LA
GRANDE-ARMÉE.

Molodetschno, le 3 Decembre 1812.

Jusqu'au au 6 novembre le tems a été parfait, et le mouvement de l'armée s'est exécuté avec le plus grand succès. Le froid a commencé le 7; dès ce moment, chaque nuit nous avons perdu plusieurs centaines de chevaux qui mouraient au bivouac. Arrivés à Smolensk, nous avions déjà perdu bien des chevaux de cavalerie et d'artillerie.

L'armée russe de Volhynie était opposée à notre droite. Notre droite quitta la ligne d'opération de Minsk, et prit pour pivot de ses opération la ligne de Varsovie. L'Empereur aprit à Smolensk, le 9, ce changement de ligne d'opérations et présuma ce que ferait l'ennemi. Quelque dur qu'il lui parût de se mettre en mouvement dans une cruelle saison, le nouvelle état des choses le nécessitait. Il espérait arriver à Minsk, ou du moins sur le Beresina, avant l'ennemi; il partit le 13 de Smolensk; le 16 il coucha à Krasnoi. Le froid, qui avait commencé le 7, s'acrut subitement, et du 14 au 15 au 16 le thermomètre marqua 16 et 18 degrés au-dessous de glace. Les chemins furent couverts de verglas, les chevaux de cavalerie, d'artillerie, de train périssaient toutes les nuits, non par centaines mais par milliers, sur-tout les cheveaux de France et d'Allemagne. Plus de 30,000 chevaux périrent en peu de jours; notre cavalerie se trouva toute à pied; notre artillerie et nos transports se truvaient sans attelage. Il fallut abandonner et détruire une bonne partie de nos pièces et de nos munitions de guerre et de bouche.

Cette armée, si belle le 6, était bien différente dès le 14, presque sans cavalerie, sans artillerie, sans transports. Sans cavalerie, nous ne pouvions pas nous éclairer à une quart de lieue; cependant, sans artillerie, nous ne pouvions pas risquer une bataille et attendre de pied ferme; il fallait marcher pour ne pas être contraints à une bataille que le défaut de munitions nous empêchait de desirer, il fallait occuper un certain espace pour ne pas être tournés, et cela sans cavalerie qui éclairât et liât les colonnes. Cette difficulté, joint à un froid excessif subitement venu, rendit notre situation fâcheuse. Les hommes que la nature n'a pas trempés assez fortement pour être au-dessus de toutes les chances du sort et de la fortune, parurent ébranlés, perdirent leur gaieté, leur bonne-humeur, et ne rèverent que malheurs et catastrophes; ceux quelle a créés supérieurs à tout, conserverent leur gaieté et leurs manieres ordinaires, et virent une nouvelle gloire dans des difficultés différentes à surmonter.

L'ennemi qui voyait sur les chemins les traces de cette affreuse calamité qui frappait l'armée française, chercha à en profiter. Il enveloppait toutes les colonnes par ses cosaques, qui enlevaient, comme les Arabes dans les déserts, les trains et les voitures qui s'ecartaient. Cette méprisable cavalerie, qui ne fait que du bruit et n'est pas capable d'enfoncer une compagnie de voltigeurs, se rendit redoutable à la faveur des circonstances. Cependant l'ennemi eut à se repentie de toutes les tentatives sérieuses qu'il voulut entreprendre; il fut culbuté par le vice-roi au-devant duquel il s'était placé, et il perdit beaucoup de monde.

Le duc d'Elchingen qui, avec trois mille hommes, faisait l'arriere-garde, avait fait sauter les remparts de Smolensk. Il fut cerné et se trouva dans une position critique: il s'en tira avec cette intrépidité qui le distingue. Après avoir tenu l'ennemi éloigné de lui pendant toute la journée du 18, et l'avoir constammant repoussé, à la nuit il fit un mouvement par le flanc droit, passa le Borystène et en déjoua tous les calculs de l'ennemi. Le 19, l'armée passa le Borystène à Orza, et l'armée russe fatiguée, ayant perdu beaucoup de monde, cessa là ses tentatives.

29stes Tagblatt
der
großen Armee.

Molodetschno, den 3ten Dezember 1812.

Bis zum 6ten November war das Wetter vollkommen gut, und die Bewegung der Armee geschah mit dem besten Erfolge. Die Kälte fing den 7ten an; von diesem Augenblicke an verloren wir jede Nacht einige hundert Pferde, die auf dem Bivouak fielen. Bei unserer Ankunft zu Smolensk hatten wir schon viele Kavallerie- und Artilleriepferde verloren.

Die russische Armee von Volhynien stand gegen unsern rechten Flügel. Unser rechter Flügel verließ die Operationslinie von Minsk, und nahm die Linie von Warschau als Richtungspunkt an. Den 9ten, zu Smolensk, erfuhr der Kaiser diese Aenderung der Operationslinie, und sogleich errieth er des Feindes Absicht. So hart es ihm auch schien, in dieser grausenden Jahrszeit sich in Bewegung zu setzen, so nöthigte ihn doch der neue Zustand der Dinge dazu. Er hoffte, vor dem Feind zu Minsk oder doch wenigstens an der Berezina anzukommen; den 13ten verließ er Smolensk; den 16ten übernachtete er zu Krasnoi. Die Kälte, welche den 7ten anfing, stieg plötzlich, und vom 14. auf den 15ten und 16ten zeigte der Thermometer 16 und 18 Grad unter dem Eispunkte. Die Wege wurden mit Glatteis bedeckt; die Pferde der Reuterei, der Artillerie, des Munitionswesens fielen jede Nacht, nicht zu hunderten, sondern zu tausenden, besonders die deutschen und französischen Pferde. Mehr als 30,000 Pferde kamen in wenigen Tagen um; unsre Reuterei war ganz zu Fuß; unsre Artillerie und unser Transportwesen waren ohne Gespann. Man mußte einen guten Theil unserer Kanonen, unseres Kriegs- und Mundvorraths im Stiche lassen und zertrümmern.

Diese Armee, welche den 6ten so schön war, fand sich den 14ten in einer ganz verschiedenen Lage, fast ohne Reuterei, ohne Artillerie ohne Fuhrwesen. Ohne Reuterei konnten wir keine Viertelstunde weit rekognosziren; ohne Artillerie konnten wir indessen keine Schlacht wagen und Stand halten; wir mußten marschiren, um nicht zu einer Schlacht gezwungen zu werden, welche wir aus Mangel an Munition nicht wünschen durften; wir mußten, um nicht umgangen zu werden, einen gewissen Raum einnehmen, und zwar ohne Reuterei, wodurch die Kolonnen gesichert und verbunden werden sollten. Durch diese Schwierigkeit, verbunden mit einer plötzlich eingetretenen außerordentlichen Kälte, ward unsere Lage mißlich. Männer, welche die Natur nicht genug gestählt hatte, um über alle Fügungen des Geschicks und des Glücks erhaben zu seyn, schienen erschüttert, verloren ihre Munterkeit, ihr aufgeräumtes Wesen, und träumten nur von Unglück und Verderben; die, welche sie über alles erhaben bildete, behielten ihren Frohsinn und ihre gewöhnliche Haltung, und sahen neuen Ruhm in der Ueberwindung neuer Schwierigkeiten.

Der Feind, der auf den Wegen die Spuren des gräßlichen Elends, womit die französische Armee befallen war, sah, suchte es zu benutzen. Er umzingelte alle Kolonnen mit seinen Kosaken, welche den Arabern der Wüste gleich, die Fuhren und Wagen, die sich absonderten, fortschleppten. Diese verächtliche Reuterei, die nur Lärm macht, und nicht im Stande ist, in eine Kompagnie Voltigeurs einzubrechen, ward durch die Umstände furchtbar. Indessen mißlangen dem Feinde alle ernsthaften Versuche; er ward von dem Vizekönig, vor dem er sich aufgestellt hatte, über den Haufen geworfen und verlor viele Mannschaft.

Der Herzog von Elchingen, der mit 3000 Mann den Nachtrapp bildete, hatte die Wälle von Smolensk gesprengt. Er ward umringt, und fand sich in einer bedenklichen Lage; er zog sich mit der ihm eigenen Unerschrockenheit heraus. Nachdem er den Feind am 18ten den ganzen Tag von sich entfernt gehalten und ihn immerfort zurückgetrieben hatte, machte er des Nachts eine Flankenbewegung rechts, ging über den Dnieper und vereitelte die ganze Absicht des Feindes. Am 19ten ging die Armee zu Orza über den Dnieper, und nun verzichtete die russische Armee, welche ermüdet war und viele Leute verloren hatte, auf weitere Versuche.

29. Bulletin der Großen Armee bezüglich der Kriegsereignisse in Rußland im November 1812
französisch und deutsch
Molodetschno, 3. Dezember 1812
Buchdruck
32 x 43 cm
SML Inv.-Nr.: Bibl. o. Nr.
Abbildung ▲

Nach dem Einzug in Moskau am 14. September 1812 hatte Napoleon vergebens auf ein Friedensangebot des Zaren gehofft. Angesichts des nahenden Winters und fehlender Versorgungsgüter, traten die noch verbliebenen 90 000 Mann der Grande Armée den Rückzug an.
Das Bulletin berichtet in stark beschönigender Form vom Elend dieses Rückmarsches. Wiewohl man keinesfalls den Umfang der tatsächlichen Katastrophe öffentlich machen wollte, deuten selbst die kargen Worte die gewaltigen Schwierigkeiten an, mit denen die sich auflösenden Truppen zu kämpfen hatten.
Obwohl das Bulletin in Molodetschno, jenseits der Beresina, am 3. Dezember 1812 veröffentlicht wurde, fanden die Ereignisse beim Übergang über den Fluß mit keinem Wort Erwähnung. Insgesamt nur noch 70 000 Mann langten am 27. November an der Beresina an, deren Brücke die Russen zerstört hatten. Binnen zweier Tage starben 30 000 Soldaten der Napoleonischen Armee im Kampf mit den Kosaken und in den eisigen Fluten beim Versuch, das jenseitige Ufer über zwei Behelfsbrücken zu erreichen.

STERBENDER KRIEGER
Christian Ernst Stoelzel (1792–1837)
um 1830
Radierung nach Tischbein
23,2 x 28,6 cm
bez. u. l.: gem. v. Tischbein.
u. r.: gest. v. E. Stoelzel.
beschr. u. M.: Angekauft vom Sächs. Kunstvereine und bey der Verloosung 1830 gewonnen von Herrn Reg. Chirurg Wehrmann. In Zwickau auf No 739. 1 Elle 6 Zoll breit. 1 Elle hoch.
SML Inv.-Nr.: Nap. II/175, Völk A-342
Abbildung ▶

Ein älterer Soldat hat sich gegen eine Postmeilensäule mit der Aufschrift „Toj Minsk 12" gelehnt, hinter der Säule liegt ein Toter, im Hintergrund macht sich ein Wolf über ein totes Pferd her. Dargestellt ist ein friedliches Sterben, Verletzungen oder Qualen werden nicht wiedergegeben.

Bekanntmachung des Rates der Stadt Leipzig betr. Verbots politischer Gespräche
Leipzig, 27. Dezember 1812
Buchdruck
22,5 x 19 cm
SML Inv.-Nr.: Bibl. o. Nr.

Der Flußgott Niemen und Noch Jemand.
Ein Freudenspiel in Knittelversen Gesang und Tanz von Kotzebue; aufgeführt auf dem Theater zu Reval zur Feier des Freudenfestes, als die letzten Ueberreste der fliehenden Franzosen von den tapfern Russen wieder zurück über den Niemen gejagt wurden.
Im December 1812
August von Kotzebue (1761–1819)
Dezember 1812
Buchdruck
16,8 x 19 cm (aufgeschlagen)
SML Inv.-Nr.: Bibl. II S 190
Abbildung ▶

Rückzug der Großen Armee
Zinnfigurendiorama
Leipzig, Mitte 20. Jh.
Zinn, Pappmaché, Holz, Gips
120 x 90 x 40 cm
SML Inv.-Nr.: o. Nr.

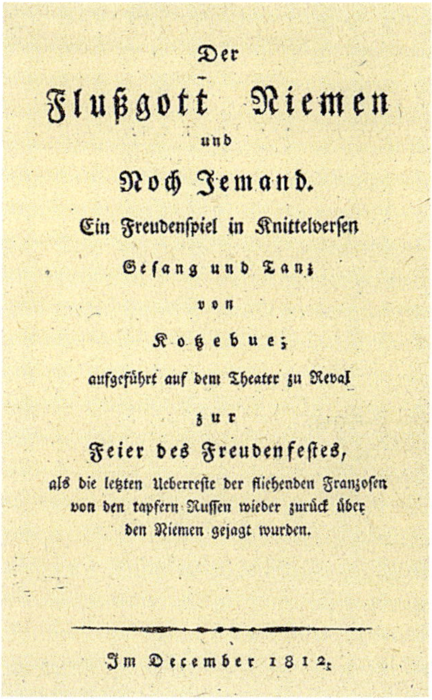
Der
Flußgott Niemen
und
Noch Jemand.
Ein Freudenspiel in Knittelversen
Gesang und Tanz
von
Kotzebue;
aufgeführt auf dem Theater zu Reval
zur
Feier des Freudenfestes,
als die letzten Ueberreste der fliehenden Franzosen
von den tapfern Russen wieder zurück über
den Niemen gejagt wurden.

Im December 1812.

Die Königl: Sächs: schwere Reiter-Brigade erstürmt die grosse Schanze in der Schlacht an der Moskwa d. 7. Septbr: 1812.
C. A. Hähnel
Dresden, Anfang 19. Jh.
Lithographie
35 x 49 cm
SML Inv.-Nr.: Nap. II 170/326

GRAF BARCLAY DE TOLLY Kaiserl. Russischer General Feldmarschall
deutsch, Anfang 19. Jh.
kolorierter Crayon-Stich
19 x 14 cm
SML Inv.-Nr.: Porträt T 25

Kutusow
Berlin, nach 1829
Heliographie nach einem Gemälde
Verlag Meisenbach Riffarth & Co.
37,5 x 25,5 cm
beschr. u. r.: Hel. u. impr. Meisenbach Riffarth & Co., Berlin
SML Inv.-Nr.: Porträt 23/SVS 84
Michail Illarionowitsch Kutusow war im Frühjahr 1813 Befehlshaber der vereinigten russisch-preußischen Armeen. Sein Porträt ist ein Beispiel für ein klassisches Feldherrenporträt: ganzfigurige imposante Darstellung in pelzgefüttertem Mantel, viele Orden und befehlende Geste. Hinter dem Dargestellten bietet sich eine Aussicht in eine Ebene, in der die Schlacht tobt. Im Vordergrund stillebenartig typisches Kriegsgerät wie Kanonenkugeln, Gewehr und Helm.

Napoleon I. in Moskau 1812
1. Hälfte 19. Jh.
kolorierte Radierung
35 x 48 cm
SML Inv.-Nr.: Völk 15/2, SVS 83; Nap. II. 165
Vor der nächtlichen Kulisse des brennenden Moskau plündern und trinken französische Soldaten, während Napoleon, vorn rechts auf einem Schimmel sitzend, die Szene teilnahmslos zu betrachten scheint.

Die Trümmer der französischen Armée bey ihrer Rükkehr ins Vaterland im Jahr 1813
Christian Gottfried Heinrich Geißler (1770–1844)
Leipzig 1813
zwei montierte kolorierte Radierungen
21 x 34,5 cm, 20,5 x 34 cm
das erste Blatt bez. u. l.: nach der Natur gez. u. geatzt v. Geißler
beschr. u. M.: Einst war der Erdkreis gegen uns erbittert,
Europas Boden hat vor uns gezittert,
Schaut nun mit Grausen, mit Entsetzen hier,
Ein warnend Jammerbild sind wir ' –
SML Inv.-Nr.: Nap. II 171/Nap. II 115
Abbildung ▼

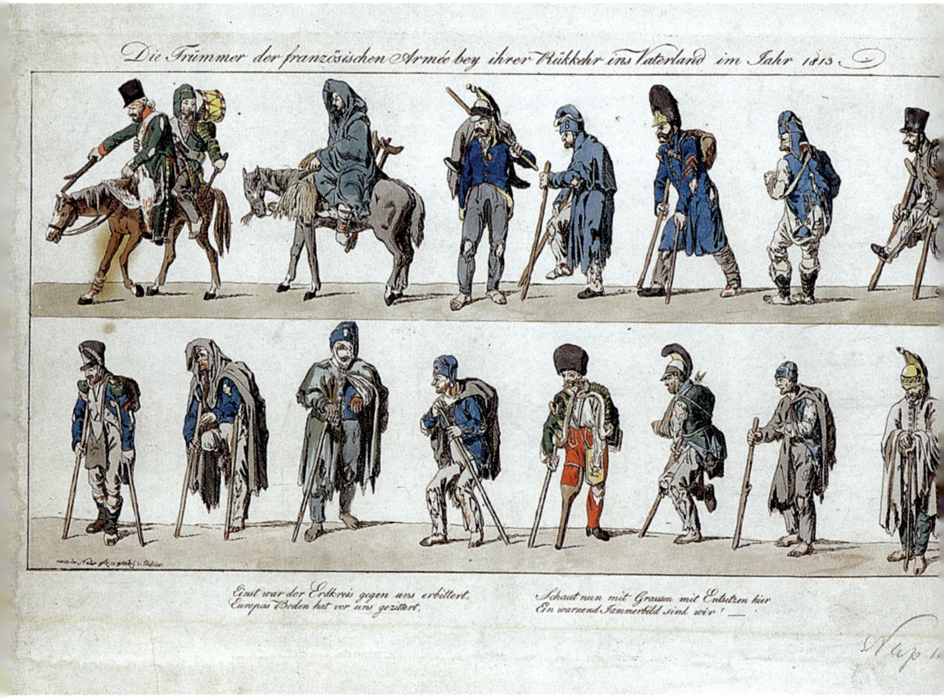

Im Januar 1813 begannen die aus Rußland zurückkehrenden Truppen auch durch Leipzig zu ziehen. Geißler läßt hier einen geisterhaften Zug zerlumpter, teilweise verstümmelter Gestalten vorbeiziehen, die teilweise grimmig, teilweise aber auch grinsend dreinblicken. Mag er auch die eine oder andere Figur wirklich „nach der Natur" so festgehalten haben, so ist doch der ganze Zug notwendigerweise konstruiert. Der Betrachter bekommt keine Verwundungen, kein individuelles Leid zu sehen, sondern „den" Typ des aus verlorener Schlacht Heimkehrenden. Geißler knüpft an die Tradition des Totentanzes an, durch die Verszeilen wird die moralisierend-belehrende Absicht des Blattes noch unterstrichen (etwa nach dem Motto „Hochmut kommt vor dem Fall"). Nicht nur in formaler Hinsicht ist diese Darstellung eine Ausnahme im Werk Geißlers, sondern auch in inhaltlicher, da sich sonst kaum etwas Negatives über die Franzosen bei ihm findet. Aus diesem Grund hat der Verlag vermutlich auch keine Werbung gemacht: „Die Blätter scheinen nirgends angezeigt worden zu sein, die Furcht vor Frankreich war noch immer groß."

Die Flammenzeichen rauchen
Frühjahr 1813

Das preußische Hilfskorps Napoleons hatte unter dem Kommando General Yorcks während des Rußlandfeldzuges das X. Armeekorps Marschall Macdonalds verstärkt, das zur Deckung des linken Flügels der Hauptarmee zwischen Riga und dem Kurischen Haff operierte. Im Dezember 1812 erhielt Yorck den Befehl, mit seinem 15 000 Mann starken Korps die Nachhut beim Rückzug Macdonalds zu bilden. Durch russische Truppen von der französischen Heeresabteilung abgeschnitten, langte Yorck am 28. Dezember in Tauroggen an. Nach Verhandlungen mit dem russischen General Diebitsch schloß er, offiziell zur Erhaltung seiner Truppen, am 30. Dezember auf eigene Verantwortung und ohne Ermächtigung Friedrich Wilhelms III. eine Konvention über die vorläufige Neutralisierung seines Korps, nachdem der Zar zugesichert hatte, ein Bündnis mit Preußen zur Wiederherstellung des Landes in den Grenzen von 1805 zu schließen. Das Korps besetzte das Gebiet zwischen Memel, Tilsit und dem Haff, in dem Yorck als Generalgouverneur eingesetzt wurde. Stein erschien am 22. Januar 1813 als Beauftragter des Zaren in dem von den Franzosen geräumten Königsberg. Die Kontinentalsperre in den russisch besetzten Gebieten wurde aufgehoben und ein ostpreußischer Landtag für den 8. Februar einberufen. Dieser beschloß die Aufstellung einer Landwehr. Die Nachrichten vom katastrophalen Ausgang des Rußlandfeldzuges, von Yorcks Alleingang und den Vorgängen in Königsberg entfachten eine patriotische Begeisterung, die rasch alle preußischen Provinzen erfaßte. Friedrich Wilhelm III., der die Konvention zunächst für ungültig erklärt und Yorck abgesetzt hatte, vermochte sich nicht sofort zum Kampf gegen Frankreich entschließen. Er mißtraute der Wirksamkeit eines Volksaufstandes und verhandelte gleichzeitig mit Frankreich, Österreich und Rußland, während der Hof von Berlin nach Breslau und damit aus der französischen Einflußsphäre verlegt wurde. Das vorsichtige Taktieren des Monarchen konnte die sich immer rascher entwickelnde Kriegsvorbereitung nicht aufhalten. Am 3. Februar erging der Aufruf zur Bildung freiwilliger Jägerabteilungen, der am 12. Februar die allgemeine Mobilmachung folgte. Nachdem in schwierigen Verhandlungen mit Alexander I. endlich Einigkeit über die künftige Behandlung polnischer Gebiete und die territoriale Wiederherstellung Preußens erreicht war, wurde am 27. und 28. Februar der Bündnisvertrag von Kalisch unterzeichnet. Der Bruch mit Napoleon war vollzogen. Am 16. März erhielt der französische Gesandte die Kriegserklärung Preußens. Taktisch klug suchte der am folgenden Tag erschienene Aufruf „An mein Volk" das durch die unentschlossene Haltung des Monarchen beschädigte Vertrauen der patriotisch gesinnten Bevölkerung

in ihren Souverän wiederherzustellen. Die Kriegsvorbereitungen wurden nun mit aller Anstrengung fortgeführt. Die preußischen Kreisausschüsse bildeten Landwehreinheiten, die Linie wurde verstärkt, die Jägerabteilungen weiter ausgebaut.
Die Ereignisse in Preußen fanden in den deutschen Staaten lauten Widerhall. Von überall her strömten Freiwillige nach Preußen, um in den sogenannten Freikorps am Kampf teilzunehmen. Die bekannteste dieser Freiwilligeneinheiten aus Angehörigen aller deutschen Staaten war die des Freiherrn Adolph von Lützow. Hunderte Jugendliche zogen die schwarz-rot-goldene Uniform, Vorbild der späteren deutschen Nationalfarben, an und legten den Eid auf das Vaterland, wohlgemerkt nicht auf Preußen, ab. Mit Enthusiasmus beteiligte sich die Bevölkerung durch Geld- und Sachspenden an den Kriegskosten. Sie stellte Ersparnisse und Edelmetalle im Wert von 6,5 Millionen Talern zur Verfügung.
Ungeachtet des von Stein verfaßten Aufrufs von Kalisch (25. März 1813), der, als offizielle Deklaration der Kriegsziele, u.a. die Bildung eines einheitlichen Deutschland versprach und sich an die Rheinbundstaaten mit der Aufforderung wandte, der Allianz beizutreten, standen Preußen und Rußland zunächst allein den Franzosen gegenüber. Vorerst hatte man es nur mit den Resten der Großen Armee unter Eugen Beauharnais zu tun, die bis zur Elbe zurückwichen. Zwar gelang es, ihn in der Schlacht bei Möckern (5. April 1813) über die Elbe zu drängen und Berlin einzunehmen, doch der Plan Scharnhorsts, sich gegen die gesamte Restarmee zu wenden, wurde nicht befolgt. In der Hoffnung, diesen wichtigen Bündnispartner Frankreichs zum Abfall bewegen zu können, marschierte das gemeinsame russisch-preußische Heer in Sachsen ein. Napoleon traf inzwischen mit einer neuen Armee an der Saalelinie ein und konnte in der Schlacht bei Großgörschen (2. Mai 1813) einen Sieg über die Verbündeten erringen. Der neuerliche Triumph Napoleons ließ Friedrich August von Sachsen eilends vorsichtige Verhandlungen mit Österreich über eine Neutralisierung Sachsens abbrechen. Die Verbündeten räumten Sachsen. Auch in der Schlacht bei Bautzen (20./21. Mai 1813) mußte sich das russisch-preußische Heer geschlagen geben und den Rückzug nach Schlesien antreten. Doch hatte die französische Armee die Siege um einen hohen Preis errungen. Dringend bedurfte Napoleon einer Ruhepause, um seine Truppen aufzufüllen. So wurde am 4. Juni 1813 bei Pläswitz ein Waffenstillstandsvertrag geschlossen, der die Kämpfe bis zum 17. August ruhen ließ.

Der neue Universalmonarch auf dem, zum Wohl der Menschheit errichteten Throne.
deutsch, 1. Viertel 19. Jh.
kolorierte Radierung
18,5 x 18,3 cm
beschr. u.: Herab, herab von diesem Thron,
Rief Neufchatel er wankt ja schon.
Umsonst: den Ruf liess er verhallen
So mag er nun herunterfallen!! –
SML Inv.-Nr.: Bibl. VS/ Car. 109 (E 115)
Abbildung ▲

Napoleon sitzt auf einem Thron aus Totenschädeln, die mit den Namen seiner berühmten Opfer bezeichnet sind, darunter die von Schill und Hofer. Auf dem Sockel unter den Schädeln ist zu lesen: „Oldenburger Bremer Hamburger Westphälische Holländische Schlachtopfer". Rechts von Napoleon verteilt ein Narr Orden, links gießen ihm Diener aus einer mit „Tränen" bezeichneten Amphore in zwei Trinkschalen ein, die die Aufschriften „Witwen" bzw. „Waisen" tragen. Von oben schleudern drei Adler Blitze gegen den Herrscher, bezeichnet als „Russland", „Preußen" und „Oesterreich".

CONVENTION VON TAUROGGEN.
30. December 1812.
Ludwig Pietsch (1824–1911)
Reproduktion nach einer Federzeichnung
Verlag Franz Duncker Berlin
39 x 46,5 cm
bez. u. r.: Gez. von Ludwig Pietsch.
u. M.: Verlag von Franz Duncker in Berlin
SML Inv.-Nr.: o. Nr.
In der Nähe von Tauroggen (Litauen) vereinbarten am 30. Dezember 1812 der preußische General Yorck von Wartenburg und der russische General Diebitsch-Sabalkanskij die Neutralität des preußischen Hilfskorps der französischen Großen Armee im Rußlandfeldzug. Der Künstler Ludwig Pietsch war Mitarbeiter illustrierter Zeitschriften, ab 1852 auch bei der Leipziger Illustrirten Zeitung. Die Zeichnung ist vermutlich erst in dieser Zeit entstanden.

Aufruf des Fürsten Kutusow an die Deutschen
Kalisch, 13./25. März 1813
Faksimiledruck
35 x 23,5 cm
SML Inv.-Nr.: Bibl. o. Nr.
Bei dieser Proklamation Kutusows, Oberbefehlshaber der russischen Armee, handelt es sich um die öffentlich verkündeten Kriegsziele der miteinander verbündeten Staaten Rußland und Preußen, die als sogenannter Aufruf von Kalisch in die Geschichte eingegangen sind. Hier wird die Aufforderung an die deutsche Bevölkerung, sich dem Kampf gegen Napoleon anzuschließen, mit der Verheißung einer „Wiedergeburt" Deutschlands, „dessen Gestaltung allein den Fürsten und Völkern Deutschlands anheim gestellt bleiben" soll, verbunden. An jenem Programm, das Kutusow im Namen des Zaren und Friedrich Wilhelms III. verkünden ließ, wurden 1815 die Ergebnisse des Wiener Kongresses gemessen, auf dem allein die Fürsten die Gestaltung Deutschlands bestimmten.

Akte der Stadt Leipzig betr. Verpflegungs- und Einquartierungskosten der Stadt Leipzig und des Leipziger Kreises für den Zeitraum März 1813
Leipzig, März 1813
Handschrift auf Papier
34,5 x 21,5 cm
SML Inv.-Nr.: II R 550

Bekanntmachung des Rates der Stadt Leipzig betr. Errichtung einer Bürgerwache in Leipzig
Leipzig, 6. März 1813
Buchdruck
38,5 x 22,5 cm
SML Inv.-Nr.: Bibl. o. Nr.

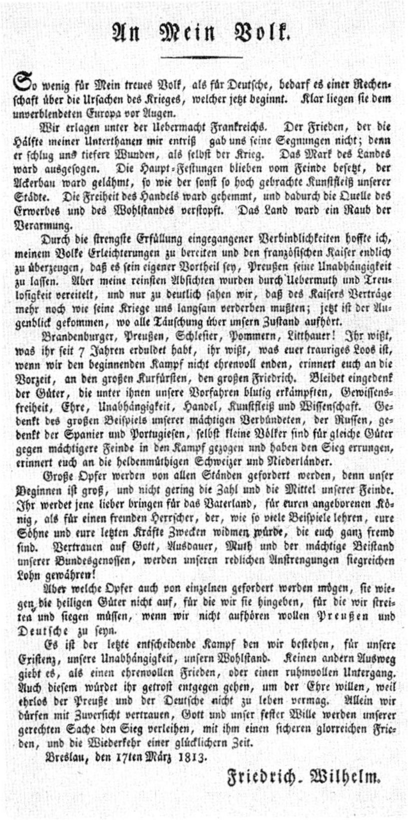
An Mein Volk.

So wenig für Mein treues Volk, als für Deutsche, bedarf es einer Rechenschaft über die Ursachen des Krieges, welcher jetzt beginnt. Klar liegen sie dem unverblendeten Europa vor Augen.

Wir erlagen unter der Uebermacht Frankreichs. Der Frieden, der die Hälfte meiner Unterthanen mir entriß gab uns seine Segnungen nicht; denn er schlug uns tiefere Wunden, als selbst der Krieg. Das Mark des Landes ward ausgesogen. Die Haupt-Festungen blieben vom Feinde besetzt, der Ackerbau ward gelähmt, so wie der sonst so hoch gebrachte Kunstfleiß unserer Städte. Die Freiheit des Handels ward gehemmt, und dadurch die Quelle des Erwerbes und des Wohlstandes verstopft. Das Land ward ein Raub der Verarmung.

Durch die strengste Erfüllung eingegangener Verbindlichkeiten hoffte ich, meinem Volke Erleichterungen zu bereiten und den französischen Kaiser endlich zu überzeugen, daß es sein eigener Vortheil sey, Preußen seine Unabhängigkeit zu lassen. Aber meine reinsten Absichten wurden durch Uebermuth und Treulosigkeit vereitelt, und nur zu deutlich sahen wir, daß des Kaisers Verträge mehr noch wie seine Kriege uns langsam verderben mußten; jetzt ist der Augenblick gekommen, wo alle Täuschung über unsern Zustand aufhört.

Brandenburger, Preußen, Schlesier, Pommern, Litthauer! Ihr wißt, was ihr seit 7 Jahren erduldet habt, ihr wißt, was euer trauriges Loos ist, wenn wir den beginnenden Kampf nicht ehrenvoll enden, erinnert euch an die Vorzeit, an den großen Kurfürsten, den großen Friedrich. Bleibet eingedenk der Güter, die unter ihnen unsere Vorfahren blutig erkämpften, Gewissensfreiheit, Ehre, Unabhängigkeit, Handel, Kunstfleiß und Wissenschaft. Gedenkt des großen Beispiels unserer mächtigen Verbündeten, der Russen, gedenkt der Spanier und Portugiesen, selbst kleine Völker sind für gleiche Güter gegen mächtigere Feinde in den Kampf gezogen und haben den Sieg errungen, erinnert euch an die heldenmüthigen Schweizer und Niederländer.

Große Opfer werden von allen Ständen gefordert werden, denn unser Beginnen ist groß, und nicht gering die Zahl und die Mittel unserer Feinde. Ihr werdet jene lieber bringen für das Vaterland, für euren angebornen König, als für einen fremden Herrscher, der, wie so viele Beispiele lehren, eure Söhne und eure letzten Kräfte Zwecken widmen würde, die euch ganz fremd sind. Vertrauen auf Gott, Ausdauer, Muth und der mächtige Beistand unserer Bundesgenossen, werden unseren redlichen Anstrengungen siegreichen Lohn gewähren!

Aber welche Opfer auch von einzelnen gefordert werden mögen, sie wiegen die heiligen Güter nicht auf, für die wir sie hingeben, für die wir streiten und siegen müssen, wenn wir nicht aufhören wollen Preußen und Deutsche zu seyn.

Es ist der letzte entscheidende Kampf den wir bestehen, für unsere Existenz, unsere Unabhängigkeit, unsern Wohlstand. Keinen andern Ausweg giebt es, als einen ehrenvollen Frieden, oder einen ruhmvollen Untergang. Auch diesem würdet ihr getrost entgegen gehen, um der Ehre willen, weil ehrlos der Preuße und der Deutsche nicht zu leben vermag. Allein wir dürfen mit Zuversicht vertrauen, Gott und unser fester Wille werden unserer gerechten Sache den Sieg verleihen, mit ihm einen sicheren glorreichen Frieden, und die Wiederkehr einer glücklichern Zeit.

Breslau, den 17ten März 1813.

Friedrich Wilhelm.

Aufruf Friedrich Wilhelms III. von Preußen „An Mein Volk"
Breslau, 17. März 1813
Faksimiledruck
38,5 x 24 cm
SML Inv.-Nr.: Bibl. o. Nr.
Abbildung ▲

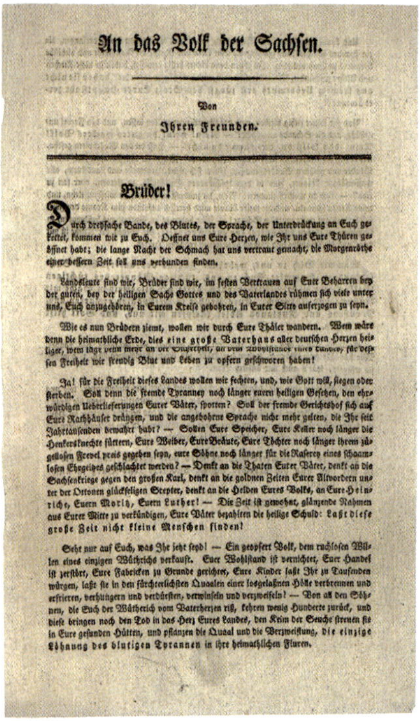

An das Volk der Sachsen.

Von

Ihren Freunden.

Brüder!

Durch dreyfache Bande, des Blutes, der Sprache, der Unterdrückung an Euch gekettet, kommen wir zu Euch. Oeffnet uns Eure Herzen, wie Ihr uns Eure Thüren geöffnet habt; die lange Nacht der Schmach hat uns vertraut gemacht, die Morgenröthe einer bessern Zeit soll uns verbunden finden.

Landsleute sind wir, Brüder sind wir, im festen Vertrauen auf Euer Beharren bey der guten, bey der heiligen Sache Gottes und des Vaterlandes rühmen sich viele unter uns, Euch anzugehören, in Eurem Kreise gebohren, in Eurer Sitte auferzogen zu seyn.

Wie es nun Brüdern ziemt, wollen wir durch Eure Thäler wandern. Wem wäre denn die heimathliche Erde, dies eine große Vaterhaus aller deutschen Herzen heiliger, wem läge denn mehr an der Sicherheit, an dem Wohlstande eines Landes, für dessen Freiheit wir freudig Blut und Leben zu opfern geschworen haben!

Ja! für die Freiheit dieses Landes wollen wir fechten, und, wie Gott will, siegen oder sterben. Soll denn die fremde Tyranney noch länger euern heiligen Gesetzen, den ehrwürdigen Ueberlieferungen Eurer Väter, spotten? Soll der fremde Gerichtshof sich auf Eure Rathhäuser drängen, und die angebohrne Sprache nicht mehr gelten, die Ihr seit Jahrtausenden bewahrt habt? — Sollen Eure Speicher, Eure Keller noch länger die Henkersknechte füttern, Eure Weiber, Eure Bräute, Eure Töchter noch länger ihrem zügellosen Frevel preis gegeben seyn, eure Söhne noch länger für die Raserey eines schaamlosen Ehrgeitzes geschlachtet werden? — Denkt an die Thaten Eurer Väter, denkt an die Sachsenkriege gegen den großen Karl, denkt an die goldnen Zeiten Eurer Altvordern unter der Ottonen glückseligen Szepter, denkt an die Helden Eures Volks, an Eure Heinriche, Euern Moritz, Euern Luther! — Die Zeit ist gewohnt, glänzende Nahmen aus Eurer Mitte zu verkündigen, Eure Väter bezahlten die heilige Schuld: Laßt diese große Zeit nicht kleine Menschen finden!

Seht nur auf Euch, was Ihr jetzt seyd! — Ein geopfert Volk, dem ruchlosen Willen eines einzigen Wüthrichs verkauft. Euer Wohlstand ist vernichtet, Euer Handel ist zerstört, Eure Fabricken zu Grunde gerichtet, Eure Kinder laßt Ihr zu Tausenden würgen, laßt sie in den fürchterlichsten Quaalen einer losgelaßnen Hölle verbrennen und erfrieren, verhungern und verdürsten, verwinseln und verzweifeln! — Von all den Söhnen, die Euch der Wütherich vom Vaterherzen riß, kehren wenig Hunderte zurück, und diese bringen noch den Tod in das Herz Eures Landes, den Keim der Seuche streuen sie in Eure gesunden Hütten, und pflanzen die Quaal und die Verzweiflung, die einzige Löhnung des blutigen Tyrannen in ihre heimathlichen Fluren.

Aufruf an die Einwohner Sachsens
[Theodor Körner]
[Radmeritz, 5. April 1813]
Buchdruck
32 x 19 cm
SML Inv.-Nr.: Bibl. o. Nr.
◀ *Abbildung*

In diesem von „Freunden" an das „Volk der Sachsen" gerichteten anonymen Aufruf wenden sich Vertreter einer nicht näher bezeichneten „muthigen Schaar" an die sächsische Bevölkerung mit der Aufforderung, sich dem Kampf gegen Napoleon und die Fremdherrschaft anzuschließen. Als der Aufruf in Sachsen erschien, war Leipzig durch Truppen der Verbündeten besetzt. Den Appell verfasste Theodor Körner, prominentes Mitglied der Lützower, die sich zu diesem Zeitpunkt in der Stadt befanden. Professor Traugott Krug, Rektor der Universität Leipzig, engagierte sich selbst als Werber für das Freikorps unter der Studentenschaft. Zahlreiche Leipziger traten der Freiwilligenabteilung bei. Während seines Aufenthalts in Leipzig zwischen dem 17. und 24. April 1813 wuchs die Stärke des Korps um 100 Mann Infanterie auf 1 000 Mann und um 140 Reiter auf 340 Mann Kavallerie an.

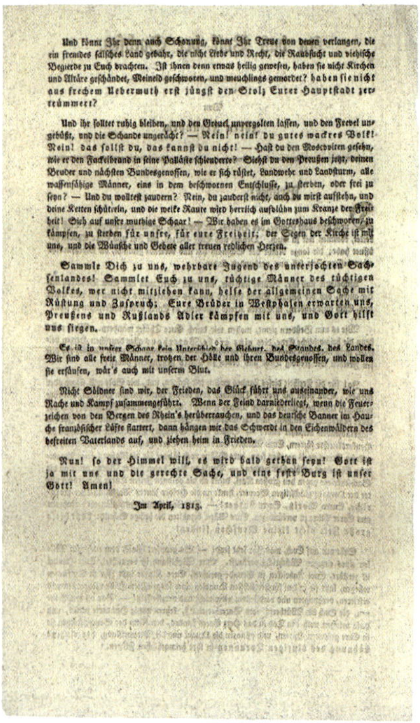

Und könnt Ihr denn auch Schonung, könnt Ihr Treue von denen verlangen, die ein fremdes fälsches Land gebahr, die nicht Liebe und Recht, die Raubsucht und viehische Begierde zu Euch brachten. Ist ihnen denn etwas heilig gewesen, haben sie nicht Kirchen und Altäre geschändet, Meineid geschworen, und meuchlings gemordet? haben sie nicht aus frechem Uebermuth erst jüngst den Stolz Eurer Hauptstadt zertrümmert?

Und ihr solltet ruhig bleiben, und den Greuel unvergolten lassen, und den Frevel ungebüßt, und die Schande ungerächt? — Nein! nein! du gutes wackres Volk! Nein! das sollst du, das kannst du nicht! — Hast du den Moscowiten gesehn, wie er den Fackelbrand in seine Palläste schleuderte? Siehst du den Preußen jetzt, deinen Bruder und nächsten Bundesgenossen, wie er sich rüstet, Landwehr und Landsturm, alle waffenfähige Männer, eins in dem beschwornen Entschlusse, zu sterben, oder frei zu seyn? — Und du wolltest zaudern? Nein, du zauderst nicht, auch du wirst aufstehn, und deine Ketten schütteln, und die welke Raute wird herrlich aufblühn zum Kranze der Freiheit! Sieh auf unsre muthige Schaar! — Wir haben es im Gotteshaus beschworen, zu kämpfen, zu sterben für unsre, für eure Freiheit; der Segen der Kirche ist mit uns, und die Wünsche und Gebete aller treuen redlichen Herzen.

Sammle Dich zu uns, wehrbare Jugend des unterjochten Sachsenlandes! Sammlet Euch zu uns, tüchtige Männer des tüchtigen Volkes, wer nicht mitziehen kann, helfe der allgemeinen Sache mit Rüstung und Zuspruch; Eure Brüder in Westphalen erwarten uns, Preußens und Rußlands Adler kämpfen mit uns, und Gott hilft uns siegen.

Es ist in unsrer Schaar kein Unterschied der Geburt, des Standes, des Landes. Wir sind alle freie Männer, trotzen der Hölle und ihren Bundesgenossen, und wollen sie ersäufen, wär's auch mit unserm Blut.

Nicht Söldner sind wir, der Frieden, das Glück führt uns auseinander, wie uns Rache und Kampf zusammengeführt. Wenn der Feind darniederliegt, wenn die Feuerzeichen von den Bergen des Rhein's herüberrauchen, und das deutsche Banner im Hauche französischer Lüfte flattert, dann hängen wir das Schwerdt in den Eichenwäldern des befreiten Vaterlands auf, und ziehen heim in Frieden.

Nun! so der Himmel will, es wird bald gethan seyn! Gott ist ja mit uns und die gerechte Sache, und eine feste Burg ist unser Gott! Amen!

Im April, 1813.

Lützower Jäger von 1813
Nachbildung
Leipzig, um 1980
schwarzer Rock mit roten Vorstößen und Messingknöpfen, schwarze Hose, Schuhe, Gamaschen, Tschako in Wachstuchhülle, Bandelier mit Hirschfänger, Patronentasche, Brotbeutel, Wasserflasche
SML Inv.-Nr.: W/Div 45

Im Februar 1813 gab Friedrich Wilhelm III. dem Major Ludwig Adolph Wilhelm von Lützow die Erlaubnis, aus Freiwilligen der ehemaligen preußischen Provinzen und der noch mit Napoleon verbündeten deutschen Staaten ein Freikorps zu bilden. Da keine Uniformen gestellt wurden, behalf man sich, indem die unterschiedlichen Röcke der Freiwilligen einheitlich schwarz gefärbt und mit roten Aufschlägen und goldfarbenen Messingknöpfen versehen wurden. Diese Farben nahmen die verschiedenen politischen Bewegungen für einen deutschen Nationalstaat in den folgenden Jahrzehnten wieder auf und machten sie zum Symbol eines einheitlichen Deutschland.

Tasse mit Untertasse
Königliche Porzellanmanufaktur Berlin
um 1840
Porzellan
glockenförmige Tasse auf eingezogenem Fuß mit Goldrand; Lippenrand mit radiertem Blattrankenmuster, über den Lippenrand gezogener, dunkel patinierter Henkel in Schlangenform, auf der Vorderseite goldumrandetes aufgelegtes Profilbildnis Friedrich Wilhelms III. von Preußen in Biskuitporzellan auf mattem, lachsfarbenem Grund
Untertasse mit Standring und Goldrand, im Spiegel auf lachsfarbenem Fond
Goldaufschrift: FRIEDRICH WILHELM III.
Tasse: H 10,8 cm
Untertasse: D 13,5 cm
jeweils Zeptermarke in Unterglasurblau
SML Inv.-Nr.: Po 211
Abbildung ▶

Tasse mit Untertasse
Königliche Porzellanmanufaktur Berlin
um 1840
Porzellan
glockenförmige Tasse auf eingezogenem Fuß mit Goldrand, außen vergoldeter Bandhenkel mit teilvergoldetem Palmettenrelief am oberen Ansatz, auf der Vorderseite goldumrandetes aufgelegtes Profilbildnis Blüchers in Biskuitporzellan auf mattgoldenem, in Schlangenlinien radiertem Grund
Untertasse mit Standring und Goldrand, Goldaufschrift BLÜCHER in goldumrandetem Spiegel
Tasse: H 9 cm
Untertasse: D 15,5 cm
jeweils Zeptermarke in Unterglasurblau
SML Inv.-Nr.: Po 131
Abbildung ▶

Eisernes Kreuz 2. Klasse
Preußen 1813
Silber, Eisen
in Silber gefaßtes, gußeisernes, geschwärztes Kreuz mit Trageöse, auf der Rückseite Monogramm Friedrich Wilhelms III. von Preußen über drei Eichenlaubblättern und der Jahreszahl 1813
4 x 4 cm
SML Inv.-Nr.: Ord A Alpha S I/32
Friedrich Wilhelm III. von Preußen stiftete das Eiserne Kreuz als spezielle Auszeichnung für den Krieg gegen Napoleon am 10. März 1813. Den Entwurf schuf der bekannte preußische Baumeister und Maler Karl Friedrich Schinkel.

Eisernes Kreuz, 2. Klasse, mit Band, sogenannte Prinzengröße
Preußen 1813
Silber, Eisen, Seide
1,8 x 1,8 cm
SML Inv.-Nr.: Ord Alpha S I/32c

Landwehr.
Christian Gottfried Heinrich Geißler
(1770–1844)
Leipzig 1813
kolorierte Radierung
17,2 x 13,2 cm
bez. u. r.: G. Geißler d. et f.
SML Inv.-Nr.: SVS 93/47 (1456)
Abbildung ▲

Die preußische Landwehr wurde im Frühjahr 1813 gebildet. Die Aufstellung erster Landwehreinheiten beschlossen die ostpreußischen Landstände auf der Grundlage der Entwürfe Carl von Clausewitz' im Februar 1813 in Königsberg. Landwehrpflichtig waren alle Männer im Alter zwischen 17 und 40 Jahren. Zunächst rekrutierte man die Landwehr nur aus Freiwilligen. In ganz Preußen wurde sie einen Tag nach der Kriegserklärung an Frankreich am 17. März 1813 eingeführt. Die Ausrüstung dieser Einheiten, abgesehen von der Bewaffnung, erfolgte auf Kosten der Kreise. Entsprechend den schlechten wirtschaftlichen Verhältnissen des preußischen Staates, war sie mehr als dürftig. Neben ausgesprochen armseliger Bekleidung, z.T. zogen einzelne Landwehrmänner barfuß in den Feldzug, war auch die Bewaffnung schäbig. Anfangs war das erste Glied noch überwiegend mit Ulanenpiken ausgerüstet. Wer Feuerwaffen besaß, wußte entweder nur schlecht damit umzugehen oder konnte den alten Gewehren – teilweise stammten sie noch aus dem Siebenjährigen Krieg – kaum trauen. Aus diesem Grund sahen die Landwehrangehörigen im Kampf häufig den Einsatz des Gewehrkolbens als den wirkungsvollsten Waffengebrauch an. Unter den Soldaten fanden sich hauptsächlich Vertreter unterer sozialer Schichten. Wer freiwillig am Krieg gegen Napoleon teilnehmen wollte und es sich leisten konnte, die entsprechende Ausrüstung selbst zu finanzieren, trat in der Regel den Freiwilligen Jägern bei. Die Offiziere der Landwehr wurden durch einen Ausschuß gewählt, der aus je zwei Vertretern des Adels, einem Bürger und einem Bauern bestand. Da die meisten ausgebildeten Offiziere und Unteroffiziere Verwendung in den Linientruppen fanden, war der Mangel an kundigen Führungskräften gravierend. Erst während des Pläswitzer Waffenstillstandes konnte die Organisation weitgehend abgeschlossen werden. Mitte August 1813 standen in Preußen etwa 100 000 Mann Landwehr zur Verfügung. Die erste große Bewährungsprobe für diese Einheiten bestand das 1. Neumärkische Landwehrregiment in den Kämpfen des Gefechtes bei Großbeeren (23. August 1813) gegen Einheiten der französischen Berlinarmee unter Oudinot. Im Rahmen der Kämpfe der Völkerschlacht kamen Landwehreinheiten insbesondere in der Schlacht bei Möckern und bei Probstheida am 18. Oktober zum Einsatz. Mangelnde Ausrüstung und Kampferfahrung machten diese Abteilungen oft durch um so größeren Eifer wett, wobei allerdings meist auch unverhältnismäßig viele Opfer zu beklagen waren. So büßte das 9. Schlesische Landwehrregiment der Brigade Pirsch bei den Kämpfen um Probstheida in wenigen Stunden von 950 Mann 515 ein.

Jägerbüchse
deutsch, Ende 18. Jh.
Holz, Eisen, Messing, Horn
perkussionierte Steinschloßbüchse mit achtzügigem Lauf, leicht beschnitzter Nußbaumschaft mit Kolbenfach, Messingmontierung, Kolben-, Daumen- und Schloßgegenplatte mit floralen und jagdlichen Motiven graviert und teilweise durchbrochen, stufenlos einstellbares Visier, altdeutsches Stecherschloß
Holz des Ladestockes ergänzt, alte Reparatur
GL 115 cm, LL 76 cm
Lauf geätzt: 1813 1814
SML Inv.-Nr.: W/G 56
Abbildung ▲
Diese Büchse gehörte dem Leipziger Studenten Friedrich Wilhelm Schünemann, der sich 1813 zu den Freiwilligen Preußischen Jägern meldete. Er gehörte dem Freiwilligen Jäger-Detachement im Füsilier-Bataillon des 1. Pommerschen Infanterieregiments an und nahm an der Völkerschlacht teil. Die Büchse erhielt das Museum von einem Nachkommen Schünemanns, der vielleicht auch die beiden Jahreszahlen zur Erinnerung in den Lauf ätzen ließ, zum Geschenk.
Bei der Waffe handelt es sich um eine Büchse zum jagdlichen Gebrauch. Die Freiwilligen Jäger, die im Zivilleben oft Forstbeamte, Jäger und dergleichen waren, durften die ihnen vertrauten persönlichen Waffen weiter führen. Diese Büchse dürfte auch noch nach den Ereignissen der Befreiungskriege zur Jagd verwendet worden sein, da sie später „modernisiert", d. h. auf das neue System der Perkussionszündung umgestellt wurde.

Hirschfänger
deutsch, um 1770
Eisen, Messing, Leder, Bein
Mundblech an der Lederscheide fehlt
GL 70 cm, KL 56 cm
SML Inv.-Nr.: W/S 62

Pulverhorn mit Holzstöpsel
deutsch, um 1800
Horn, Holz, Eisen
L 22 cm
SML Inv.-Nr.: W/Div 22

Kugelzange für Rundkugeln (D 1,5 cm)
deutsch, um 1800
Eisen
L 14,5 cm
SML Inv.-Nr.: W/Div 27

Feldmütze für Offiziere
Preußen, um 1813
Tuch, Leder
dunkelblaues, mit Rot abgesetztes Tuch, lederner Schirm und schwarz-weiße Kokarde
D 23,5 cm, H 8 cm
SML Inv.-Nr.: W/Div 38

Pelz eines Freiwilligen Jägers zu Pferd
Preußen, um 1813
Tuch, Wolle, Schaffell, Leinen, Leder, Zinn
grünes Tuch, weiße Aufschläge und Kragen, weiße Abzeichen, weiße Verschnürung mit dreifacher Reihe von Zinnknöpfen, Kragen mit braunem Schaffell besetzt, Bund und Partien um die Knopfleiste und die Aufschläge mit weiß gepaspelten Streifen braunen Schaffells besetzt, Leinenfutter, an den Bünden mit Leder unterlegt
rückwärtige Länge 46 cm
SML Inv.-Nr.: Unif 118

Generalshut
Preußen, um 1813
Filz, Leder, Seide, Silber, Federn
schwarzer Zweispitz aus Filz mit silberner Sternagraffe und schwarz-weißem Hahnenfederbusch
H 45 cm, B 55 cm
SML Inv.-Nr.: W/K 9

Aufforderung des Leipziger Lazarett-Komitees an die Einwohner der Stadt, sämtliche zu Verbandsstoffen geeignete Materialien umgehend zur Verfügung zu stellen
Leipzig, 29. Juni 1813
Buchdruck
22,5 x 18,5 cm
SML Inv.-Nr.: Bibl. o. Nr.

Halsband
deutsch, 1. Hälfte 19. Jh.
Eisen
neun rechteckige Filigranglieder, ovales, eisengefaßtes Medaillon mit eisernem Frauenkopf auf poliertem Eisen, Verschluß und mindestens drei Glieder fehlen
24 x 3 cm
SML Inv.-Nr.: Me 176
Abbildung ▲

Für die Ausrüstung der Tausende von Freiwilligen spendete die Bevölkerung in Preußen die Summe von 6,5 Millionen Talern. Viele, die kein Bargeld besaßen, stellten Kleidungsstücke und Ausrüstungsgegenstände zur Verfügung. Selbst goldene Trauringe wurden gegen eiserne eingetauscht. Als Zeichen ihrer patriotischen Gesinnung trugen zahlreiche Bürger Preußens Schmuckstücke aus Eisen anstelle solcher aus Edelmetallen.

Kette
deutsch, 1. Hälfte 19. Jh.
Eisen
16 filigrane, miteinander verbundene Blätter unterschiedlicher Größe, Verschluß in Form zweier ineinander verschlungener Hände
L 47 cm
SML Inv.-Nr.: Me 173
Abbildung ▶

Kette
deutsch, 1. Hälfte 19. Jh.
Eisen, Messing
Eisenfiligran mit drei messinggefaßten Medaillons, zwei antikisierende Frauenköpfe und einen Männerkopf auf poliertem Eisen darstellend
50 x 1,5 cm
SML Inv.-Nr.: Me 174
Abbildung ▶

Anstecknadel
deutsch, 1. Hälfte 19. Jh.
Eisen
Nadel in Form einer Amphore mit floraler Auszier, in der Mitte antikisierender Männerkopf auf poliertem Eisen, Öse für einen Anhänger (fehlt)
3 x 5 cm
SML Inv.-Nr.: Me 299/Sammlung Glaser

Kette
deutsch, 1. Hälfte 19. Jh.
Eisen, Messing
Eisenfiligran mit Medaillon mit Darstellung eines jungen Mannes (Christus?) auf messinggefaßtem poliertem Eisen
L 51 cm
SML Inv.-Nr.: Me 172 I

Ein Paar zweiteiliger Ohrringe
deutsch, 1. Hälfte 19. Jh.
Eisen
D 2,4 cm, L 5 cm
SML Inv.-Nr.: Me 180

Zweiteiliger Anhänger
deutsch, 1. Hälfte 19. Jh.
Eisen, Messing, Gold
ovale Form, Oberteil Eisenfiligran, Unterteil Eisenfiligran mit feuervergoldetem Messingmedaillon eines Mannes in Uniform, Verbindungsglieder zwischen beiden Teilen ergänzt
2, 5 x 7,5 cm
SML Inv.-Nr.: Me 182

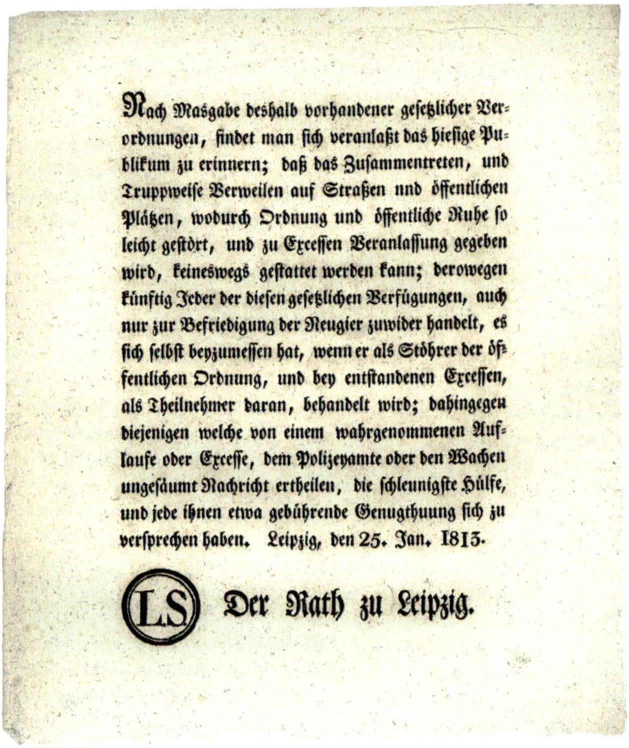

Nach Masgabe deshalb vorhandener gesetzlicher Verordnungen, findet man sich veranlaßt das hiesige Publikum zu erinnern; daß das Zusammentreten, und Truppweise Verweilen auf Straßen und öffentlichen Plätzen, wodurch Ordnung und öffentliche Ruhe so leicht gestört, und zu Excessen Veranlassung gegeben wird, keineswegs gestattet werden kann; derowegen künftig Jeder der diesen gesetzlichen Verfügungen, auch nur zur Befriedigung der Neugier zuwider handelt, es sich selbst beyzumessen hat, wenn er als Stöhrer der öffentlichen Ordnung, und bey entstandenen Excessen, als Theilnehmer daran, behandelt wird; dahingegen diejenigen welche von einem wahrgenommenen Auflaufe oder Excesse, dem Polizeyamte oder den Wachen ungesäumt Nachricht ertheilen, die schleunigste Hülfe, und jede ihnen etwa gebührende Genugthuung sich zu versprechen haben. Leipzig, den 25. Jan. 1813.

(LS) Der Rath zu Leipzig.

Bekanntmachung des Rates der Stadt Leipzig betr. Strafandrohung für gruppenweises Zusammentreten auf den Straßen und jegliches Stören der öffentlichen Ordnung
Leipzig, 25. Januar 1813
Buchdruck
22 x 19 cm
SML Inv.-Nr.: Bibl. o. Nr.
Abbildung ▲

Bekanntmachung des Rates der Stadt Leipzig betr. Verhängung des Belagerungszustandes über Leipzig
Leipzig, 20. Juni 1813
Buchdruck
37,5 x 44 cm
SML Inv.-Nr.: Bibl. o. Nr.
Abbildung ▼

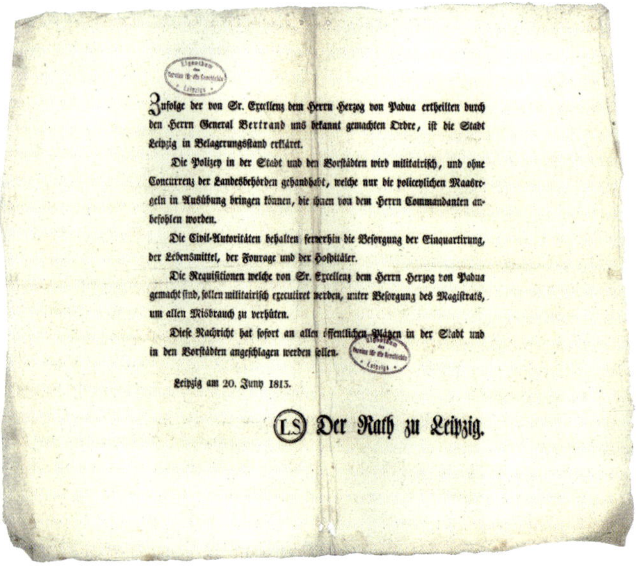

Zufolge der von Sr. Excellenz dem Herrn Herzog von Padua ertheilten durch den Herrn General Bertrand uns bekannt gemachten Ordre, ist die Stadt Leipzig in Belagerungsstand erklärt.

Die Polizey in der Stadt und den Vorstädten wird militairisch, und ohne Concurrenz der Landesbehörden gehandhabt, welche nur die policeylichen Maasregeln in Ausübung bringen können, die ihnen von dem Herrn Commandanten anbefohlen worden.

Die Civil-Autoritäten behalten fernerhin die Besorgung der Einquartirung, der Lebensmittel, der Fourage und der Hospitäler.

Die Requisitionen welche von Sr. Excellenz dem Herrn Herzog von Padua gemacht sind, sollen militairisch executiret werden, unter Besorgung des Magistrats, um allen Misbrauch zu verhüten.

Diese Nachricht hat sofort an allen öffentlichen Plätzen in der Stadt und in den Vorstädten angeschlagen werden sollen.

Leipzig am 20. Juny 1813.

(LS) Der Rath zu Leipzig.

Dolman eines Freiwilligen Jägers zu Pferd
Preußen, um 1813
Tuch, Wolle, Leinen, Leder, Zinn
grünes Tuch, weiße Aufschläge und Kragen, weiße Abzeichen, weiße Verschnürung mit dreifacher Reihe von Zinnknöpfen, Leinenfutter, an den Bünden mit Leder unterlegt
rückwärtige Länge 45 cm
SML Inv.-Nr.: Unif. 50
Abbildung ▲

Das große Dankfest der drei verbündeten Monarchen zu Töplitz am 2.n September 1813. für die 3. herrlichen Siege bei Groß-Beeren d. 23.n August, an der Katzbach d. 26n Aug. und bei Culm 30 Aug. 1813.
Nürnberg, um 1813
kolorierte Radierung
Verlag Friedrich Campe
18 x 22,4 cm
bez. o. r.: No 559
u. M.: Nürnberg bei Friedrich Campe
beschr. u. M.: – Text Psalm 94. v. 12–15. –
SML Inv.-Nr.: Nap. II 192/ Völk A-11
Abbildung ▼

Im Vertrag von Teplitz (9. September 1813) präzisierten Rußland, Österreich und Preußen ihre gemeinsamen Kriegsziele. Neben gegenseitigen Garantieerklärungen, der Auflösung des Rheinbundes und der Herstellung der Souveränität der deutschen Fürsten war ausdrücklich eine „Wiedergeburt des Reiches" in Aussicht genommen worden. Während die drei Monarchen nur im Hintergrund auszumachen sind, wie sie der unter einem Zelt im Freien stattfindenden Zeremonie folgen, wird der Vordergrund eingenommen von der großen Menge der kniend und in Rückansicht dargestellten Soldaten, die dem Dankgottesdienst beiwohnen.

Theodor Körner in der Uniform eines Lützower Freiwilligen Jägers
Emma Sophie Körner (1788–1815)
Öl auf Leinwand
110 x 80 cm
SML Inv.-Nr.: XX/66
Abbildung ▲

Der Sturm bricht los
Herbstfeldzug 1813

Während des Waffenstillstandes im Sommer 1813 traten Österreich und Schweden dem Bündnis gegen Frankreich bei. England unterstützte die Koalition hauptsächlich mit finanziellen Mitteln sowie Ausrüstungs- und Kriegsmaterial.

Die Verbündeten bildeten drei große Truppenkörper, die sich konzentrisch auf den Gegner zu bewegten:

- im Süden der Mark Brandenburg die Nordarmee unter dem schwedischen Kronprinzen Karl Johann, dem ehemaligen Marschall Napoleons Graf Bernadotte
- in Niederschlesien die Schlesische Armee des preußischen Generals Blücher
- in Böhmen die Hauptarmee unter Fürst Schwarzenberg, der gleichzeitig auch den Oberbefehl über die verbündeten Truppen innehatte.

Ziel war, den Gegner zu ermatten, weshalb es ausdrücklich jedem der Befehlshaber untersagt war, offensive Maßnahmen zu ergreifen.

Napoleon beabsichtigte, die gegnerischen Heere vor deren geplanter Vereinigung einzeln zu vernichten. Als erstes wandten sich die französischen Truppen gegen die Armee Karl Johanns. Die rund 70 000 Mann zählende Armée de Berlin unter Oudinot, die die preußische Hauptstadt zurückerobern sollte, wurde bei Großbeeren von der Nordarmee geschlagen (23. August). Beim Gefecht bei Hagelberg (27. August) gelang es, eine französische Division nahezu vollständig zu vernichten. Einen Tag zuvor errang die französische Armee unter dem Kommando Napoleons bei der Verteidigung Dresdens einen Sieg über die angreifenden Truppen der Hauptarmee. Die Niederlage wurde allerdings durch den Sieg über das sie verfolgende Korps Vandamme bei Culm (30. August) wieder aufgewogen. Nachdem Blücher weisungsgemäß vor den Truppen Macdonalds zurückgewichen war, gelang ihm am 26. August der schwer erkämpfte Übergang über die Katzbach. Ein letzter französischer Versuch, sich in den Besitz Berlins zu bringen, endete am 9. September bei Dennewitz mit einer vollkommenen Niederlage der französischen Truppen unter Marschall Ney. Trotz dieser Erfolge konnte sich das Oberkommando der Alliierten nicht zu weiteren Angriffen entschließen. Am 9. September wurden bei Teplitz die Bündnisverträge unterzeichnet, in denen sich die Alliierten verpflichteten, keinen Sonderfrieden zu vereinbaren. Den diplomatischen Aktivitäten folgten vorerst keine militärischen. Die Armeen manövrierten. Des unentschlossenen Taktierens überdrüssig, überschritt Blücher

mit seiner Armee schließlich am 3. Oktober bei Wartenburg die Elbe und zwang damit auch Schwarzenberg und Karl Johann zum weiteren Vorgehen. Nachdem ein Schlag gegen die Schlesische Armee gescheitert war (9. Oktober), beschloß Napoleon, sich mit der Masse seiner Truppen gegen die auf Leipzig vorrückende Hauptarmee zu wenden, und begann am 12. Oktober mit der Verlegung seiner Streitmacht aus dem Dübener Raum nach Leipzig.

Bildnisbüste Feldmarschall Blüchers
Christian Daniel Rauch (1777–1857)
Eisenkunstguß
36 x 22 x 46 cm
SML Inv.-Nr.: Pl 1011
Abbildung ▲

Im April 1815 modellierte Christian Daniel Rauch, einer der gefragtesten Bildhauer seiner Zeit, während eines Essens in Berlin den 73jährigen Feldherrn. Kurze Zeit darauf fand die Büste in zahlreichen Gipsabgüssen sowie in Bronze und Eisen große Verbreitung, die die Beliebtheit des berühmten „Marschall Vorwärts“ belegt. Rauch benutzte den Kopf als Vorbild für seine monumentalen Blücher-Statuen in Breslau und Berlin, aber auch der Bildhauer Gottfried Schadow griff für sein Rostocker Blücher-Denkmal darauf zurück.

Blücher ist in der für diese Zeit typischen unbekleideten Büstenform mit eckigem Abschluß wiedergegeben nichts Dekoratives soll den Betrachter von den markanten Zügen des Dargestellten ablenken. Die Gesichtszüge sind energiegeladen und kraftvoll, die Augen (ohne Ausbildung der Iris) in die Ferne gerichtet, zugleich strahlt das Gesicht Freundlichkeit aus.

Büste Kaiser Franz' I. von Österreich
1. Hälfte 19. Jh.
Biskuitporzellan, teilweise vergoldet
H 30,5 cm, Sockel 9 x 9 cm
am Sockel Aufschrift: FRANCISCVS. I.
ohne Marke
SML Inv.-Nr.: Pl. 1157
Abbildung ▶

Tasse mit Untertasse
Königliche Porzellanmanufaktur Berlin
nach 1869
Porzellan
zylindrische Tasse auf drei vergoldeten Tatzenfüßen, über den Lippenrand gezogener, vergoldeter Volutenhenkel, auf der Vorderseite goldumrandetes Porträtmedaillon des Fürsten Schwarzenberg in polychromer Malerei, Untertasse mit Standring ohne Dekor. Ursprünglich nicht zusammengehörig.
Tasse: H 13 cm
Untertasse: D 18,3 cm
jeweils Zeptermarke mit schrägem Querstrich in Unterglasurblau
SML Inv.-Nr.: Po 218 a
Abbildung ▶

Kaiser Franz I. hatte sich für den Beitritt Österreichs zum Bündnis gegen Napoleon ausdrücklich einen österreichischen Feldherrn als Oberbefehlshaber über die Gesamtarmee ausbedungen. Die Wahl fiel auf Karl Philipp Fürst zu Schwarzenberg. Im Jahre 1771 geboren, trat er bereits mit 16 Jahren als Unterleutnant eines Braunschweiger Infanterieregiments in den Militärdienst und nahm an zahlreichen Kriegen Österreichs teil. Seine Herkunft eröffnete ihm eine glänzende Laufbahn, die ihn rasch auf der militärischen Erfolgsleiter emporsteigen ließ. Mit 24 Jahren hatte er den Rang eines Obersten der Kürassiere inne, ein Jahr später wurde er zum General ernannt. Im diplomatischen Dienst, z.B. als österreichischer Gesandter in St. Petersburg und Paris, und als Vizepräsident des Hofkriegsrates konnte er Erfahrungen sammeln, die ihm nun zustatten kamen.
Die Aufgabe, die ihm 1813 übertragen wurde, war mehr als kompliziert. Schwarzenberg war Befehlshaber über eine Vielzahl von Generalen, die gegeneinander mehr Ressentiments hegten als gegen den Gegner. Hinsichtlich ihrer Zusammensetzung, Einheiten, Methoden und sozialen Struktur waren die Armeen der vier beteiligten Staaten außerordentlich heterogen. Mit einem eigenen Stab von Offizieren, Adjutanten und Beamten hielten sich die drei Monarchen nahezu ständig beim Hauptquartier auf und erwarteten seitens des Oberbefehlshabers dieselben Aufmerksamkeiten und zeitaufwendigen Förmlichkeiten wie in Friedenszeiten.
Franz I. verlangte, bei jedem Einsatz österreichischer Truppen um sein Einverständnis gebeten zu werden. Den Einsatz russisch-preußischer Einheiten in größerem Maßstab wollte der Zar zur letzten Entscheidung vorgelegt haben. Die Stäbe der einzelnen Truppenkörper waren mit Offizieren besetzt, die hinsichtlich Bildung, Erfahrung und Kultur nicht verschiedenartiger sein konnten. Hier kam Schwarzenberg sein ausgeglichenes, liebenswürdiges Wesen zustatten. In militärischer Hinsicht fühlte er sich allerdings dem ruhmreichen Gegner nicht gewachsen. Dies ließ sich auch in einer übervorsichtigen, ja unsicheren Handlungsweise erkennen. Die unglückliche Zusammensetzung seines Generalstabs trug sicher ein übriges dazu bei.
Die Maßnahmen, die Schwarzenberg als Oberbefehlshaber 1813 traf, sind immer wieder, und gewiß oft zu Recht, kritisiert worden. Er hatte keinesfalls ausreichende Erfahrungen in der Führung solch großer Truppenmassen. Unsicherheiten in der Planung resultierten möglicherweise auch aus dem Wiener Hinweis, Österreich habe nur diese eine Armee, und die aufzustellen hätte die Kräfte des Staates bereits über Gebühr beansprucht. War Schwarzenberg auch nicht unbedingt die Idealfigur eines Feldherrn, so sind ihm um so mehr seine diplomatischen Leistungen im Umgang mit dem Vielvölkerheer, seinen Befehlshabern und deren Monarchen zu danken. So trifft Blüchers Einschätzung der Leistungen Schwarzenbergs den Kern, wenn dieser nach der Völkerschlacht einen Trinkspruch „auf das Wohlsein des Feldherren, der drei Monarchen in seinem Hauptquartier hatte und den Feind dennoch schlug", ausbrachte.

Tschako für Mannschaften der Artillerie
Preußen, um 1813
Filz, Leder, Wolle, Messing, Tuch
schwarzer Filztschako mit Lederdeckel, lederner, messinggefaßter Augenschirm, messingner Beschlag der preußischen Artillerie, messingne Schuppenketten, schwarz-weißer Behang, schwarz-weißer Pompon
D 24,5 cm, H 19,5 cm
SML Inv.-Nr.: W/K 21
Abbildung ▲

Kavalleriesäbel Modell 1811, sogenannter Blüchersäbel
Preußen, nach 1812
Eisen, Holz
GL 94 cm, KL 81 cm
Säbel gestempelt: R. P. D. 2. 86
Scheide gestempelt: R. A. M. 32.15
SML Inv.-Nr.: W/S 2

Armeebefehl Schwarzenbergs zum Beginn des Herbstfeldzuges
Böhmen, 17. August 1813
Buchdruck
20 x 31 cm
SML Inv.-Nr.: Bibl. o. Nr.

Aufruf Blüchers an Sachsens Einwohner, sich dem Kampf gegen Napoleon anzuschließen
Breslau, 23. März 1813
Buchdruck
30 x 60 cm
SML Inv.-Nr.: Bibl. o. Nr.

ALEXANDER I.
Leipzig, 1. Hälfte 19. Jh.
Farblithographie
24 x 16 cm
SML Inv.-Nr.: IV/2

BERNADOTTE
Leipzig, 1. Hälfte 19. Jh.
Farblithographie
24 x 16 cm
SML Inv.-Nr.: IV/2

Preußische Regimentsfahne um 1813
Nachbildung
Leipzig 1985
Leinen, bemalt
139 x 116 cm
SML Inv.-Nr.: W/Div 41

Russische Regimentsfahne um 1813
Nachbildung
Leipzig 1985
Leinen, bemalt
132 x 134 cm
SML Inv.-Nr.: W/Div 42

Österreichische Regimentsfahne um 1813
Nachbildung
Leipzig 1985
Leinen, bemalt
147 x 164 cm
SML Inv.-Nr.: W/Div 43

Dolman des Elbe-National-Kavallerie-Regiments, Mannschaft
Preußen 1813–15
Tuch, Wolle, Leinen, Leder, Zinn
grünes Tuch, blaue Aufschläge und Kragen, blaue, weiß gepaspelte Abzeichen, weiße Verschnürung mit fünffacher Reihe von Zinnknöpfen, Rücken, Bund und Partien um die Aufschläge mit weißer Stickerei versehen, Leinenfutter, an den Bünden mit Leder unterlegt
rückwärtige Länge 48 cm
SML Inv.-Nr.: U25
Abbildung ▲

Bereits im Frühjahr 1813 wurden erste National-Kavallerie-Regimenter in den preußischen Provinzen aufgestellt. Diese aus freiwilligen Kriegsteilnehmern bestehenden Einheiten wurden nach der Schlacht bei Leipzig durch das vier Schwadronen umfassende Elbe-National-Kavallerie-Regiment verstärkt. Bei dem hier gezeigten Stück dürfte es sich um einen der letzten vorhandenen originalen Dolmane dieses Regiments handeln.

Reiseeßbesteck mit Etui
deutsch, Anfang 19. Jh.
Eisen, Silber, Gold, Pappmaché
Gabel und Löffel aus Silber, Griffe aus Eisen mit gravierten, teilvergoldeten floralen Elementen, jeweils mit Scharnier zum Zusammenklappen, Messer fehlt
L je 18,5 cm
zweiteiliges Etui aus Pappmaché
14,5 x 5 x 3 cm
SML Inv.-Nr.: Met 298
Abbildung (ohne Etui) ▲

Trinkflasche
um 1800
Holz
gedrechselte Flasche mit vier Standfüßen und angearbeitetem Hals mit zwei Löchern zur Befestigung an einem Riemen
D 16 cm, H 24 cm
SML Inv.-Nr.: W/Div 23
Abbildung ▼

Schwedische Regimentsfahne um 1813
Nachbildung
Leipzig 1985
Seide, bestickt
63 x 68 cm
SML Inv.-Nr.: W/Div 44

Säbeltasche für Husaren
Preußen, nach 1813
Leder, Tuch, Messing
Ledertasche, Deckel mit rotem Tuch bezogen, darauf Applikationen aus weißem Tuch: überkröntes FWR (Friedrich Wilhelm Rex), mit weißem Band eingefaßt, Messingringe zur Befestigung an Riemen
26 x 32 cm
SML Inv.-Nr.: U 21

Kürassierhelm für Linienregimenter
Preußen, nach 1808
Leder, Messing, Roßhaar, Eisen
D19 cm, H 45 cm
SML Inv.-Nr.: W/K 43

Infanteriegewehr, Modell India-Pattern, sogenannte brown bess
England, um 1813
Holz, Eisen, Messing
Ladestock fehlt
GL 139 cm, LL 99 cm
Schloß gestempelt: TOWER und Krone
SML Inv.-Nr.: W/G 131
Dieser Gewehrtyp wurde von England zur Unterstützung der gegen Napoleon kämpfenden Staaten in großen Stückzahlen auf den Kontinent geliefert. Auch preußische Einheiten waren mit diesen zuverlässigen und robusten Waffen ausgerüstet worden.

Pallasch der Kürassiere, Modell 1769/75
Österreich, letztes Viertel 19. Jh.
Eisen
Stichblatt und Mitteleisen entfernt, Klinge trägt beidseitig den österreichischen Doppeladler
GL 98 cm, KL 83 cm
SML Inv.-Nr.: W/S 6
Möglicherweise wurde die im Jahre 1813 bereits altmodische Waffe zum Gebrauch für die Landwehr umgearbeitet.

Brieftasche
deutsch, Anfang 19. Jh.
Leder, Papier, Pappe
lederne, mit Papier gefütterte Brieftasche mit drei Fächern
15,5 x 11,5 cm
SML Inv.-Nr.: Nap. 816

Degen für Offiziere der Infanterie
Bayern, ab 1806
Eisen, Messing
GL 86 cm, KL 70 cm
auf der Klinge beidseitig graviert: überkröntes MJK (Maximilian Joseph König)
SML Inv.-Nr.: W/S 49

Infanterietrommel
Preußen, um 1813
Messing, Leder, Holz, Hanfseil, Kupfer
D 35 cm, H 40 cm
SML Inv.-Nr.: W/V 5
Abbildung ▼

Fernrohr
um 1800
Messing
D 3,5 cm, L ausgezogen 29,5 cm
SML Inv.-Nr.: W/Div 35

Trinkflasche
Preußen (?), um 1800
Eisenblech
runde, flache Flasche mit kurzem, angeschweißtem Hals und drei angesetzten Ösen zur Befestigung, Spuren eines Farbanstrichs in Grau oder Blau
D 19 cm, H 22 cm
SML Inv.-Nr.: W/V 12

Kavalleriepistole M 1798
Österreich, um 1800
Holz, Eisen, Messing
GL 43 cm, LL 26 cm
SML Inv.-Nr.: W/P 22

Taschenaltar
Rußland, um 1800
Holz, Messing, Eisen
zweiteiliger Klappaltar mit messinggefaßten Holztafeln, die Abbildungen (russischer) Heiliger (u. r. der hl. Nikolaus) und die Muttergottes mit dem Christuskind in Ölmalerei zeigen, kyrillische Beschriftung (Kirchenslawisch)
7 x 13 cm (geöffnet)
SML Inv.-Nr.: VS/261 Div
Abbildung ▲
Solche Reise- oder Taschenaltäre waren hauptsächlich unter den russischen Soldaten weit verbreitet. In Leipzig wurden diese hier nicht so gebräuchlichen Gegenstände oft durch die Bewohner als Erinnerungsstücke eingetauscht, so daß eine ganze Anzahl jener Altärchen erhalten ist. Das Stück wurde einer handschriftlichen Notiz auf der Rückseite zufolge auf dem Schlachtfeld bei Dösen gefunden.

Säbel für Infanterieunteroffiziere
Österreich, um 1800
Eisen, Messing
Messinggefäß mit in einen Löwenkopf auslaufender Griffkappe, Wicklung fehlt
GL 78 cm, KL 66 cm
SML Inv.-Nr.: W/S 179

Kosakenpistole
Rußland, um 1800
Holz, Eisen, Messing
Knaufkappe beschädigt, alte Reparatur mit punziertem Messingblech, wohl ursprünglich mitteleuropäischer Herkunft und nach dem persönlichen Geschmack des Besitzers verändert
GL 48 cm, LL 33 cm
Lauf mit zwei Stempeln: überkröntes V
SML Inv.-Nr.: W/P 27

Kosakenpeitsche
Rußland, um 1800
Leder, Holz, Eisen
Peitsche mit hölzernem, lederumkleidetem Griff und aus sieben Einzelriemen geflochtenem Peitschenriemen, Leder z. T. grün eingefärbt, am Griff Reste einer eisernen Öse (?) zur Befestigung
L 169 cm
SML Inv.-Nr.: W/Div 32

Der Heilige Großmärtyrer und Siegbringer Georg.
Leipzig, um 1813
kolorierte Radierung
Verlag Ernst Klein
18,5 x 15,5 cm
bez. o. M.: Russische Heiligen 2tes Blatt.
u. M.: Leipzig, bei Ernst Klein am grimm. Thor No 676
SML Inv.-Nr.: 296 VS/ Car. 89 Nap. XIII 4

Nach der Völkerschlacht kam die Leipziger Bevölkerung in engen Kontakt mit den russischen Soldaten, die über längere Zeit in der Stadt einquartiert waren. Lebensgewohnheiten und Traditionen der zahlreichen einfachen Bauernsoldaten waren den Gastgebern oft fremd. Auch die selbstverständliche, tiefverwurzelte Religiosität der Soldaten des Zaren erschien den Leipzigern ungewohnt. Das Blatt mag mit der Absicht veröffentlicht worden sein, der sächsischen Bevölkerung die Kultur der Sieger näherzubringen. Möglicherweise war es auch direkt für den russischen Käufer gedacht. So produzierte z. B. das Leipziger Industrie Comptoir zur gleichen Zeit einen russischen Hausaltar als Kupferstich zum Gebrauch für die in den Leipziger Wohnhäusern Einquartierten.

Infanteriegewehr
Rußland 1803
Holz, Eisen, Messing
GL 140 cm, LL 104 cm
Schloß gestempelt: SÜSTERBECK 1803, auf der Kolbenplatte russischer Doppeladler
SML Inv.-Nr.: W/G 125,1 und 125,2
Abbildung ▲

Kavalleriepistole
Rußland, um 1813
Holz, Eisen, Messing
Ladestock fehlt
GL 42 cm, LL 26 cm
Schloß gestempelt: Tula 1813, mehrere verputzte Abnahmestempel
SML Inv.-Nr.: W/P 38
Abbildung ▼

Kavalleriepistole
Rußland 1812
Holz, Eisen, Messing
obere Hahnlippe fehlt, Hahnlippenschraube abgebrochen, Schraube zur Befestigung des Hahns fehlt
der dazugehörige Ladestock wurde separat am Bandelier getragen, Ladestock fehlt
GL 42 cm, LL 26 cm
Schloß gestempelt: Tula 1812, mehrere verputzte Abnahmestempel
SML Inv.-Nr.: W/P 42

Gewehr
Osmanisches Reich, um 1800
Eisen, Messing
Ladestock fehlt
GL 166 cm, LL 133 cm
SML Inv.-Nr.: W/G 18

Stiefel eines Kalmücken
Mittelasien, um 1800
Leder, Leinen
leinengefütterte Lederstiefel mit ornamentalen Applikationen in rotem und grünem Leder
27 x 8 x 32,5 cm
SML Inv.-Nr.: U 193

Infanteriegewehr
Schweden, um 1800
Holz, Eisen, Messing
GL 148 cm, LL 109 cm
SML Inv.-Nr.: W/G 132

Kavalleriekarabiner
Rußland, um 1800
Holz, Eisen, Messing
eiserne Reiterstange mit Ring, siebenzügiger Lauf, Ladestock fehlt
GL 106 cm, LL 69 cm
SML Inv.-Nr.: W/G 124
Abbildung ▲

Mantel eines Baschkiren (?)
Mittelasien, um 1800
Leder, Leinen
weit ausgestellter, verschlußloser, leinengefütterter Ledermantel mit ornamentalen Lederapplikationen und breitem Kragen
rückwärtige Länge 135 cm
SML Inv.-Nr.: U 193 a
Abbildung ▲

Pistole
England, um 1813
Holz, Eisen, Messing
eine Schraube zur Befestigung des Abzugsbügels fehlt
GL 48 cm, LL 30,5 cm
Schloß gestempelt: TOWER, überkröntes GR (George Rex), diverse Abnahme- und Beschußstempel
SML Inv.-Nr.: W/P 51
Abbildung ▲
Die Waffe stammt aus dem Besitz von Karl Friedrich Friccius. Er tauschte sie bei der von ihm geleiteten Belagerung von Delfzyl beim Kommandanten eines englischen Kanonenbootes ein.

Kavalleriesäbel für Offiziere nach dem englischen Modell 1796
Preußen, um 1813
Eisen, Holz
GL 88 cm, KL 76 cm
Gravur auf der Klinge: Motherby, Worowski, Dulk, Groß, Röben, Tholen, Schelten, le Brun
SML Inv.-Nr.: W/S 12
Abbildung ▼
Dieser Säbel wurde dem Rechtsgelehrten Karl Friedrich Friccius, der 1813 als Major der Landwehr beitrat, von seinen Kameraden zu Beginn des Feldzuges geschenkt. Friccius drang an der Spitze des 3. Königsberger Bataillons des 3. Ostpreußischen Landwehr-Infanterie-Regiments am 19. Oktober als einer der ersten durch das Äußere Grimmaische Tor in Leipzig ein. Neben den Namen mehrerer uns nicht bekannter Mitkämpfer ist auch der Name John Motherbys festgehalten, der beim Sturm auf Leipzig fiel.

Säbel à la Mameluke
1. Viertel 19. Jh.
Eisen, Messing, Bein, Leder
stark gekrümmte, im oberen Drittel gebläute, mit vergoldeten, geätzten Trophäen versehene Klinge, vergoldeter Messinggriff mit Kette und Beingriffschalen; Nieten, Parierstangen und Mitteleisen reich verziert; schwarze Lederscheide mit reich verzierten Messingbeschlägen
GL 90 cm, KL 79 cm, Pfeilhöhe 14,5 cm
SML Inv.-Nr.: W/S 4
Abbildung ▲
Der Säbel stammt aus dem Nachlaß von Karl Friedrich Friccius, der vom 10. Dezember 1813 bis zum Februar 1814 die Belagerung von Delfzyl leitete und die Waffe in Anerkennung seiner Leistungen von Zar Alexander I. als Ehrengeschenk erhielt.

Congrevesche Brandrakete mit Abschußeinrichtung
Nachbildung
Dresden 1998/99
Holz, Eisen
zusammengeklappt: 450 x 45 cm
SML Inv.-Nr.: W/Div 39
Abbildung ▶

Um die Jahrhundertwende hatte der englische Generalmajor Congreve begonnen, Raketen, die er im indischen Kolonialkrieg kennengelernt hatte, als Kriegswaffe zu entwickeln. Bereits im Jahre 1807 feuerte die englische Flotte bei ihrem Angriff auf Kopenhagen 40 000 solcher Brandgeschosse auf die Stadt. Bei Leipzig wurden zum ersten Mal in der Militärgeschichte Raketen als Offensivwaffe in einer Feldschlacht eingesetzt.
Das eigentliche Geschoß bestand aus einem zylindrischen Rohr, das mit dem Treibsatz und dem Brandsatz, meist Harz, gefüllt war. Der an der Hülse angebrachte Führungsstab diente zum Einhalten der Flugrichtung. Zum Abfeuern der Raketen nutzte man dreifüßige leichte Holzgestelle, die sich mühelos auf- und abbauen ließen. Die Zündung erfolgte über Brandeln oder Steinschloß mit Schnurabzug. Unter einem Winkel von 25 Grad abgefeuert, konnten die Raketen eine Tragweite von bis zu 900 Metern erreichen.
Als einzige kämpfende Einheit Englands war eine Raketenbatterie an der Schlacht um Leipzig beteiligt. Die zur Nordarmee gehörende Artillerietruppe umfaßte neben dem kommandierenden Offizier, Hauptmann Richard Bogue, rund 30 Mann. Vornehmlich beim Angriff auf Paunsdorf am Nachmittag des 18. Oktober war der Einsatz dieser Waffe von nachhaltiger Wirkung. Darüber berichtet ein Augenzeuge: „Wen diese feurigen Drachen anspien, der mußte bei lebendigem Leibe verbrennen, denn der harzige Stoff ihrer Ladung haftete am Fleisch unabtrennbar und unauslöschlich. Ein ganzes Bataillon der Franzosen ergriff die Flucht, als einige von der Mannschaft so unglücklich waren, mit dieser neuen Art von Geschoß Bekanntschaft zu machen.“ Die in Leipzig kämpfende und erst kurz vorher in Wollwich zusammengestellte Raketentruppe erhielt in Anerkennung ihrer Leistungen als Privileg die Erlaubnis des englischen Königs, auf Helm und Schabracke den Namen „Leipzig“ zu führen. Diese Einheit besteht noch heute.

Petschaft und Siegel des österreichischen Feldzeugmeisters Hieronymus Graf Colloredo
Eisen, Messing
L 9 cm, D Siegelplatte 4,5 cm
*Siegelplatte graviert: Wappen der Familie Colloredo mit Grafenkrone, Umschrift: GERONIMO * COLLOREDO * GRAF * VON * WALLSH*

Infanteriesäbel
Schweden, um 1800
Eisen, Messing, Holz, Leder
GL 72, KL 58
SML Inv.-Nr.: VD III/01/95

Orden der Ehrenlegion, Ritterkreuz, 2. Modell, 1. Typ, ohne Band
Frankreich, um 1810
Silber, Gold, Email
an einer silbernen Krone mit Trageöse hängender fünfarmiger, zehnspitziger weiß emaillierter Stern auf grün emailliertem Eichenlaub- und Lorbeerkranz, in der Mitte blau emailliertes Medaillon mit goldenem Profilbildnis Napoleons I. und der Umschrift: Napoleon Empereur et Roi, auf der Rückseite der goldene Napoleonische Adler und die Umschrift: Honneur et la patrie
L 6 cm, D Stern 3,5 cm
SML Inv.-Nr.: Ord. AB 0,I
◀ *Abbildung*

Hunderttausende Männer setzten in den Herbsttagen des Jahres 1813 bei Leipzig ihr Leben in einer der größten Schlachten des 19. Jahrhunderts aufs Spiel. Etwa jeder fünfte Soldat verlor sein Leben auf dem Schlachtfeld. Wie viele nach schweren Verwundungen und dem damaligen Allheilmittel, der Amputation, ihr Leben als zum Betteln verurteilter Krüppel fristen mußten, ist unbekannt. Von Glück konnten die wenigen sagen, die zumindest eine kleine Rente erhielten. Der übliche Lohn für ausgestandene Todesangst, Entbehrungen, endlose Märsche und blutigste Schlachten war in allen Armeen Europas ein geprägtes Stück Metall an einem bunten Stoffstreifen – ein Orden oder eine Erinnerungsmedaille. Die hier genannten Stücke sind eine Auswahl aus der großen Menge an Kreuzen, Medaillen und Gedenkmünzen, die jeder der siegreich an den Befreiungskriegen beteiligte Staat in großer Zahl an seine Soldaten verlieh.

Gedenkmedaille für die Einnahme von Paris, mit Band
Rußland, um 1814
Silber, Seide
D 3 cm
SML Inv.-Nr.: Ord. AB R,I,4a

Georgenkreuz, V. Klasse, für Unteroffiziere und Soldaten, mit Band
Rußland, um 1813
Silber, Seide
3,7 x 3,7 cm
SML Inv.-Nr.: Ord AB R, I, 1b

Kriegsgedenkmünze für 1814/15, mit Band
Anhalt-Bernburg, um 1815
Eisen
D 3 cm
SML Inv.-Nr.: Ord. A alpha A, I,1
◀ *Abbildung*

Militärverdienstmedaille für 1815, mit Band
Braunschweig, um 1815
Silber
D 3,2 cm
SML Inv.-Nr.: Ord. B, III, 1
Abbildung ▶

Militärkreuz für 1813/14, mit Band
Bayern, um 1814
Bronze
3,2 x 3,2 cm
SML Inv.-Nr.: Ord. A alpha B, II, 2

Kriegsgedenkmünze für 1813/14, mit Band
Frankfurt/Main, um 1814
Silber
D 3,1 cm
SML Inv.-Nr.: Ord A alpha F, I, 2

Kriegsgedenkmünze für 1813/14 der Hanseatischen Legion, mit Band
Lübeck, Bremen, Hamburg, um 1814
Silber
D 3,5 cm
SML Inv.-Nr.: Ord. A alpha, II, 1a

Kriegsgedenkmünze für Offiziere für 1814/15, mit Band
Sachsen-Gotha-Altenburg, um 1814
Bronze
D 4,1 cm
SML Inv.-Nr.: Ord. A alpha, S, III, 1

Ehrenkreuz für 1814, mit Band
Fürstentümer Reuß, um 1814
Messing
3,1 x 3,1 cm
SML Inv.-Nr.: Ord. R, I
Abbildung ▶

Ordensspange mit Miniaturen der Kriegsgedenkmünze für Kombattanten und des Eisernen Kreuzes
Preußen, 1. Hälfte 19. Jh.
Bronze, Gold, Silber
4,4 x 1,5 cm
SML Inv.-Nr.: M 95
Abbildung ▲

Veteranengedenkmünze für 1813/14, mit Band
Schweden, gestiftet 4. November 1854
Silber
D 2,8 cm
SML Inv.-Nr.: Ord. A, alpha, S I, 1

Kriegsgedenkmünze für 1813, mit Band
Hannover, um 1814
Bronze
D 3,3 cm
SML Inv.-Nr.: Ord. A alpha H, I, 1b

Kriegsgedenkmünze für 1808/15, mit Band
Mecklenburg, um 1815
Bronze, vergoldet
D 2,7 cm
SML Inv.-Nr.: Ord. A alpha M, I, 1

Militärverdienstmedaille für Mannschaften, mit Band
Preußen, Ende 18. Jh.
Silber, Seide
D 3,8 cm
SML Inv.-Nr.: M 85

Kriegsgedenkmünze für Nichtkombattanten, mit Band
Preußen 1813/15
Eisen, Seide
2,5 x 3,2 cm
SML Inv.-Nr.: Ord. Ad P, I, 4a

Armee-Kreuz für 1813 und 1814, II. Klasse, mit Band
Österreich 1814/15
Bronze, Seide
3,7 x 3,7 cm
SML Inv.-Nr.: Ord. As P, I, 3 c

Kriegsgedenkmünze für Kombattanten, mit Band
Preußen 1815
Bronze, Seide
D 2,9 cm
SML Inv.-Nr.: Ord. Ad, P, I, 2

Großes Armee-Kreuz für 1813 und 1814, I. Klasse, ohne Band
Österreich 1814/15
Bronze
4 x 4 cm
SML Inv.-Nr.: Ord. As P, I, 3 a

Ehrenkreuz für die Feldzüge 1814/15, für Mannschaften und Unteroffiziere, mit Band
Fürstentümer Schleiz, Lobenstein, Ebersdorf 1815
Bronze
3,2 x 3,2 cm
SML Inv.-Nr.: Ord. Ad R, I, 1a

Fragment eines Handbuchs französischer Armeevorschriften
Frankreich, um 1813
Buchdruck
16 x 10 cm
auf der letzten Seite handschriftliche Notiz: Dieses Buch habe noch im April 1814 und also bald nach einem halben Jahre nach der Bataille bey Leipzig im October 1813 auf dem Felde vor dem Peters Thore gefunden. die Schale welche halb verfault war, habe abgerissen. Schreber (?)
SML Inv.-Nr.: W/Div 30

Infanteriesäbel, sogenannter sabre briquet
Frankreich, 1. Viertel 19. Jh.
Eisen, Messing
GL 72 cm, Kl 58 cm
Klingenrücken gestempelt: Manuf Imp. [le] du Klingenthal Coulaux frères
SML Inv.-Nr.: W/S 180

Miniatur des Militärkreuzes für 1813/14, mit Band
Bayern, um 1814
Messing, vergoldet, Seide
0,8 x 0,8 cm
SML Inv.-Nr.: Ord. A Alpha, B, II, 3a
Abbildung ▶

Kriegsgedenkmünze für 1813/14, mit Band
Bayern, um 1814
Bronze, Seide
D 3 cm
SML Inv.-Nr.: Ord A Alpha, B, II, 4

Kriegsgedenkmünze für 1814
Anhalt-Bernburg, um 1814
Eisen
D 3 cm
SML Inv.-Nr.: Ord. A Alpha, A, II, 1

Militärkreuz für 1813-1815, mit Band
Anhalt-Dessau, um 1814
Messing, Seide
2,8 x 2,8 cm
SML Inv.-Nr.: Ord. A Alpha, A, III, 1

Kriegsgedenkmünze für 1813/14, mit Band
Frankfurt/Main, um 1814
Silber, Seide
D 3,4 cm
SML Inv.-Nr.: Ord. A Alpha, F, I, 1

Kriegsgedenkmünze für 1808/1815, mit Band
Mecklenburg, um 1815
Bronze, Seide
D 2,8 cm
SML Inv.-Nr.: Ord. A Alpha, M, I, 1a

Ordensschnalle
Hansestädte, um 1814
Seide, Silber
3,9 x 3,5 cm
SML Inv.-Nr.: Ord. A Alpha, H, II, 2
Abbildung ▶

Kriegsgedenkmünze für 1813/14, mit Band
Lübeck, Bremen, Hamburg, um 1814
Silber, Seide
D 3,5 cm
SML Inv.-Nr.: Ord. A Alpha, H, II, 1b
◀ *Abbildung*

Kriegsgedenkmünze für 1813, mit Band
Hannover, um 1814
Bronze, Seide
D 3,4 cm
SML Inv.-Nr.: Ord. A Alpha, H, I, 1a

Ordensschnalle mit Miniaturen zweier Kriegsgedenkmünzen für 1814
Sachsen-Gotha-Altenburg, um 1814
Sachsen-Weimar-Eisenach, um 1814
Seide, Messing, vergoldet
4 x 3,5 cm
SML Inv.-Nr.: Ord. A Alpha, S, III, 3
Abbildung ▼

Kriegsgedenkmünze für 1814/15, mit Band
Schwarzburg-Sondershausen, um 1815
Bronze, Seide
D 3 cm
SML Inv.-Nr.: Ord. A Alpha, S, III, 1
◀ *Abbildung*

Veteranenkreuz für 1813-1815, mit Band
Niederlande, um 1815
Silber, Seide
3,5 x 3,5 cm
SML Inv.-Nr.: Ord. A Beta, N, I, 5

Kriegsgedenkmünze für 1814, mit Band
Sachsen-Meiningen, um 1814
Silber, Seide
D 3 cm
SML Inv.-Nr.: Ord. A Alpha, S, IV, 1

Rock eines Liniengrenadiers
Frankreich, zwischen 1808 und 1813
Tuch, Leinen, Messing, Eisen
rückwärtige Länge 88 cm
SML Inv.-Nr.: U 194
Abbildung ▲

Dolman eines Husaren des
12. Husarenregiments
Frankreich, um 1813
Tuch, Leder, Wolle, Leinen, Zinn
rückwärtige Länge 48 cm
SML Inv.-Nr.: Unif. 157
Abbildung ▲
Husaren dieser Einheit kämpften in der Völkerschlacht im III. französischen Kavalleriekorps des Generals Arrighi di Casanova. Angehörige des 12. Regiments trugen neben dem hier gezeigten Dolman einen himmelblauen Pelz mit weißen Verschnürungen und eine gleichfalls himmelblaue Hose

Kavalleriepistole, M 1780
Frankreich, um 1800
Holz, Eisen, Messing
GL 32 cm, LL 19 cm
Schloß gestempelt: Manufacture Charleville
SML Inv.-Nr.: W/P 88
Abbildung ▶

Kavalleriepistole, Modell AN XIII
Frankreich, um 1813
Holz, Eisen, Messing
GL 32 cm, LL 19 cm
Schloß gestempelt: Maubeuge Manuf. Imp.[le]
Abnahmestempel: DB
Schwanzschraube: an 13
SML Inv.-Nr.: W/P 36
Abbildung ▶

Kavalleriekarabiner, Modell AN IX
Frankreich, um 1813
Holz, Eisen, Messing
GL 113 cm, LL 75 cm
Schloß gestempelt: Manuf Imp. de Charleville
Gegenplatte: P. G.
SML Inv.-Nr.: W/G 28
Abbildung ▼

Kavalleriekarabiner
Frankreich, um 1813
Holz, Eisen, Messing
obere Hahnlippe fehlt
GL 113 cm, LL 75 cm
SML Inv.-Nr.: W/G 134

Säbel der leichten Kavallerie AN XIII
Frankreich 1812
Eisen, Messing
GL 106 cm, KL 90 cm
Gefäß gestempelt: VERSAILLES, Scheide
graviert: octobre 1812 Klingenthal
SML Inv.-Nr.: W/S 73
Abbildung ▼

Küraß eines Karabiniers
Frankreich, zwischen 1809 und 1813
Stahl, Messing, Leder
stählerner Doppelküraß mit Messingbelag, Verbindung der beiden Küraßhälften durch jeweils mit zwei Messingketten versehene Lederriemen und ledernen Leibriemen in Taillenhöhe
Brust: 35 x 40 x 22 cm
Rücken: 35 x 40 x 17 cm
SML Inv. T-Nr.: W/R 217
Abbildung ▲

Infanterietschako für Mannschaften des 18. Linienregiments
Frankreich 1812/13
Filz, Leder, Messing, Tuch
D 24 cm, H 20 cm
SML Inv.-Nr.: W/K 44
Abbildung ▶

Dragonerhelm für Offiziere
Frankreich, um 1813
Messing, Seehundpelz, Roßhaar, Leder, Tuch
D 18 cm, H 25 cm
SML Inv.-Nr.: W/R 217

Kavalleriesäbel für Offiziere
Frankreich, um 1804–15
Eisen, Messing, Leder, Holz
Klinge des Offizierssäbels für Gardejäger zu Fuß, im oberen Drittel gebläut, mit vergoldeten floralen Elementen und dem kaiserlichen Adler geätzt, Wicklung aus zwei verdrillten und zwei glatten Messingdrähten
Klinge graviert: Chasseur à Cheval de la Garde Imperiale
hölzerne, mit schwarzem Leder überzogene Scheide mit zwei reichverzierten Blechen mit Ringbändern und einem Messingschlepper, Klinge und Gefäß ursprünglich nicht zusammengehörig
GL 94 cm, Kl 80 cm
SML Inv.-Nr.: W/S 135
Abbildung ▼

Säbel der Gardejäger
Frankreich, um 1800–1815
Eisen, Messing, Leder, Holz
GL 100 cm, KL 85 cm
Klingenrücken gestempelt: M.f.ture Imp. Du Klingenthal Coulaux frères, Gefäß: VERSAILLES
SML Inv.-Nr.: W/S 18
Abbildung ▼

Mütze der Gardegrenadiere zu Fuß
Frankreich 1804–07 (?)
Bärenfell, Leder, Messing, Tuch
D 19 cm, H 32 cm,
SML Inv.-Nr.: U 57
◀ *Abbildung*

Am 28. Floréal XII (18. Mai 1804) rief Napoleon Bonaparte per Dekret die Kaisergarde ins Leben. Diese ganz auf seine Person ausgerichtete Einheit war ein exklusives Korps. In der Garde dienen zu dürfen, galt als besondere Ehre. Fünf Jahre vorausgegangener Armeedienst mit guter Führung, militärische Auszeichnungen und eine Mindestkörpergröße von 1,76 Metern waren Voraussetzungen für die Aufnahme in die Garde. Vor allem während der Verteidigung des Dorfes Probstheida am 18. Oktober 1813 tat sich diese Einheit in den Kämpfen der Völkerschlacht hervor. Die hohe Kopfbedeckung sollte die ohnehin stattliche Erscheinung der Grenadiere zusätzlich unterstreichen und gleichzeitig Schutz vor Säbelhieben bieten. Der ursprünglich zur Mütze gehörige Behang aus weißer, geflochtener Wolle und der Federbusch sind nicht erhalten geblieben. Vermutlich stammt die hier gezeigte Mütze aus dem Zweiten Kaiserreich.

Pallasch der schweren Linienkavallerie, M AN XIII
Frankreich 1811
Eisen, Messing, Leder, Holz
Scheide fehlt
GL 102 cm, KL 95 cm
Klingenrücken gestempelt: Manf. Imp. Du Klingenthal Mai 1811
SML Inv.-Nr.: W/S 23

Infanterietschako für Offiziere der Jungen Garde
Frankreich, zwischen 1806 und 1813
Filz, Leder, Messing, Silberdraht, Tuch
Schuppenkette und Pompon fehlen
D 24 cm, H 19,5 cm
SML Inv.-Nr.: W/K 30

Patronentasche mit Bandelier für Infanterie
Frankreich, um 1813
Tasche: Leder, Messing
Tasche mit Messinggranate, unter der Klappe auf der Taschenaußenseite drei kleine Taschen für Werk- und Putzzeug sowie die Ersatzfeuersteine, Holzeinsatz mit zwei Fächern
28 x 8 x 18 cm
Bandelier: Leder, Messing, Holz
Bandelier aus geweißtem Leder mit Schlaufe für das Bajonett und sieben Zentimeter langem konisch zulaufendem Messingröhrchen für die Räumnadel
L 150 cm
SML Inv.-Nr.: W/V 10
◀ *Abbildung*

Kürassierhelm für Offiziere
Sachsen, um 1806
Messing, vergoldet, Seehundfell, Bärenfell, Silber, Eisen, Leinen, Leder
aus Seehundfell gefertigter und mit messingnem Eichenlaubband dekorierter Turban mit Augen- und Nackenschirm; messingne Glocke mit einem beiderseitig durch einen Löwen verzierten Kamm, dessen Maske die überkrönten Initialen FAR (Friedrich August Rex) trägt; Helmkamm mit ergänzter Raupe aus Bärenfell, Rosetten der Schuppenketten als Medusenhäupter ausgebildet, kleine, silberne Rosette auf der linken Helmseite vor der Halterung für den nicht erhaltenen weißen Federbusch; sämtliche Messingteile mit Resten der Vergoldung
D 19 cm, H 48 cm
SML Inv.-Nr.: W/K 8
Abbildung ▲

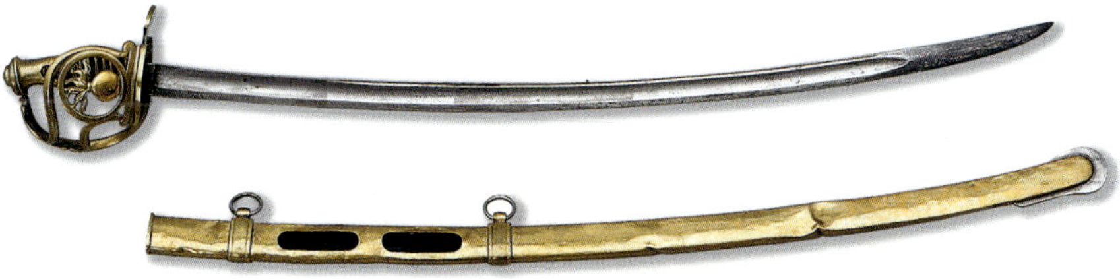

Kavalleriesäbel der Grenadiere der Garde zu Pferd
Frankreich 1811
GL 105 cm, KL 90 cm
Klingenrücken gestempelt: M f ture Imp du Klingenthal 1811, Gefäß: VERSAILLES
SML Inv.-Nr.: W/S 134
Abbildung ▲

Infanteriegewehr mit Gewehrriemen und Bajonett, Modell 1777
Frankreich, um 1813
Holz, Eisen, Messing, Leder
GL 140 cm (mit Bajonett 188 cm)
LL 102 cm
Schloß gestempelt: Manufactur Maubeuge, F und Adler
SML Inv.-Nr.: W/G 2

Küraß für Mannschaften
Sachsen, um 1810
Eisen
35 x 39 x 10 cm
SML Inv.-Nr.: W/Div 29
Sachsen verfügte um 1810 über insgesamt drei Kürassierregimenter, Garde du Corps, Leibkürassiergarde und Zastrow-Kürassiere. Die Mannschaften dieser Einheiten trugen diesen typischen kurzen, geschwärzten eisernen Brustpanzer, der durch zwei kreuzweise über den Rücken geführte Riemen gehalten wurde.

Kürassier-Offizierspallasch
Sachsen, 2. Hälfte 18. Jh.
Messing, Eisen, Holz, Leder
GL 105 cm, KL 86,7 cm
SML Inv.-Nr.: W/S 5
Abbildung ▲
Sächsische Kürassiereinheiten trugen diesen prächtigen Pallasch. Das feuervergoldete Messinggefäß besitzt eine Griffkappe in Form eines Löwenkopfes. Der Handschutz mit Daumenring ist mit dem sächsischen Doppelwappen unter dem Kurhut und den Initialen FA (Friedrich August) verziert. Der schwarz belederte Griff ist mit einer Wicklung aus zwei miteinander verdrillten Messingdrähten versehen. Die Klinge ist im oberen Drittel gebläut und mit vergoldeten Zierätzungen, darunter wiederum die Initialen FA, dekoriert. Im Gegensatz zu den wenigen noch vorhandenen anderen Exemplaren jener Waffe besitzt dieser Pallasch nicht die typische gerade Klinge eines Hiebschwertes, sondern die leicht gekrümmte Klinge eines Säbels mit einer Pfeilhöhe von drei Zentimetern. Nach der Erhebung Sachsens zum Königreich wurden diese Waffen mit den Insignien des Kurfürstentums zunächst beibehalten.

Infanteriedegen, sogenannter Musketierdegen neuer Façon oder Suhler Seitengewehr
Sachsen, um 1808
Eisen, Messing
GL 77 cm, KL 64 cm
Messinggriff graviert: R III.C.6. No. 169.
(3. Regiment, 6. Kompanie, Waffe Nr. 169 = die Waffe wurde am 20. Juni 1808 an das Infanterieregiment von Thümmel ausgegeben), Scheide fehlt
SML Inv.-Nr.: W/S 29
Abbildung ▼

Kriegsgebet
Dresden 1778
Buchdruck
15,5 x 9,5
SML Inv.-Nr.: Bibl. o. Nr.

St.-Helena-Medaille mit Band, Miniaturmedaille und Verleihungsurkunde für den Leipziger Bürger Christoph Salomon Leonhardt
Medaille
Bronze
D 3 cm
SML Inv.-Nr.: Ord. A Betha F, I, 4e
Miniaturmedaille
Bronze
D 1,8 cm
SML Inv.-Nr.: Ord. A Betha F, I, 5
Urkunde
ausgestellt im Französischen Konsulat, Leipzig, 2. Hälfte 19. Jh.
Buchdruck mit handschriftlichen Eintragungen
19 x 29,5 cm
SML Inv.-Nr.: Ord. A Betha F, I, 4e
Die Medaille wurde von Napoleon III., einem Neffen Napoleons I., der sich als Erbe seines Onkels ansah, am 12. August 1857 gestiftet. Alle französischen und fremden Militärangehörigen, die zwischen 1792 und 1815 unter den Fahnen Napoleons I. gekämpft hatten, konnten diese Medaille auf Antrag erhalten.

Infanteriegewehr, „Manson"-Gewehr M 1804
Bayern, um 1813
Holz, Eisen, Messing
GL 148 cm, LL 109,7 cm
Schloßplatte gestempelt: AMBERG und R
Lauf gestempelt: H und S
SML Inv.-Nr.: W/G 133

Offiziersmütze, vermutlich für Krakusentruppen
Polen, 1. Hälfte 19. Jh.
Schaffell, Samt, Tuch, Silberdraht
D 19 cm, H 16 cm
SML Inv.-Nr.: W/K 14
Abbildung ▶
Der mit Frankreich verbündete polnische Fürst Josef Poniatowski stellte nach dem katastrophalen Ausgang des Rußlandfeldzuges von 1812 ein neues Heer des Großherzogtums Warschau auf. Dabei wurde auch die in Krakau rekrutierte neue Einheit der Krakusen oder französischen Kosaken gebildet. Krakuseneinheiten kämpften bei Leipzig im VIII. französischen Korps Poniatowski unter dem Divisionsgeneral Dombrowski.

Infanteriegewehr nach dem französischen Muster M 1777
Italien, um 1810
Holz, Eisen, Messing
Eisengarnitur
GL 127 cm, LL 87 cm
Schloß gestempelt: M.ve R. k de Naples.
SML Inv.-Nr.: W/G 11
Abbildung ▼

Infanteriegewehr M 1777
Frankreich, um 1810
Holz, Eisen, Messing
obere Hahnlippe fehlt, Ladestock fehlt
GL 150 cm, LL 114 cm
Schloß gestempelt: Manfctur imperial de Mutzig, Schwanzschraube: 1777
Gegenplatte: C und Stern
SML Inv.-Nr.: W/G 9

Patronentasche
Westfalen, um 1813
Leder, Messing, Tuch
Tasche mit Messinggranate auf rotem Grund, unter der Klappe auf der Taschenaußenseite zwei kleine Taschen für Werk- und Putzzeug sowie die Ersatzfeuersteine, außen rechtsseitig kleine offene Tasche, Schlaufe zur Befestigung am Bandelier
22 x 15 x 6 cm
SML Inv.-Nr.: W/Div 31

Kavalleriekartuschtasche mit Bandelier
Litauen, um 1813
Eisen, Leder, Messing, Silber, Silbergewebe
eiserner, mit rotem Leder bezogener Kartuschtaschenkörper, Seitenteile und Deckel aus feuervergoldetem Messing, Deckel mit silbernem polnischem Adler verziert, Tasche an rotem Lederbandelier befestigt, das an der Außenseite mit silbernem Tressenband besetzt ist, Schnalle und weitere Montierungsteile aus vergoldetem Messing und Silber, z. T. mit silbernen Beschlägen versehen, Halterung für an Messingkettchen befestigte Räumnadel und Pfannenbürste als gewölbtes Oval aus vergoldetem Messing ausgebildet, mit der silbernen Abbildung der litauischen Legendengestalt des Vytis versehen, Pfannenbürste fehlt
Tasche 17 x 9 x 3,5 cm
Bandelier 105 x 5,5 cm
SML Inv.-Nr.: W/Div 28
◀ *Abbildung*

Das Gebiet des alten Litauen gehörte seit der Dritten Polnischen Teilung zum Reich Alexanders I. von Rußland. Mit dem Vormarsch auf russisches Territorium wurden auch die litauischen Siedlungsgebiete von den Napoleonischen Truppen besetzt. Traditionell herrschten hier propolnische Einstellungen vor, so daß Napoleon am 1. Juli 1812 eine litauische Provinzialregierung einsetzte und das Gebiet dem Großherzogtum Warschau angliederte. Als Teil des Großherzogtums hatte Litauen unverzüglich Truppen zur Unterstützung Napoleons zu stellen. Die sogenannte Litauische Armee wurde nicht Teil der polnischen Feldarmee, sondern unterstand direkt dem Kommando Napoleons. Mehrere Infanterie- und Kavallerieregimenter wurden aufgestellt, deren Ausrüstung aus finanziellen Gründen nur schleppend voranging. Insgesamt standen Ende 1812 etwa 15 000 Litauer zur Verfügung. Nach dem verlustreichen Übergang über die Beresina gerieten sie bald in Kämpfe mit den nachfolgenden Russen. Einige litauische Einheiten folgten Napoleon nach Deutschland, andere lösten sich auf. Die Reste der meisten litauischen Truppen wurden ab 1813 in die Einheiten Poniatowskis integriert, dürften z. T. aber ihre Uniformen bzw. Ausrüstungsgegenstände mit litauischen Hoheitszeichen beibehalten haben.

Fahne des 124. französischen Linien-Infanterieregiments um 1813
Nachbildung
Leipzig 1985
Leinen, bemalt
77 x 81 cm
SML Inv.-Nr.: W/Div 44

Pistole
Portugal, um 1779
Holz, Eisen, Messing
GL 38 cm, LL 23 cm
Schloß gestempelt: LISBOA und M (?) I. (Maria I.), Schwanzschraube: 1779
SML Inv.-Nr.: W/P 57
Abbildung ▶

Rohr einer sechspfündigen Feldkanone, System Gribeauval
Frankreich, um 1813
Bronze, Eisen
Zündloch vernagelt, Reste eiserner Beschlagteile, z. T. vermutlich spätere Rekonstruktion
L 154,5 cm, D Mündung 21 cm, G (nach Vorschrift) 450 kg
Schlagstempel zwischen den Delphinen: N 315, darunter 367
SML Inv.-Nr.: W/V 2b
Abbildung ▼

Napoleon, der seine militärische Laufbahn selbst als Artillerist begonnen hatte, legte bei der Organisation seines riesigen Heeres stets besonderes Augenmerk auf die Weiterentwicklung dieser Waffengattung. In der Leipziger Schlacht wurde auf beiden Seiten in starkem Maße Artillerie eingesetzt. Dabei handelte es sich zum einen um sogenannte Batteriegeschütze, zum anderen um reitende Geschütze, die damals jüngste Artilleriegattung. Zu den Batteriegeschützen zählte hauptsächlich die sechspfündige Kanone, die oft zum Einsatz kam. Die schwersten Feldgeschütze waren zwölfpfündige Kanonen und zehnpfündige Haubitzen. Die Gewichtsangaben beziehen sich hier auf die eisernen oder steinernen Geschosse.
Die reitende Artillerie wurde eingesetzt, um beim Zusammenwirken mit Kavallerie und Infanterie diese bei Angriffen begleiten zu können. Intensives Training der Bedienmannschaften erbrachte erstaunlich kurze Zeiten für die Herstellung der Einsatzbereitschaft eines Geschützes. Eine zwölfpfündige Kanone konnte innerhalb von 42 Sekunden nach dem Abprotzen, dem Lösen der Kanone vom Transportkarren, der Protze, den ersten Schuß abgeben. Bei Spitzenmannschaften dauerte dieser Vorgang für eine sechspfündige Kanone sogar nur 34 Sekunden. Beeinflußt durch zahlreiche Historienfilme, bei denen es oft mehr auf die Farbenpracht, als auf exakte Darstellung historischer Fakten ankommt, erscheint den meisten Zeitgenossen die tatsächliche Feuergeschwindigkeit jener Kanonen fast unglaublich. Man rechnete je Minute mit drei Kugelrollschüssen oder vier Kartätschenschüssen je Geschütz!
Ab etwa 750 Metern konnte ein Sechspfünder befriedigende Trefferquoten erreichen, hier trafen von 100 Schuß etwa 36, lag das Ziel bei 300 Metern, stieg die Quote auf 80 Treffer an!
Während der Feldzüge wurden die Geschütze meist zu sogenannten Batterien, zwischen sechs und zehn Geschütze, zusammengefaßt. Innerhalb großer Batterien konnten bis zu 80 Geschütze unter einem einheitlichen Kommando auf ein Ziel feuern. Meist wurden Batterien den einzelnen Divisionen und Brigaden für eine bevorstehende Schlacht zugeteilt. Nach französischen Angaben hat allein die Napoleonische Artillerie bei Leipzig zwischen dem 16. und 19. Oktober 250 000 Schuß abgegeben.
Die genaue Anzahl der vor Leipzig eingesetzten Geschütze ist nicht bekannt. Ebenso wie bei der Frage nach den exakten Truppenstärken gibt es hier sehr unterschiedliche Angaben. Im allgemeinen darf man davon ausgehen, daß beide Seiten über 1 000 bis 1 500 Geschütze verfügten. So unglaublich diese Zahl ist, so enorm war auch die hier zusammengefaßte Feuerkraft. Der sächsische Oberst Eckhardt berichtete über die französische Kanonade bei Wachau: „Dieses Artilleriefeuer wurde so anhaltend, daß man keine Pause darin vernahm und einzelne Schüsse gar nicht mehr unterschieden werden konnten, sondern das Feuer ganzer Batterien wie Bataillonsfeuer zusammenschlug."

Aus allen Weltgegenden des Europäischen Continents und aus den unermeßlichen Steppen von Asien

Völkerschlacht

Unmittelbar vor Beginn der Schlacht verfügten die Verbündeten über rund 360000 Mann, von denen bis zum 16. Oktober allerdings nur 205000 einsetzbar waren. Die Nordarmee, die Reservearmee Bennigsen und die österreichische Armeeabteilung Colloredo standen erst am 18. Oktober bei Leipzig bereit. Napoleon hatte diesen Truppen neben seiner Hauptarmee die Reste der Armée de Berlin, etwa 20000 Soldaten des Rheinbundes und 11000 Polen, insgesamt rund 200000 Mann, entgegenzustellen. Das Oberkommando der Verbündeten ordnete die allgemeine Vorwärtsbewegung an.

Marschall Murat, König von Neapel, hatte den Befehl, die Stadt bis zum Eintreffen des Kaisers unbedingt zu halten. Der Schwager des Kaisers bezog auf dem Höhenzug zwischen Markkleeberg und Liebertwolkwitz mit über 45000 Mann und 156 Geschützen Stellung. Im Schwarzenbergschen Hauptquartier herrschten noch erhebliche Unklarheiten über die weiteren Absichten des Gegners. Im allgemeinen ging man davon aus, daß sich die Franzosen bei einem weiteren Vormarsch der Verbündeten zurückziehen würden. So entschloß sich der Oberbefehlshaber, ein größeres Truppenkontingent gegen die feindlichen Linien vorrücken zu lassen, um Stellung und Stärke des Gegners, besonders aber dessen Entschlossenheit, die Linie südlich Leipzigs zu verteidigen, in Erfahrung zu bringen. Unter dem Befehl Wittgensteins und Kleists brachen am Morgen des 14. Oktober zwei russische Infanteriekorps, ein preußisches Korps mit der Reservekavallerie und ein russisches Kavalleriekorps mit zusammen 40000 Mann zu einem Erkundungsgefecht auf. Um ernsthafte Kämpfe zu vermeiden, sollte der Gegner mit einzelnen Angriffsbewegungen lediglich zur Entfaltung seiner Kräfte und zur Offenlegung seiner weiteren Absichten veranlaßt werden. Von einem rückzugsbereiten, relativ schwachen Gegner ausgehend, entschloß man sich zum raschen Angriff. Russische Husarenregimenter rückten gegen Markkleeberg und Liebertwolkwitz vor.

Von der Güldengossaer Höhe aus feuerte eine reitende Batterie in die französischen Kavalleriekolonnen, die sofort zur Attacke übergingen. Rasch erkannten die Befehlshaber der Erkundungstruppen ihren Irrtum und warfen Verstärkungen ins Gefecht, das immer größere Ausmaße annahm. Planlos entwickelte sich in kurzer Zeit der größte Reiterkampf der Völkerschlacht, in dem über sieben Stunden lang etwa 15000 Reiter gegeneinander kämpften. Beide Seiten warfen ihre Verstärkungen, sobald diese auf dem Schlachtfeld eintrafen, ins Gefecht, in dem bald die Franzosen, bald die Verbündeten die Oberhand gewannen.

Im dichtesten Gedränge reichte der Raum kaum für den Gebrauch der Waffen, so daß die Auseinandersetzungen oft einem Handgemenge glichen. In diesem Durcheinander entging Marschall Murat nur mit knapper Not der Gefangennahme durch einen preußischen Dragoneroffizier. Zweimal versuchte der König von Neapel, mit dem Angriff einer gewaltigen Kavallerietiefkolonne den Kampf zu entscheiden, scheiterte aber am russisch-preußischen Geschützfeuer und dem entschlossenen Einsatz der gegnerischen Kavallerie. Auch seine ab vier Uhr nachmittags unternommenen Infanterievorstöße wurden sämtlich abgewiesen.
Bis zum Abend zogen sich die Kämpfe um das Dorf Liebertwolkwitz, das Truppen des österreichischen Generals Klenau um die Mittagszeit besetzt hatten, hin, ehe die Österreicher den Rückzug antreten mußten. Gegen sechs Uhr abends befahl Schwarzenberg schließlich, das Gefecht abzubrechen, und Freund und Feind zogen sich im wesentlichen in ihre Stellungen zurück. Keine von beiden Seiten hatte einen entscheidenden Vorteil über den Gegner erringen können. Für die Verbündeten aber war nun klar, daß Napoleon die Annahme einer Entscheidungsschlacht bei Leipzig beschlossen hatte.
Am 15. Oktober hatten die verbündeten Truppen im Süden Leipzigs die Linie Gautzsch – Cröbern – Güldengossa – Threna, im Westen Markranstädt und Lützen und im Norden Schkeuditz erreicht. Die Kräfte des Kaisers der Franzosen waren bis auf zwei Korps ebenfalls um Leipzig aufmarschiert. Für den folgenden Tag beabsichtigte er, gegen die Truppen Schwarzenbergs südlich der Stadt den entscheidenden Schlag zu führen. Insgesamt standen ihm 191 000 Mann mit 690 Geschützen zur Verfügung, denen die leicht überlegenen Verbündeten rund 205 000 Soldaten mit über 900 Geschützen entgegenstellen konnten. Die mehrfach geänderte Schlachtdisposition Schwarzenbergs sah für den folgenden Tag ebenfalls die entscheidenden Kämpfe im Süden Leipzigs vor, während Blücher selbständig handelnd im Norden vorstoßen und ein österreichisches Kontingent bei Lindenau operieren sollte.
Die Kämpfe des 16. Oktober zerfielen in die Schlachten bei Wachau und Möckern und die Gefechte bei Connewitz und Lindenau. Russisches Geschützfeuer eröffnete die Kampfhandlungen. Die Verbündeten gingen mit vier Kolonnen gegen Markkleeberg, Wachau und Liebertwolkwitz vor. Nach anfänglichen Erfolgen drängten die Franzosen ihre Gegner auf fast allen entscheidenden Punkten zurück. Mit Ausnahme der Kolonne General Kleists hatten die Angriffskolonnen das am Morgen erbeutete Terrain gegen Mittag wieder verloren. Ausschlaggebend für

das Mißlingen des Angriffs auf Wachau war das Scheitern der 2. österreichischen Armeeabteilung unter General Merveldt, der seine Infanterieeinheiten zur Unterstützung über die Pleiße hinweg in den Rücken des Gegners führen sollte. Nahezu erfolglos versuchte er während des ganzen Tages den Pleißeübergang zu erkämpfen. Aufgrund mangelnder topographischer Kenntnisse des Hauptquartiers über die Flußniederungen und der heftigsten Gegenwehr des gegnerischen polnischen Korps blieb der Angriff dieser 28 000 Mann stecken.
So sah Napoleon um die Mittagszeit die Möglichkeit zur vollständigen Vernichtung der gegnerischen Hauptarmee gekommen. Mit dem Befehl zur Gegenoffensive wartete er allerdings noch bis zum Eintreffen zusätzlicher Kräfte Marschall Marmonts vom nördlichen Frontabschnitt. Diese aber waren durch den überraschenden Angriff Blüchers gebunden, so daß der Kaiser schließlich ohne die erhoffte deutliche Überlegenheit den Befehl zum allgemeinen Vorrücken gab. Inzwischen aber war der günstige Augenblick für eine mögliche Vernichtung des Gegners bereits verstrichen. Schwarzenberg und Alexander I. hatten auf die unerwartet schwierige Situation reagiert und Reserven zur Abwendung der drohenden Niederlage eingesetzt. Die Spitze des französischen Gegenangriffs bildete eine 2 500 Mann starke Kavalleriekolonne, deren Ansturm sich aber im schlammigen Boden und heftigstem Kartätschenfeuer nur langsam entwickelte. Russisch-preußische Kavallerie schlug endlich die französischen Reiter auf der Linie Wachau – Güldengossa zurück. Auch die Angriffe eines französischen Korps westlich von Güldengossa und französisch-polnischer Reiter, die das französische Korps bei Auenhain und Markkleeberg unterstützten, konnten zum Stehen gebracht werden. Als die Schlacht bei Wachau am Abend endete, hatte keine von beiden Seiten eindeutige Erfolge vorzuweisen.
Den einzigen Sieg des Tages errangen Einheiten der Schlesischen Armee Blüchers bei Möckern. Da damit Napoleons einzige Siegeschance wirkungsvoll zunichte gemacht wurde, entschied Blücher so in gewissem Sinne den Ausgang der weiteren Schlacht im vorhinein. Selbständig vorgehend, gelang es ihm am Vormittag, Breitenfeld und Lindenthal zu erobern und auf die nördliche Hauptstellung der Franzosen bei Möckern vorzustoßen. Am zeitigen Nachmittag begann das preußische Korps General Yorcks mit dem Sturm auf das von Napoleonischen Elitetruppen verteidigte Dorf. Mehrere Male stürmten

die Einheiten im Kugelhagel der Verteidiger vergeblich den Ort. Schließlich mußte jedes einzelne Haus des Dorfes eingenommen und Stück für Stück erobert werden. Im tödlichen Feuer einer großen französischen Batterie schien auch dieser letzte Versuch zum Scheitern verurteilt zu sein, als die bisher in Reserve gehaltene preußische Kavallerie zur Attacke überging und den Gegner endlich zu fluchtartigem Rückzug zwang. Mit außerordentlich hohen Verlusten hatten die Yorckschen Truppen jene wichtigen Einheiten gebunden, deren Kampfkraft Napoleon für einen erfolgreichen Durchbruch des gegnerischen Zentrums im Süden benötigt hätte. Einem zweiten Korps der Schlesischen Armee gelang am selben Tag nach verlustreichen Kämpfen auch die Einnahme Wiederitzschs. Die auf Lindenau operierende österreichische Armeeabteilung General Gyulais konnte aufgrund ihrer geringen Kräfte und einer unentschlossenen Disposition eine Sperrung der wichtigen Heerstraße nach Westen, die im Fall einer Niederlage Napoleon die einzige Rückzugsmöglichkeit bot, nicht erreichen. Lediglich Leutzsch und Kleinzschocher wurden erobert.
Am 17. Oktober, einem Sonntag, ruhten die Kämpfe. Napoleon entsandte den tags zuvor gefangengenommenen General Merveldt mit Verhandlungsangeboten zu den verbündeten Monarchen, auf die diese jedoch nicht eingingen. Schwarzenberg hatte seinen Generalen befohlen, zunächst das Eintreffen der im Anmarsch befindlichen Verstärkungen abzuwarten. Ehe Blücher diese Anweisung erreichte, besetzten noch Einheiten der Schlesischen Armee das rechte Partheufer mit Gohlis und Eutritzsch. Mit dem Eintreffen der russischen Reservearmee und weiterer 28 000 Österreicher erlangten die Verbündeten nun eine erdrückende Übermacht. Auch die Nordarmee Karl Johanns von Schweden griff am folgenden Tag endlich in die Kämpfe ein. Napoleon zog unterdessen seine Truppen enger und beinahe kreisförmig um die Stadt zusammen und traf angesichts der bedrohlichen Lage bereits Maßnahmen zur Sicherung eines eventuellen Rückzuges. Nur noch etwa 160 000 Mann und 630 Geschütze standen ihm gegen 295 000 Verbündete mit 1 360 Geschützen zur Verfügung.
Am Morgen des 18. Oktober griffen insgesamt sechs Kolonnen die französischen Verteidigungsstellungen an. Ihre Hauptkräfte setzten die Verbündeten wiederum im südöstlichen Frontabschnitt ein. Mit äußerster Hartnäckigkeit verteidigten die Napoleonischen Truppen ihre Stellungen. Obwohl sich erneut deutliche Schwächen in der Truppenführung der Verbündeten zeigten und ganze Korps nicht zum

Einsatz kamen, gelang es, den endgültigen Sieg über den Kaiser der Franzosen zu erringen. Napoleons linker Flügel wurde bis unmittelbar vor die Stadtmauern zurückgedrängt. Zwar konnte er seine Hauptstellungen, Connewitz – Probstheida – Stötteritz, halten, Zuckelhausen, Holzhausen, die beiden Zweinaundorf, Mölkau, Paunsdorf, Stünz, Sellerhausen und Schönefeld aber gingen verloren. Um der vollständigen Vernichtung seiner Truppen zu entgehen, blieb ihm nur noch der Rückzug, den die Truppen Schwarzenbergs auch an diesem Tage nicht verhinderten. Am Nachmittag befahl Napoleon den Abmarsch seiner Armee über Lindenau.

Vom Gegner unbemerkt, ließ Napoleon während der folgenden Nacht die Dörfer im südöstlichen Abschnitt räumen. Bis auf 30 000 Mann, die bis zum Abschluß des Rückzuges die Stadt halten sollten, schickten sich seine Soldaten zum Marsch Richtung Westen an. Die Verbündeten bereiteten sich auf einen konzentrischen Angriff auf Leipzig vor, der am späten Morgen begann. Um die Mittagszeit drangen die ersten Einheiten Schwarzenbergs in Leipzig ein, und während in der Stadt noch gekämpft wurde, nahmen die drei verbündeten Monarchen auf dem Marktplatz bereits die Siegesparade ab.

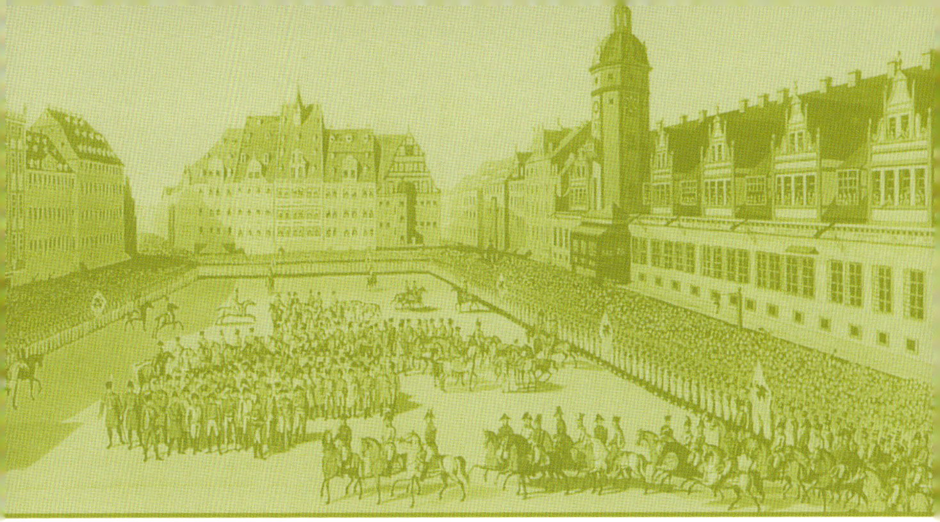

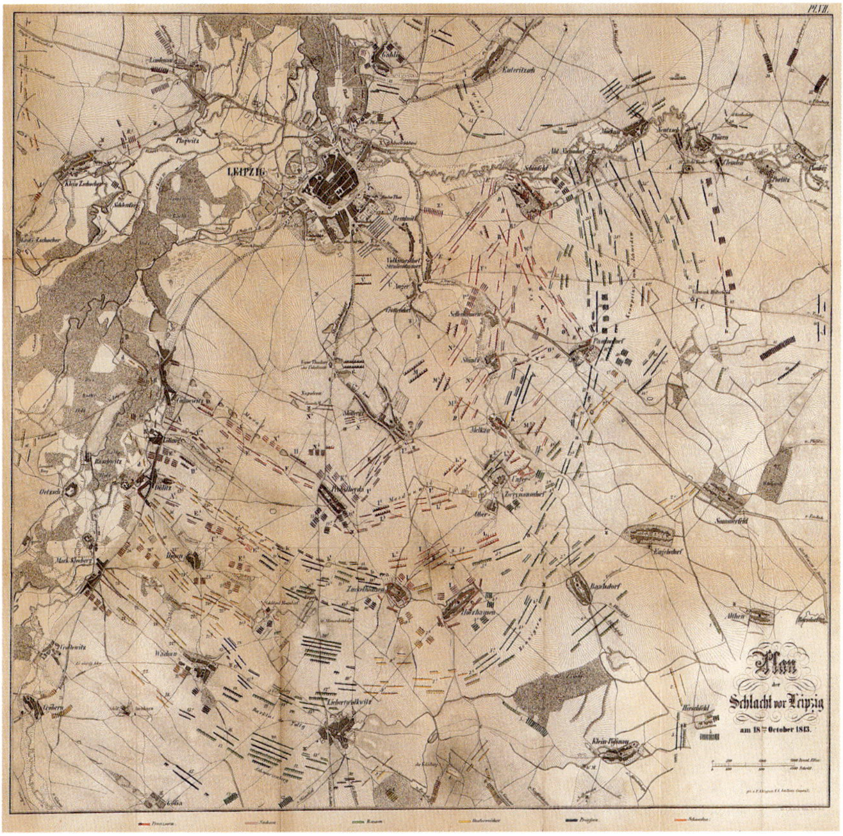

Plan der Schlacht vor Leipzig am 18.ten October 1813

Ernst Wilhelm Straßberger, ein Leipziger Maler der Völkerschlacht

Es gibt kaum eine Publikation zur Leipziger Völkerschlacht, in der nicht ein oder mehrere Ölgemälde von Ernst Wilhelm Straßberger (1796–1866) abgebildet sind. Das Stadtgeschichtliche Museum Leipzig besitzt davon mehr als zehn, außerdem zahlreiche Zeichnungen und Aquarelle. Über den Künstler dagegen ist nur sehr wenig bekannt. Er war der Sohn des Malers Christian Gotthilf Straßberger und wie dieser Schüler der Leipziger Kunstakademie. Von 1823 bis etwa 1842 war er an der Meissener Manufaktur als Porzellanmaler angestellt, danach trat er in Leipzig als freier Künstler auf und starb 1866, angeblich in Armut. Wahrscheinlich entstanden die meisten seiner Ölgemälde erst nach 1842.
In den Leipziger Adreßbüchern der 1860er Jahre wird er als „Decorations-, Porzellanmaler und Musterzeichner“ mit wechselnder Adresse geführt. Damit drückt sich schon in der Berufsbezeichnung ein eher untergeordneter künstlerischer Rang aus (demgegenüber finden sich bei anderen Künstlern Bezeichnungen wie Kunstmaler, Landschaftsmaler usw.). Und tatsächlich kann hinsichtlich seiner Gemälde nicht eben von einem überragenden Künstler gesprochen werden. Daß er dennoch in der Völkerschlacht-Literatur beinahe allgegenwärtig ist, liegt nicht etwa daran, daß es sonst keine Künstler gab, die sich mit dem Thema beschäftigten – die Ausstellung des Leipziger Museums der bildenden Künste „1813. Die Zeit der Befreiungskriege und die Leipziger Völkerschlacht in Malerei, Graphik, Plastik“ von 1988/89 kam bezeichnenderweise ganz ohne Straßberger aus. Aber neben Geißler gehört er zu den wenigen Künstlern, die die Ereignisse an wiedererkennbaren Schauplätzen in und um Leipzig dargestellt haben. Von dem Zeichner und Kupferstecher Geißler wiederum unterscheidet sich Straßberger durch das Medium seiner Kunst, das großformatige Ölgemälde. Damit scheint er in seiner Zeit auf das Bedürfnis einer (Leipziger) Käuferschicht reagiert zu haben, die sich die inzwischen drei bis vier Jahrzehnte zurückliegenden Ereignisse in Verbindung mit den vertrauten Orten Leipzigs ins Gedächtnis rufen und vor Augen führen wollte.
Leider wissen wir nichts über die Käufer oder Auftraggeber Straßbergers. Der größte Teil der undatierten Bilder gelangte 1927 durch die Versteigerung der Sammlung Franz Stöpel, eines Leipziger Kunst- und Antiquitätenhändlers, ohne weitere Angaben zur Provenienz ins Museum. Daher sind wir bei der Frage nach den Wünschen des Publikums und den Absichten des Künstlers auf die Bilder selbst angewiesen: Straßberger wollte keinesfalls die Schrecken des Krieges darstellen oder gar anklagen, wie man vielleicht erwarten könnte. Dies war generell in der Kunst seiner Zeit nicht der Fall, der Krieg wurde nicht grundsätzlich in Frage gestellt, sondern als gegeben hingenommen. Bahnbrechend in der künstlerischen Auffassung des Krieges war der spanische Künstler Goya mit seinem Zyklus „Los desastres de la guerra“ (Die Schrecken des Krieges) von 1808/14 (erst 1863 veröffentlicht), doch davon sind die deutschen Künstler dieser Zeit weit entfernt. Straßberger stellt zwar zahlreiche Gefallene dar, doch sieht man kein Blut, keine Verstümmelungen oder gar schmerzverzerrte Gesichter. Auch ergreift Straßberger nicht Partei für eine Seite oder verherrlicht die Taten einzelner Truppenteile oder Persönlichkeiten. Andererseits kann man angesichts dieser emotionslosen Darstellung aber auch nicht von einer nüchternen „dokumentarischen“ Wiedergabe der Realität sprechen, da Straßberger es mit den historischen Details wiederum nicht so genau nimmt, wenn er, um nur ein Beispiel zu nennen, bei der zerstörten Kirche von Probstheida den später errichteten Neubau abbildet (vgl. Kampf um Probstheida, Öl auf Leinwand, SML Inv.-Nr.: V/50, abgedruckt in: Infoblatt 15 Die Völkerschlacht bei Leipzig 1813, Leipzig 1998). Er scheint sich vielmehr darauf konzentriert zu haben, aus dem Abstand einiger Jahrzehnte heraus die außergewöhnlichen und das Vorstellungsvermögen übersteigenden Ereignisse der Völkerschlacht an konkreten alltäglichen Orten wie der Elsterbrücke oder dem Grimmaischen Tor, aber auch den vielen umkämpften Vororten wieder lebendig werden zu lassen.
Darüber hinaus lag sein besonderes Interesse in der Darstellung der vielen verschiedenen Uniformen, die das „Völkergemisch“ mitbrachte, das sich in Leipzig versammelt hatte, sowie in der Darstellung von Pferden, sei es im Moment der Schlacht, der Flucht oder der Rast. Ihnen gesteht er teilweise mehr Sorgfalt und Individualität zu als den vielen namenlosen Soldaten.

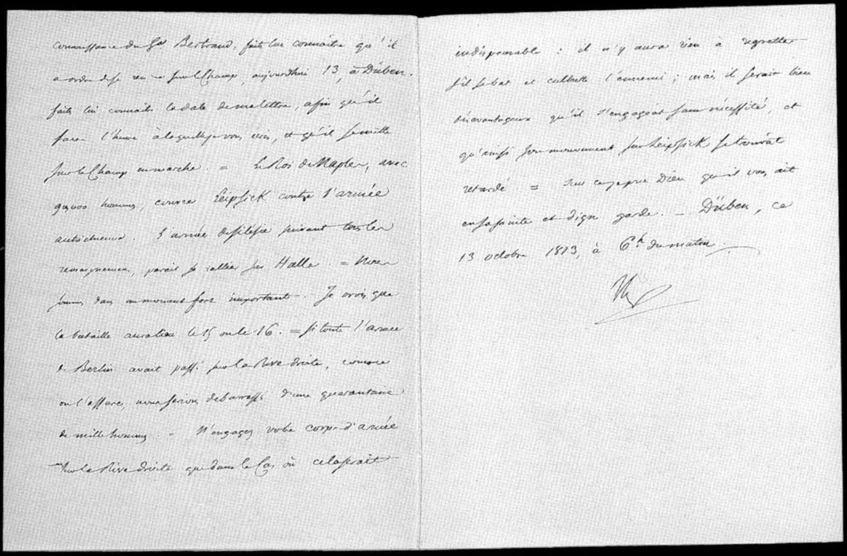
connaissance du Gal Bertrand, faites lui connaître qu'il a ordre de se [illegible], aujourd'hui 13, à Düben. faites lui connaître la date de cette lettre, afin qu'il sache l'heure à laquelle je vous écris, et qu'il [illegible] en marche. = Le Roi de Naples, avec 9000 hommes, couvre Leipsick contre l'armée autrichienne. L'armée de Silésie suivant tous les renseignements, paraît se rallier sur Halle. = Nous sommes dans un moment fort important. Je crois que la bataille aura lieu le 15 ou le 16. = Si toute l'armée de Berlin avait passé sur la rive droite, comme [illegible] l'affaire, nous serions débarrassés d'une quarantaine de mille hommes. = N'engagez votre corps d'armée sur la rive droite que dans le cas où cela serait

indispensable: il n'y aura rien à regretter s'il se bat et culbute l'ennemi; mais il serait bien désavantageux qu'il s'engageât sans nécessité, et qu'ainsi son mouvement sur Leipsick fût retardé. = Sur ce, je prie Dieu qu'il vous ait en sa sainte et digne garde. – Düben, ce 13 octobre 1813, à 6h. du matin.

Np

Armeebefehl Napoleons an Marschall Macdonald, sich mit seinen Truppen von den Verbündeten nicht über die Elbe locken zu lassen
Düben, 13. Oktober 1813
Faksimile der Handschrift
22,5 x 18,5 cm
SML Inv.-Nr.: Bibl. Autogr. o. Nr.
Abbildung ▲

Großer Kavallerieangriff bei Güldengossa am 14. Oktober 1813
Ernst Wilhelm Straßberger (1796–1866)
Öl auf Leinwand
57 x 85 cm
sign. auf dem Grabstein vorn l.:
ST (Monogramm)
beschr. auf der Rückseite (aufgeklebter Zettel): 1813. großer Cavallerie-Angriff bey Gülden Gossa von Prinz Murat französische Chasseurs brandenburgische Dragoner gemalt v. Strasberger.
SML Inv.-Nr.: X 12

Dargestellt ist die Schlacht vom 14. Oktober 1813, die auf den Feldern zwischen Güldengossa, Liebertwolkwitz und Markkleeberg stattfand. Was eigentlich ein Erkundungsgefecht sein sollte, hatte sich zum größten Reiterkampf der gesamten Schlacht ausgeweitet. Die französischen Truppen wurden hierbei von Joachim Murat, König von Neapel, angeführt. Er „befand sich oftmals in dichtestem Gewühl. Phantastisch aufgeputzt, mit hochragenden Reiherfedern an der Kopfbedeckung, war er weithin sichtbar. Der Gefangennahme durch einen preußischen Offizier entging er nur knapp.“ Entsprechend dieser Beschreibung ist Murat, der für seinen phantasievollen Aufzug bekannt war, in dem Reiter des Schimmels ganz vorn zu erkennen. Er wird von einem brandenburgischen Soldaten angegriffen, der als erster in die französischen Reihen eingedrungen ist, aber bereits von einer Kugel getroffen scheint. Straßberger konzentriert sich jedoch nicht auf diese dramatische Szene der drohenden Gefangennahme Murats als Hauptmotiv, vielmehr scheint sein Hauptinteresse in der Darstellung der Pferde in verschiedenen Phasen der Bewegung – vorwärtssprengend, sich aufbäumend, scheuend – gelegen zu haben. Dem entspricht auch das im Zentrum des Vordergrunds liegende, gestürzte Pferd. Demgegenüber treten die abgesehen von Murat wenig individuell dargestellten Soldaten in der anonymen Menge zurück.

Schwarzenberg überbringt den verbündeten Monarchen die Siegesnachricht
François Tonnellier (um 1800 – nach 1850)
1819
Öl auf Leinwand
41,4 x 65 cm
sign. u. r.: F. Tonnellier. 1819
SML Inv.-Nr.: III 16
Abbildung ▲

Über den Künstler Tonnellier ist wenig bekannt, er wurde um 1800 in Frankreich geboren und hielt sich um 1850 in Boston/USA auf.
Bei dem Gemälde handelt es sich um eine relativ genaue Kopie des 1817 entstandenen Bildes von Peter Krafft (Heeresgeschichtliches Museum Wien). Tonnelier hat die Szene als ein Aufeinandertreffen zweier Gruppen dargestellt, die rechte zu Fuß auf einer leichten Boden-

erhebung unter einem Baum aufgestellt, die linke auf Pferden herbeigeritten, erbeutete französische Fahnen mit sich führend. Unter den Hufen des Schimmels in dieser Gruppe liegt ein toter Soldat. Auffällig ist die offensichtliche Emotionslosigkeit der Gesichter, die kaum wie individuelle Porträts wirken. Dem Künstler scheint es vor allem um die Darstellung prunkvoller farbenprächtiger Uniformen in einer malerischen Kulisse gegangen zu sein – der Hintergrund ist von Qualmwolken und rosafarbenem Feuerschein gekennzeichnet, im Vordergrund sind stillebenhaft Helm, Kanone, Wagenrad und Trommel drapiert.

Die Szene, die so nie stattgefunden hat, wurde häufig dargestellt, z. B. von Peter von Heß 1854 im Auftrag des bayerischen Königs für das neuerbaute Maximilianeum in München, der ihr mehr Dramatik und Spannung verleiht.

Kampf vor dem Grimmaischen Tor am 19. Oktober 1813
Ernst Wilhelm Straßberger (1796–1866)
Öl auf Leinwand
56,5 x 85,5 cm
SML Inv.-Nr.: X/8 Stadt-Ans. No. 1677.[b]
Abbildung ▲

Das (Äußere) Grimmaische Tor war am 19. Oktober einer der Hauptangriffspunkte der Verbündeten. Hier waren Einheiten der Ostpreußischen Landwehr zum Sturmangriff eingesetzt worden. Deren kommandierender Offizier, Major Friccius, beschrieb die Erstürmung des Tores später selbst: „Es war ungefähr elf Uhr. Das Tor war stark verrammelt, von neuen starken Palisaden gezimmert, oben auf der Spitze, um das Übersteigen zu verhindern, mit starken eisernen Widerhaken und unten mit vielen Schießlöchern versehen ...
Die Truppen, welche also gegen das Tor an-

rückten, erhielten von vorn und von beiden Seiten ein nahes starkes Feuer, ohne dem Feind hinter seinen Bollwerken viel schaden zu können. Zum Sturm war nichts vorbereitet. Wir hatten keine Leiter, keine Axt, keine Brechstange, noch andere ähnliche Instrumente zur Hand; ... Immer stärker wurde aus der Stadt, aus allen Fenstern, von allen Dächern, selbst vom Johanniskirchturme herab, ... auf uns geschossen. In jeder Minute traf ein Schuß ...

Vorwärts zu kommen war nicht möglich, Stehenbleiben unfehlbares Verderben ... Endlich entdeckte Gäsebeck eine schwache Stelle in der Mauer, rechts zwischen den Pfosten des Tors und dem Armenhause. Ich ergriff das Gewehr des nächsten Landwehrmannes und stieß mit dem Kolben die dünne Mauer ein. Sie stürzte schnell zusammen, da mehrere Landwehrmänner kräftig dabei halfen. Als die Öffnung groß

genug war, sprang ich durch die selbst gelegte Bresche ... Auf meinen Zuruf sprang Motherby vor und rief, den Säbel hochhaltend: 'Kameraden, folgt mir!' Er wurde aber sogleich dicht hinter mir, als er die Bresche besteigen wollte, von einer Kugel in den Kopf getroffen und sank seinem Freunde Stumpf tot in die Arme ... Entzückt über unser schnelles Eindringen, äußerte der Prinz (von Hessen-Homburg): 'Wahrlich, die Landwehr erwirbt sich heute einen großen Ruhm und übertrifft manche Linientruppen', wobei er nach den Tirailleuren des Linienregiments hinsah, die noch immer an der Mauer standen, ohne mit uns gemeinschaftliche Sache zu machen ..."
Straßberger stellt in seinem Gemälde die letzten Kämpfe um das Innere Grimmaische Tor dar. Daran waren auf seiten der Franzosen die hessische Brigade der Division Marchand beteiligt, zudem zwei badische Bataillone und ein italienisches – die Mailänder Garde. Straßberger läßt das Tor jedoch durch französische Truppen verteidigen, die zu diesem Zeitpunkt bis auf wenige Soldaten gar nicht mehr in der Stadt waren. Im Zentrum seiner Komposition steht das Panorama Leipzigs mit der Paulinerkirche links, der Nikolaikirche rechts und dem Inneren Grimmaischen Tor als Mittelpunkt. Auf diesen Mittelpunkt bewegen sich die aus dem Vordergrund rechts und links herankommenden Soldaten zu, größtenteils Mitglieder der Landwehr und einige Kosaken. Dieser einheitlichen, auf die Mitte ausgerichteten Komposition steht im Vordergrund rechts als Kontrapunkt die Szene eines sterbenden preußischen Infanteristen gegenüber, den vier Kameraden im Schutz eines Wagens niederlegen. Zwei von ihnen haben bereits respektvoll ihre Kopfbedeckung abgenommen. Der Sterbende wendet sich mit einer letzten beschwörenden Geste dem Kampfgeschehen zu, eines der wenigen Motive, in denen Straßberger starke Emotionen darstellt.

Rückzug der Franzosen am 19. Oktober durch Richters Garten

Ernst Wilhelm Straßberger (1796–1866)
Öl auf Leinwand
68 x 79 cm
SML Inv.-Nr.: XII/26, Rp. 173,27
Abbildung ▶

Das Gemälde stammt wie die meisten anderen Bilder des Museums von Straßberger aus der Versteigerung der Sammlung Stöpel (1927), ist jedoch kein Ankauf, sondern eine Schenkung des Verlegers Henri Hinrichsen.
Das Hauptanliegen Straßbergers in dieser Komposition war, das Ungeordnete und Überstürzte der Flucht deutlich zu machen, das sich u. a. in einem bunten Durcheinander von Uniformen verschiedenster Truppenteile widerspiegelt. Hauptsächlich handelt es sich um polnische Soldaten, es ist aber auch ein französischer Karabinier dargestellt, zu erkennen am Helm mit roter Raupe, Mitglied einer Eliteeinheit, die sich zu diesem Zeitpunkt gar nicht mehr in der Stadt befand.
Das Geschehen wird für den Betrachter nicht verständlich gemacht: Während im Hintergrund nicht einmal die Richtung der Flucht deutlich wird, fragt man sich, warum so viele der wild Flüchtenden im Vordergrund wie in Panik hinter sich blicken, während zwei Frauen mit ihren Pferden stürzen, andere dagegen mitten in diesem Chaos ganz ruhig und wie unbeteiligt vorwärtstraben. Zudem bildet die Szenerie des Vordergrunds keine kompositorische Einheit mit dem Hintergrund: Gezeigt wird der Blick von Westen auf Richters (später Gerhards) Garten mit dem chinesischen Gartenhaus am Ufer des Elstermühlgrabens. Die Stadtsilhouette mit der Matthäi- und der Thomaskirche sowie der Pleißenburg rechts ist panoramaartig gestreckt dargestellt.

Sprengung der Elsterbrücke am 19. Oktober 1813
Ernst Wilhelm Straßberger (1796–1866)
Öl auf Leinwand
31 x 43 cm
SML Inv.-Nr.: X/108
Abbildung Seiten 142/143

Am Nachmittag des 18. Oktober gegen fünf Uhr nachmittags gab Napoleon den Befehl zum Rückzug. Nach zwei Tagen heftigster Schlachten und Gefechte war ihm klar geworden, daß er gegen die deutliche Übermacht der Verbündeten nicht würde siegen können. Auf seine Waffenstillstandsangebote vom 16. Oktober hatten die verbündeten Monarchen nicht reagiert. So blieb dem Kaiser der Franzosen nur, die Reste seiner Truppen Richtung Westen in Sicherheit zu bringen. Als die Verbündeten am 19. Oktober 1813 den Sturm auf Leipzig unternahmen, waren die Franzosen in geordnetem Rückzug begriffen. Montfort, Oberst der französischen Genietruppen, erhielt von General Rogniat, dem Chef der Genietruppen, ehe dieser sich selbst Richtung Lindenau absetzte, Befehl, nach erfolgtem Rückzug die unterminierte Elsterbrücke zu sprengen. In der Nacht vom 18. auf den 19. Oktober hatten Gardesapeurs einen Kahn mit drei Fässern voller Pulver unter der Brücke verankert und zur Zündung vorbereitet. Bald begab sich Monfort gleichfalls nach Lindenau, um sich angeblich der Zerstörung der Mühlbrücke zu vergewissern und dabei wohl auch die Gelegenheit zu ergreifen, sich in Sicherheit zu bringen, denn daß er im Gewühl der sich zurückziehenden Massen nach der Elsterbrücke kaum würde zurückkehren können, muß ihm klar gewesen sein. Zurück blieb ein Korporal namens La Fontaine mit drei Soldaten, der die Brücke sprengen sollte, wenn der Gegner versuchte, sich ihrer zu bemächtigen. Als die über das Rosental vordringenden Jäger des Korps Sacken beim Jakobshospital einen von den Franzosen vergessenen und daher noch unversehrten Brückensteg fanden, diesen überquerten und in unmittelbarer Nähe der sich zurückziehenden Truppen ein tödliches Feuer auf die Menschenmassen eröffneten, zündete La Fontaine die Lunte. „Der Schlag war so heftig, daß 15 Personen, die etwa 100 Schritt davon in einem Garten standen, betäubt zu Boden geworfen und eine ziemliche Strecke fortgekollert wurden. Große Quaderstücke und die Brustlehne der Brücke wurden zwei Stock hoch in den Saale der Kleinen Funkenburg geschleudert, das Gebäude selbst aber in seinen Grundfesten

erschüttert. Ein französischer General kam in dem Augenblick an die Brücke, als diese in die Luft flog. Er fiel halb zerrissen mit dem Pferde und der einen Hälfte seines Körpers in die Tiefe hinab, während seine andere Körperhälfte in einen benachbarten Garten flog."
Rund 20 000 Soldaten Napoleons waren noch nicht ans andere Ufer gelangt. Eine weitere Brücke gab es nicht. Viele versuchten, den Hochwasser führenden Elstermühlgraben zu durchschwimmen und fanden dabei, wie Marschall Fürst Poniatowski, den Tod.
Anderen Soldaten, unter ihnen auch Marschall Macdonald, gelang es, das jenseitige Ufer zu erreichen.
Bei dem Gemälde handelt es sich um eine der gelungensten Kompositionen Straßbergers. Sein Hauptanliegen war es, die Enge und Unentrinnbarkeit der Situation fühlbar werden zu lassen. Dies ist ihm durch die dichte

Abgrenzung der Szene mit der Häuserzeile gelungen, vor deren Hintergrund die anrückenden Truppen dichtgedrängt und fast zur Unbeweglichkeit verurteilt der Wucht der Detonation gegenüberstehen. Die der Sprengung am nächsten Stehenden reißen entsetzt die Arme in die Luft, ein Soldat ist im Moment des Falls dargestellt. Aber auch in diesem Bild greift Straßberger zu bei ihm immer wieder zu beobachtenden Motivwiederholungen: u.a. die beiden in Rückansicht im Vordergrund wiedergegebenen Soldaten, die den rechten Arm heben. Merkwürdig auch der rechts vorn kauernde Verwundete, der mit dem Leben abgeschlossen zu haben scheint, weswegen ihn nicht einmal eine Explosion in unmittelbarer Nähe aus seiner Resignation reißen kann.

FÜRST PONIATOWSKY kais: franz: REICHS MARSCHALL sucht nach der Schlacht bey Leipzig durch einen kühnen Sprung in die Pleiße sich zu retten, und findet seinen Tod.
Wien, um 1815
kolorierte Radierung
Verlag Schönberg
19 x 25,5 cm
bez. u. M.: Wien bey J. Schönberg
SML Inv.-Nr.: VS 145
Abbildung ▲

Fürst Josef Poniatowski (1763–1813) war der Neffe des letzten polnischen Königs Stanislaus II. Poniatowski und selbst Anwärter auf den polnischen Königsthron. Er wurde im Jahre 1763 in Wien geboren, wo er später in österreichische Dienste trat. Nach kurzem Dienst in der österreichischen Armee kehrte er nach Polen zurück. Dort beteiligte er sich aktiv an der polnischen Reformbewegung unter Kósciuszko und übernahm 1807 das Amt des Kriegsministers im Großherzogtum Warschau. An der Seite Rußlands und Preußens, den Teilungsmächten seines Heimatlandes, die Polen schon einmal aus den Landkarten radiert hatten, zu kämpfen, kam für ihn, wie für die meisten seiner Landsleute, nicht in Frage. Er stellte sich mit seinem polnischen Kontingent von rund 20 000 Mann in der Hoffnung auf einen eigenständigen polnischen Nationalstaat an die Seite Napoleons. An der Völkerschlacht nahm er als Oberbefehlshaber der polnischen Truppen teil. Noch am 16. Oktober wurde er von Napoleon nicht zuletzt für die heldenhafte Verteidigung der Pleißeniederungen gegen die Österreicher unter Merveldt im Süden Leipzigs als einziger Nichtfranzose zum Marschall von Frankreich ernannt. Neben den Marschällen Marmont und Macdonald hatte das VIII. Korps des Fürsten am 19. Oktober den Auftrag zur Verteidigung Leipzigs erhalten, während die Masse der Napoleonischen Armee seit dem Nachmittag des vorangegangen Tages den geordneten Rückzug Richtung Westen vollzog. Noch ehe dieser abgeschlossen war, gelang es russischen Einheiten des Korps Sacken, bis auf die zur Sprengung vorbereitete steinerne Elsterbrücke an der Kleinen Funkenburg vorzudringen. Befehlsgemäß wurde sofort die Pulverladung gezündet, um eine rasche Verfolgung der geschlagenen Truppen zu verhindern. Die mächtige Explosion schnitt allerdings auch noch sämtlichen am diesseitigen Ufer befindlichen Truppen Napoleons den Rückweg ab. Massenhaft suchten die Soldaten schwimmend zu entkommen. Viele fanden in den Fluten des Hochwasser führenden Elstermühlgrabens den Tod. Die zahlreichen Leichen der Ertrunkenen sollen das Wasser regelrecht gestaut haben. Bereits durch zwei Schüsse verwundet, sprang Poniatowski zu Pferd ebenfalls in den Fluß. Das Reittier überschlug sich und drückte den Fürsten unter Wasser. Fischer fanden seine Leiche wenige Tage nach der Schlacht am Ufer.
Die farbenfrohe Darstellung ist künstlerisch wenig anspruchsvoll und belegt die Berühmtheit und Volkstümlichkeit dieser dramatischen Szene, die sich hier außerhalb der Stadt abspielt. Während von hinten die französischen Soldaten in Richtung Fluß gejagt werden, treibt der Fürst mit seinem Pferd bereits hilflos im Wasser.
Fälschlicherweise bezeichnet der Künstler den Elstermühlgraben als Pleiße.

Sattel und Schabracke des Pferdes von Fürst Josef Poniatowski
Frankreich (?), um 1800
Sattel
Leder, Holz, Samt, Eisen, Messing, Pferdehaar
Leder, mit bordeauxrotem Samt bezogen, Sattelknopf aus Holz, mit vergoldeten Ziernägeln, Lederbesatz, diverse Lederriemen mit eisernen Schnallen und zwei schmiedeeiserne, runde Steigbügel
50 x 50 x 44 cm
SML Inv.-Nr.: WV/PON 27
Schabracke
Tuch, Leinen, Leder, Silberlitze
russischgrünes Wolltuch, mit grobem Leinen gefüttert, umlaufende rote Borte mit aufgenähtem Mäandermuster und Silberapplikationen, Lederbesatz, Schlitze für die Steigbügelgurte
92 x 112 cm
SML Inv.-Nr.: WV/PON 27
Abbildung ▼

Offizierspistole aus dem Besitz von Fürst Josef Poniatowski
Frankreich, um 1800
Holz, Eisen, Messing
Pistole mit Daumenplatte, glatter Lauf mit Gravuren floraler Elemente, teilweise vergoldet, Messingkorn, Schaft leicht geschnitzt, keine Meistermarke, Eisenmontierung
GL 42 cm, LL 26 cm
Schloß gestempelt: PARIS
SML Inv.-Nr.: W/P 46

Verwundete an der Johanniskirche in Leipzig 1813
Ernst Wilhelm Straßberger (1796–1866)
Leipzig 1813
Federzeichnung
40 x 49,5 cm
SML Inv.-Nr.: Nap. V. 797
Abbildung ▲

Die zunächst völlig auf sich selbst gestellten französischen Kriegsgefangenen ernährten sich fast ausschließlich von den Überresten umherliegender Pferdekadaver. Ein Augenzeuge berichtet: „Tausende Jammergestalten wankten durch die Straßen und bettelten an jedem Fenster, an jeder Thür ... Daß ein solches Gerippe oft den schmutzigsten Knochen aufhob und begierig daran nagte, die geringste Brotkrume, die sich irgend auf einen Kehrichthaufen verirrt hatte ... mit Heißhunger verzehrte, gehörte nicht zu den Seltenheiten. Aber der Hunger bleibe an diesen ekelhaften Grenzen nicht stehen. Mehr als zwanzig Augenzeugen können es bekräftigen, daß französische Soldaten an gefallene Pferde, die bereits in Fäulnis übergegangen waren, herankrochen, mit kraftlosen Händen irgend ein stumpfes Messer in die Hinterkeulen bohrten, das Fleisch herauszogen und Aas verzehrten! ... Selbst von abgelösten menschlichen Gliedern schnitt man Fleisch herunter ...“

Bestätigung über den Dienst des Leipziger Kaufmanns Louis Munkelt im Banner der Freiwilligen Sachsen
Leipzig, 9. November 1813
Buchdruck mit handschriftlichen Eintragungen, Siegel und Unterschrift von Oberst Carl Adolph von Carlowitz
24 x 38 cm
SML Inv.-Nr.: Bibl. Völk 149
Abbildung ▼

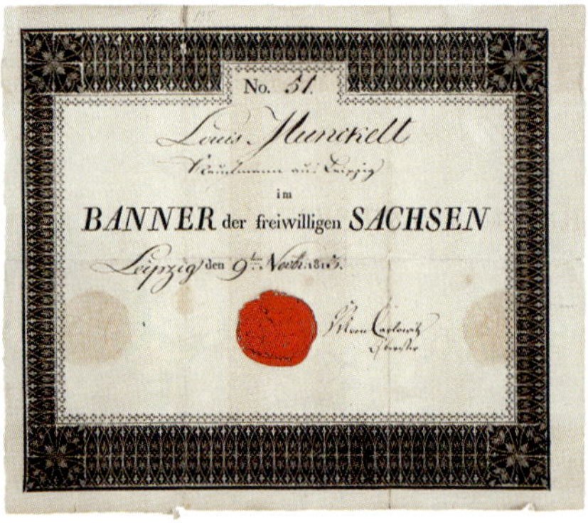
No. 31.

im

BANNER der freiwilligen SACHSEN

Leipzig den

Kriegsszene in der Nähe von Lützschena bei Leipzig: Russische Kosaken nehmen einem Bauern die Kühe weg
Peter von Heß (1806–1871)
1829
Öl auf Leinwand
46 x 55 cm
SML Inv. III/71
Abbildung ▼

Das Bild entstand 1829 im Auftrag des Barons Speck von Sternburg, dessen Rittergut Lützschena links im Hintergrund der Plünderungsszene dargestellt ist. Diese beruht insofern auf wahren Ereignissen, als daß sich in der Nähe des Gutes das Korps des russischen Generals Sacken befand und der Baron in dieser Zeit tatsächlich fast alle seine Viehherden verlor. Später wurden in den Ställen des Gutes französische Gefangene untergebracht.

Der Maler Peter von Heß lebte und arbeitete hauptsächlich in München, reiste aber viel, so u. a. 1814/15 als Kriegszeichner nach Frankreich. Neben Schlachtengemälden gehörten militärische Genredarstellungen und Lagerszenen zu seinen bevorzugten Themen.

Zu dem Gemälde gehörte eine Art Widmung des Künstlers an den Baron mit den folgenden tröstlichen Worten: Wo kann man das Leben thätiger und reiner genießen, wo Kränkungen und Verluste leichter vergessen, als am Herde seiner Heimath, vor den Bildern und Gräbern seiner geliebten und edlen Vorgänger; wo man mit Namen in Kindern und Nachkommen fortlebt, und, selbst auf dem Boden seiner Familie, eine geschichtliche Bedeutung erhalten und begründen kann?

Neben der Darstellung der Tiere lag dem Künstler besonders an der Wiedergabe der Verzweiflung des Bauern, dem der Ochse vom Pflug ausgespannt wird.

Zur Sammlung Speck von Sternburg gehören drei weitere Gemälde mit Darstellungen aus den Freiheitskriegen, jedoch hat keines von ihnen einen direkten Bezug zu Leipzig. Auch das hier gezeigte Gemälde stellt die Landschaft mit der menschlich ergreifenden Szene in den Vordergrund, während die wiedererkennbare Topographie Lützschenas, die das Bild mit den persönlichen Erlebnissen des Kunstsammlers verbindet, ganz in den Hintergrund gerückt ist. Das Gemälde ging aus der Sammlung Speck von Sternburg in die Sammlung Ferdinand Jost über und gelangte 1908 durch Vermächtnis ins Stadtgeschichtliche Museum.

Lagerszene auf dem Alten Johannisfriedhof, nach der Schlacht 1813.
Ernst Wilhelm Straßberger (1796–1866)
Leipzig 1813
Pinsel in Grau über Kreide und Bleistift, weiß gehöht
27 x 40 cm
bez. l. auf der umgestürzten Grabplatte mit Bleistift: NACH DER NATUR gez. von E. W. St. im Oktober 1813, darüber in Feder: gez. von ST (Monogramm) 1813, auf dem Grabstein r.: ST (Monogramm) 1813
SML Inv.-Nr.: II/10
Abbildung ▲
Zunächst hatte man eine Vielzahl der französischen Kriegsgefangenen auf dem umfriedeten Johannisfriedhof zusammengetrieben, wo sie sich tagelang selbst überlassen blieben. Ohne jegliche Versorgung suchten die zum Teil verwundeten Soldaten in den Grüften des Friedhofes Schutz vor der Kälte der Oktobernächte. Fast sämtliche Särge der hier Beigesetzten wurden als Brennmaterial verwendet. Bei dem pavillonartigen Gebäude links handelt es sich um das barocke Erbbegräbnis der Familie Baumgärtner.

Marschbefehl für einen Angehörigen des Banners der Freiwilligen Sachsen
Leipzig, Dezember 1813
Buchdruck mit handschriftlichen Eintragungen
20 x 25 cm
SML Inv.-Nr.: Bibl. Völk 149

Französische Lazarettbaracke am Thonberg
vermutlich Ernst Wilhelm Straßberger (1796–1866)
Leipzig 1813
Feder über Bleistift
40 x 27 cm
SML Inv.-Nr.: XV (4) (1)
Abbildung ▶
Die Zeichnung ist nicht signiert, ihre Autorschaft jedoch nahezu sicher: Offensichtlich handelt es sich um eine Vorstudie zu einem größeren Blatt gleichen Themas, das die Signatur ST 1813 trägt. Auf den Studiencharakter der Zeichnung verweisen z. B. auch die nicht ausgearbeiteten Gesichter der rechts am Feuer Sitzenden. Im Hinblick auf die Datierung der hier vorgestellten Zeichnungen Straßbergers ist zu beachten, daß Straßberger 1813 erst 17 Jahre alt war und seine Ölgemälde alle später zu datieren sind. Dem Künstler scheint viel daran gelegen zu haben, die Authentizität glaubhaft zu machen, da die Blätter teilweise doppelt signiert und datiert sind, außerdem durch die Bezeichnung „nach der Natur gezeichnet" bekräftigt. Ob der junge Ernst Wilhelm Straßberger letztendlich der Zeichner war oder sein Vater Christian Gotthilf Straßberger (1770–1841), der vor allem als Porträtist und Porzellanmaler tätig war, ist aufgrund der derzeitigen Forschungslage nicht abschließend zu klären.
Hatte sich Leipzig schon vor der Völkerschlacht um die Betreuung von mindestens

15 000 kranken und verwundeten Soldaten zu kümmern, konnte die Stadt den mit Beginn der Schlacht immer stärkeren Zustrom frisch Verwundeter bald nicht mehr fassen. Die als Notlazarette umfunktionierten öffentlichen Gebäude, Kirchen, Schulen und Gasthöfe waren völlig überfüllt, so daß viele Kranke auf den Feldern, in Gärten, auf Friedhöfen oder den Straßen liegen bleiben mußten. An eine ausreichende medizinische Versorgung war nicht zu denken. Der Arzt und preußische Inspektor der linkselbischen Militärspitäler, Professor Johann Christian Reil, sandte am 26. Oktober 1813 einen erschütternden Bericht an Stein über die Situation der Verwundeten in Leipzig: „Noch ... sieben Tage nach der ewig denkwürdigen Völkerschlacht, wurden Menschen vom Schlachtfelde eingebracht ... In Leipzig fand ich ohngefähr 20 000 verwundete und kranke Krieger von allen Nationen. Die zügelloseste Phantasie ist nicht imstande, sich ein Bild des Jammers in so grellen Farben auszumalen, als ich hier in der Wirklichkeit vor mir fand ... An jenen Orten (gemeint sind die Lazarette) liegen sie geschichtet wie die Heringe in ihren Tonnen, alle noch in den blutigen Gewändern ... Unter 20 000 Verwundeten hat auch nicht ein einziger ein Hemde, Bettuch, Decke, Strohsack oder Bettstelle erhalten ... Keiner Nation ist ein Vorzug eingeräumt, alle sind gleich elend beraten und dies ist das einzige worüber die Soldaten sich nicht zu beklagen haben ... Alle Kranke mit zerbrochenen Armen und Beinen, und deren sind viele, ... sind für die verbündeten Armeen verloren ... Ihre Glieder sind, wie nach Vergiftungen, furchtbar aufgelaufen, brandig und liegen in allen Richtungen neben den Rümpfen ... Viele sind noch gar nicht, andere werden nicht alle Tage verbunden ... Viele Amputationen sind versäumt, andere werden von unberufenen Menschen gemacht, die kaum das Barbiermesser führen können ... Verwundete, die nicht aufstehen können, müssen Kot und Urin unter sich gehen lassen und faulen in ihrem eigenen Unrat an. Für die gangbaren sind zwar offene Bütten ausgesetzt, die aber nach allen Seiten überströmen, weil sie nicht ausgetragen werden. In der Petrikirche stand eine solche Bütte neben einer anderen ihr gleichen, die eben mit der Mittagssuppe hereingebracht war ... In der Petrikirche sah ich der Verteilung des Mittagbrotes zu. Die Fleischportion wog 2–4 (etwa 29,2 – 58,4 Gramm), das Brot für den Tag ungefähr 8–12 Loth (116,8 – 75,2 Gramm). Die Suppe bestand aus Wasser, in welchem die Reiskörner gefischt werden mußten ... auf dem offenem Hofe der Bürgerschule fand ich einen Berg, der aus Kehricht und Leichen ... bestand, die nackt lagen und von Hunden und Raben angefressen wurden ...“

Petschaft des Husarenbataillons vom Banner der Freiwilligen Sachsen
Leipzig (?), um 1813
Holz, Messing
L 8 cm, D Siegelplatte 3,1 cm
Siegelplatte graviert: Kreuz im Lorbeer- und Eichenlaubkranz, Umschrift: HUSAREN-BATAILLON D BANNERS FREIW:SACHSEN*
SML Inv.-Nr.: E, H II, 1

Tschapka der reitenden Jäger des Banners der Freiwilligen Sachsen
Leipzig 1813/14
Leder, Pappe, Tuch, Messing, Federn
D 17,5 cm, H 25 cm
SML Inv.-Nr.: W/K 13
Abbildung ▲

Neben der Formierung der Landwehr begann durch den Aufruf des Fürsten Repnin vom 31. Oktober 1813 die Aufstellung des sogenannten Banners der Freiwilligen Sachsen, einer Freiwilligeneinheit, die nunmehr an der Seite der Verbündeten gegen Napoleon kämpfte. Die Einheit wurde in Leipzig zusammengestellt und ausgerüstet und umfaßte 92 Offiziere, 2 226 Mann und 692 Pferde. Ein Zeitgenosse beklagte sich darüber, daß man lange Zeit vorzugsweise um Schnitt, Farbe und Dekoration der Uniformen gestritten habe, statt sich darum zu sorgen, schnellstens eine einsatzbereite Truppe zu schaffen.

Bildnis Oberst Prendel
Carl Adolf Senff (1785–1863)
Leipzig 1813/14
Öl auf Leinwand
72 x 57 cm
SML Inv.-Nr.: IV/30
Abbildung ▶

Franz Victor Anton Prendel wurde im Jahre 1766 in Salurn in Tirol geboren. Nach der Ausbildung in einer Klosterschule und einer kaufmännischen Lehre trat er im November 1788 bei den Lobkowitz-Chevaux-légers als Gemeiner in Dienst. Bald avancierte er zum Rittmeister des Ulanenregiments Nr. 2.
Mit der Zeit entwickelte Prendel eine schwärmerische Sympathie für die russischen Kosakeneinheiten, deren weitgehend unabhängiges Handeln im Partisanenkrieg seinem Wesen sehr entsprach. So war es nur folgerichtig, daß er 1804 in russische Dienste trat. Bereits in der Schlacht von Austerlitz führte er Kosakeneinheiten. Später wurde er aufgrund seiner umfangreichen Bildung und Sprachkenntnisse, aber auch wegen des ihm eigenen schauspielerischen Talents und Draufgängertums in der Militärspionage u.a. im Großherzogtum Warschau tätig. Als Kosakenführer nahm er am Frühjahrs- und Herbstfeldzug 1813 teil. Während der Völkerschlacht behinderte er mit seiner Truppe vor allem den gegnerischen Nachschub um Leipzig. Am 21. Oktober 1813 übernahm er den Posten des Leipziger Stadtkommandanten und bezog im Haus Nr. 175 am Markt Quartier. Er hatte außerordentlich schwierige und ihm völlig unbekannte Verwaltungsaufgaben zu lösen, zu denen die Sorge um 51000 bis 53000 Gefangene und zum Teil schwerverwundete Soldaten, das Problem Tausender und Abertausender Toter sowie einer riesigen Anzahl von Pferdekadavern, die die Felder rund um Leipzig bedeckten und von denen eine ernsthafte Seuchengefahr ausging, zählten. Unter den ausgezehrten und medizinisch kaum betreuten Franzosen grassierte der Typhus. Prendel mußte Lazarette einrichten und mit dem Allernotwendigsten versorgen. Er tat sein Möglichstes, um die schwere Lage der Einwohner zu erleichtern und die schwierige Situation zu meistern. Das Appellieren an den guten Willen und die Einsicht in die Notwendigkeit hatte bei ihm gegenüber der Androhung von Strafen stets den Vorrang, wenn auch dieses Gut-Zureden oft recht skurrile Züge annahm. Mit einer gehörigen Portion Humor nahm er sich auch Problemen an, die nicht in seinen Verantwortungsbereich fielen. So erließ er Verordnungen zum richtigen Verhalten im Theater oder im Museum oder reglementierte, wieviele Personen nebeneinander auf der Straße gehen dürften, ohne

den Verkehr zu behindern. Sein Amt hätte ihm allerlei Möglichkeiten der privaten Bereicherung eröffnet. Prendel nutzte sie nie und lebte in bescheidenen Verhältnissen, wie er zeit seines Lebens einen ausgesprochen spartanischen Lebensstil pflegte. Im Februar 1814 gab er das Amt des Stadtkommandanten wegen Übernahme der sächsischen Verwaltung durch Preußen auf. Die Stadt Leipzig verlieh ihm noch im selben Monat als Dank und Ehrung seiner noblen Haltung das Bürgerrecht.

An meine Zuhörer
Prof. Traugott Krug (1770–1842)
Leipzig 1813
Buchdruck
17 x 9,5 cm
SML Inv.-Nr.: Bibl. Völk 149
Der Rektor der Leipziger Universität, Wilhelm Traugott Krug, trat nach der Völkerschlacht als Werber für das Banner der Freiwilligen Sachsen auf.

Erhabne Fürsten fest vereint, um Völkerrecht und Glück zu gründen
Eine Bilanz

Von den rund 500 000 an der Völkerschlacht beteiligten Soldaten verlor etwa jeder fünfte sein Leben. Die Angaben der militärischen Oberkommandos geben nur ungenaue Auskünfte über die tatsächlichen Verluste.

Gefallene auf seiten der Verbündeten

	Offiziere	Soldaten
Russen		
Hauptarmee	512	11 411
Schlesische Armee	250	6 897
Nordarmee	33	432
Reservearmee Bennigsen	70	3 000
	865	**21 740**
Preußen		
Hauptarmee	244	7 882
Schlesische Armee	176	5 467
Nordarmee	78	2 186
	498	**15 535**
Österreicher		
Generalstab	10	---
1. leichte Division Liechtenstein	25	525
2. leichte Division Bubna	11	227
1. Armeeabteilung Colloredo	53	1 441
2. Armeeabteilung Merveldt	33	1 885
3. Armeeabteilung Gyulai	39	1 486
4. Armeeabteilung Klenau	99	3 900
Reservekorps Hessen-Homburg	130	5 074
	420	**14 538**
Schweden		
Nordarmee	**9**	**169**

Verluste auf seiten Napoleons

Gefallene	30 000
Verwundete/Kranke	38 000
Überläufer	5 000
Gefangene	37 000
	110 000

Gegen 30 000 schwerverwundete Soldaten Napoleons und der Verbündeten lagen nach der Schlacht in den zu provisorischen Lazaretten umfunktionierten Leipziger Kirchen und anderen öffentlichen Gebäuden, die oft nicht mehr als ein Platz zum Sterben waren. Obwohl sich die Professoren der Medizinischen Fakultät der Leipziger Universität zur Behandlung der Verwundeten zur Verfügung stellten, starben Tausende aufgrund mangelnder medizinischer Versorgung. Wieviele Menschen in den Wochen und Monaten nach der Schlacht Verwundungen, Seuchen oder dem Hunger erlagen, läßt sich kaum sagen. Dem Problem Tausender und Abertausender Toter und einer riesigen Anzahl von Pferdekadavern, die die Felder rund um Leipzig bedeckten und von denen eine ernste Seuchengefahr ausging, mußten Leipziger, die Bauern der umliegenden Dörfer und Kriegsgefangene mit wochenlanger Arbeit als Leichengräber begegnen. Unter den ausgezehrten und medizinisch kaum betreuten Franzosen grassierte der Typhus. Die Versorgung Leipzigs mit Lebensmitteln und anderen Versorgungsgütern war auf Wochen gestört.

Mit dem Sieg in der Völkerschlacht war die Befreiung Deutschlands entschieden. Nachdem Napoleon auf dem Rückzug bei Hanau die österreichisch-bayerischen Truppen unter General von Wrede schlagen konnte (30./31. Oktober 1813), überschritt er den Rhein. Der Rheinbund löste sich auf. Während der sächsische König in Haft genommen wurde, retteten sich die meisten ehemaligen Rheinbundfürsten in Verträge mit den Siegern. Ausnahmen bildeten nur Jerôme Bonaparte, die Fürsten von Isenburg und von der Leyen sowie der Großherzog von Frankfurt. Die von Napoleon ins Leben gerufenen deutschen Staaten Westfalen, Berg und Frankfurt wurden aufgelöst. Nicht alle Siegermächte waren am vollständigen Sturz Napoleons interessiert. Zahlreiche konsequente Napoleongegner waren empört, als dem Kaiser der Franzosen auf Grundlage der „natürlichen Grenzen“ Frankreichs Frieden angeboten wurde. Dieser allerdings lehnte ab. Die Verbündeten überschritten den Rhein. Nach Teilerfolgen Napoleons und einer unentschlossenen

Kampfführung der Alliierten zogen die Verbündeten schließlich am 31. März 1814 siegreich in Paris ein. Napoleon wurde zur Abdankung gezwungen und zog sich als souveräner Fürst auf die Insel Elba zurück. Der erste Pariser Friede (30. Mai 1814) beendete den Krieg. Ende September 1814 versammelten sich in Wien die Fürsten der meisten europäischen Staaten, um über eine Neuordnung Europas zu entscheiden. Die Beschlüsse des Wiener Kongresses, den das Streben des österreichischen Ministers Fürst Metternich nach einem Gleichgewichtssystem in Mitteleuropa unter österreichischer Führung dominierte, folgten Prinzipien einer weitestgehenden Wiederherstellung des politischen Zustandes von 1792, der Legitimität von Herrschaftsansprüchen angestammter Dynastien und der Solidarität der Fürsten gegen den Einfluß revolutionärer Ideen und nationaler Emanzipationsbewegungen. Zahlreiche Interessengegensätze zwischen den Großmächten verkomplizierten die Verhandlungen. Insbesondere Streitigkeiten über die Lösung der sächsisch-polnischen Frage führten nahe an den Ausbruch eines neuen Krieges. Der französische Außenminister Talleyrand verstand dies geschickt für eine politische Aufwertung Frankreichs zu nutzen, das nun wieder in den Kreis der Großmächte aufstieg. Die Rückkehr Napoleons und das Intermezzo der „Herrschaft der hundert Tage" zwang die Alliierten schließlich zur Überwindung der politischen Differenzen, um erneut gemeinsam gegen Napoleon vorgehen zu können.
Der beabsichtigten Einverleibung Sachsens durch Preußen widersetzte sich Talleyrand, später auch Metternich erfolgreich. Durch Kongreßbeschluß bestand das Königreich weiter, mußte allerdings die Niederlausitz und den nördlichen Teil der Oberlausitz, den Kurkreis mit Gommern und Barby, den Thüringischen Kreis, den Neustädter Kreis, Mansfeld, Querfurt, die Stifte Naumburg-Zeitz, Weißenfels und Merseburg, den nördlichen Teil des Meißnischen Kreises und einige Ämter des Leipziger Kreises, insgesamt zwei Drittel des kursächsischen Gebiets und nahezu die Hälfte seiner Bevölkerung an Preußen abtreten. Leipzig wurde damit fast Grenzstadt zum Reich Friedrich Wilhelms III.
Die durch Mediatisierung und Säkularisierung an die verschiedenen großen deutschen Staaten gefallenen Territorien wurden nicht zurückgegeben. Insofern bedeuteten die Kongreßbeschlüsse einen deutlichen Fortschritt zur Zeit vor 1792. Auch eine Restauration des alten Reiches war nicht möglich. Doch auch die Forderungen von Protagonisten der Befreiungskriege wie Stein, Humboldt oder Arndt und vieler Zehntausender Deutscher nach einem einheitlichen Nationalstaat wurden nicht erfüllt. Die 38 souveränen Fürsten und freien deutschen Städte fanden sich in einer lockeren Vereinigung zum

Deutschen Bund (16. Mai 1815) zusammen, dessen Organe der ständige Bundestag in Frankfurt unter österreichischem Vorsitz und eine einzuberufende Bundesversammlung waren. Eine Volksvertretung existierte nicht. Pläne zur Vereinheitlichung von Finanzen, Wirtschaft, Recht, Maßen und Gewichten usw. wurden nicht weiter verfolgt. Dieses Ergebnis, das Eingang in die Wiener Schlußakte (9. Juni 1815) fand, löste in weiten Teilen der deutschen Bevölkerung, die auf eine nationale Einigung gehofft hatten, größte Enttäuschung aus. Da sowohl Preußen als auch Österreich nur mit einem Teil ihres Staatsgebietes dem Deutschen Bund angehörten, war bereits das Fundament für kommende Konflikte gelegt worden. Joseph Görres, der den Deutschen Bund als eine „Zangen- und Notgeburt, tot ans Licht getreten und gerichtet, ehe sie geboren" charakterisierte, faßte im August 1814 in Worte, was viele, die begeistert und selbstlos den Kampf gegen die Fremdherrschaft unterstützt hatten, bewegte: „Nur indem man dem Volke seinen billigen Teil an seiner eigenen Regierung gestattet, kann ihm auch allein jene lebendige Teilnahme an dem allgemeinen Wohle angemutet werden, die zum ferneren Bestande Deutschlands schlechterdings erfordert wird."

Hauptergebnisse des Wiener Kongresses

Staat	***Gebietsveränderungen***
Frankreich	Besitzstand von 1792
England	Malta, Ceylon, die Kapkolonien, Mauritius, Helgoland, Protektorat über die Ionischen Inseln, Personalunion mit dem Königreich Hannover
Rußland	gewinnt sogenanntes Kongreßpolen, steigt zur führenden Kontinentalmacht auf
Österreich	Verzicht auf habsburgische Niederlande und Vorderösterreich, dafür Abrundung der Gebiete in Galizien, Oberitalien und Dalmatien
Preußen	erhält die Rheinprovinzen, Westfalen, Nordsachsen mit Wittenberg, Torgau und Görlitz, Teile Pommerns mit Stralsund, Rügen und Greifswald
Schweiz	wird „immerwährende Neutralität" garantiert
Schweden	Personalunion mit Norwegen
Sachsen	verliert zwei Drittel seines Territoriums an Preußen
Bayern	tauscht gegen Tirol und Salzburg ganz Franken

Schaffung eines neuen Königreiches der Niederlande

LE CONGRÈS.
(Der Kongreß)
Frankreich, um 1815
kolorierte Radierung
19,8, x 28,5 cm
SML Inv.-Nr.: SVS 178
Abbildung ▲
Bei dem Skorpion unter der Darstellung links handelt es sich möglicherweise um eine Art Signatur des Künstlers.
Die Figuren sind beschr. von l. nach r.:
Il observe bien au vent (er beobachtet, die Nase im Wind)
Il ballotte (er wankt) Lord Castelreagh (englischer Außenminister)
Ils balancent (sie schwanken)
Il danse terre à terre. Roi de Saxe (Er tanzt mittelmäßig. König von Sachsen)
Elle saute pour le roi de Sardaigne République de Genes (Sie springt für den König von Sardinien – die Republik Genua)

Bekanntmachung des Leipziger Stadtkommandanten Victor Prendel an die Einwohner Leipzigs, unverzüglich sämtliche Leichen und Pferdekadaver zu bestatten
Leipzig, 17./29. Oktober 1813
Buchdruck
22 x 20 cm
SML Inv.-Nr.: Bibl. o. Nr.

La belle Alliance – Pour balayer la France!
(Die schöne Alliance – Um Frankreich auszukehren)
Johann Michael Voltz (1784–1858)
1815
Radierung
19 x 26 cm
SML Inv.-Nr.: E-Inv. 115/VS/Car 16
beschr. u. l.: Der Preusse.
Hilf, Kamerad, das Krötennest
zum Land hinaus zu fegen!
Risch, rasch! – Nur einer hält noch fest
Und schlägt mit Stock und Degen;
Drum packe mir den Ehrenmann
Einmal mit Deinem Besen an
Und kehr ihn – in die Hölle.
beschr. u. r.: Der Engländer.
Goddam! Der Kerl ist federleicht
Und will sich doch nicht fügen!
Gedult! Wenn ihn mein Stiel erreicht
Soll er zum Teufel fliegen.
Fare well, farewell mit deiner Brut,
Trink in der Hölle Menschenblut
Mit Beelzebub und – Carnot!
(Carnot war französischer Kriegsminister in der Revolutionszeit.)

Der Neue Robinson auf der einsamen Ratten Insel im Süd-Meere St: Helena genannt.
Johann Michael Voltz (1784–1858)
1815
kolorierte Radierung
25,8 x 18,5 cm
beschr. auf der Trommel: Nun lärmts Ding nicht mehr.
auf dem Blasebalg: Der zweite Theil meines Lebens.
auf dem Schirm: Sub umbra clarum tuarum (Im Schatten Deiner Ruhmestaten)
am Schnabel des Papageis: Nap, armer Nap! in einer Schlafhaube? Wo hast du denn deinen pfiffigen Hut gelassen?
am Mund Napoleons: Ach, Hut und Degen, Krone und Scepter gingen bei La Belle Alliance verloren!
SML Inv.-Nr.: Car 120, E-Inv. 125
Abbildung ▲

Nach der endgültigen Niederlage bei Waterloo wurde Napoleon auf der englischen Insel St. Helena im Südatlantik interniert. Hier verbrachte er die letzten Jahre seines Lebens. Die Darstellung als gestrandeter Robinson kommt der Realität ziemlich nahe: Die Insel war ausgesprochen unwirtlich und nur von wenigen Menschen bevölkert. Charakteristisch für St. Helena war die herrschende Rattenplage.

Seelenamt auf dem Schlachtfelde bey Leipzig am 18 Octbr. 1814
Leipzig (?), um 1814
Radierung
11 x 17,5 cm
SML Inv.-Nr.: VS 103
Abbildung ▲

Sächsisch-preußischer Grenzstein
Eythra, um 1815
Sandstein
40 x 40 x 100 cm
SML Inv.-Nr.: W/Div 24
◀ Abbildung
Bei dem unweit von Leipzig gelegenen Dorf Eythra verlief ab 1815 gemäß den Beschlüssen des Wiener Kongresses die sächsisch-preußische Grenze.

So kehrt aus dem heiligsten der Kriege, Vater, Sohn und Bräutigam zurück. Und beseelt vom ehrenvollen Siege, Harret ihrer wahres Bürgerglück!
Jean Meno Haas (1752–1833)
Radierung
23,5 x 27 cm
bez. u. l.: Jean Meno Haas del et sc:
SML Inv.-Nr.: Nap. XIII.
Jean (Johann) Meno Haas war nach einer Ausbildung in Kopenhagen und Paris ab 1786 als Reproduktionsstecher von Gemälden der Königlichen Galerie in Berlin ansässig, nur wenige Arbeiten nach eigenen Entwürfen sind bekannt.

Herabnahme der Bildsäule Napoleons von der Sieges Collonne auf dem Place Vendome in Paris am 8. April 1814. DESCENTE DE LA STATUE DE NAPOLEON de la Collonne triomphale sur la Place Vendome a Paris le 8 Avril 1814.
Georg Emanuel Opiz (1775–1841)
Mannheim (?), um 1814
Radierung
54 x 62 cm
bez. u. M.: gezeichnet und radirt von G. Opiz zu finden bey dem Verfasser in Heidelberg
u. r.: gedruckt bei I. Magdalener in Mañh.
SML Inv.-Nr.: SVS 179
Abbildung ▼

Von besonderem Interesse für den Künstler war das aufwendige Gerüst um die Siegessäule, das für die Abnahme der Statue nötig war, die soeben auf halber Höhe nach unten gelassen wird. Im Hintergrund ist eine größere Zuschauermenge dargestellt, die den Vorgang teilweise durch zustimmendes Hüteschwenken begleitet. Rechts und links im Vordergrund je eine weitere Zuschauergruppe. Darunter links eine Verkäuferin von Backwaren und drei Soldaten, einer zu Pferd, einer mit Holzbein, die dem Schauspiel mit düsterer Miene zusehen, rechts dagegen eher begeisterte Zuschauer, darunter zwei Jungen, die Teile der auf der Straße liegenden Verfassung vom 6. April 1814 lesen. Die Verfassung beinhaltete die Wiedereinführung der Monarchie und war noch am Tag der Abdankung Napoleons vom Senat verabschiedet worden.

Tasse mit Untertasse
Königliche Porzellanmanufaktur Berlin
um 1813/14
Porzellan
schalenförmige Tasse auf kleinem Standring mit Goldrand und eckigem, profiliertem und vergoldetem Henkel, breiter lachsfarbener Rand mit Inschrift: August 22. Gr. Beeren. 26. Katzbach. 30. Culm. September 6. Dennewitz. in Gold, aus Lorbeer-, Eichen- und Efeulaub gebildete Jahreszahl 1813 auf der Vorderseite der Tasse
Untertasse mit Standring und Goldrand, im Spiegel von zwei Lorbeerranken eingefaßte runde Karte mit Darstellung der Völkerschlacht, Inschrift oberhalb: EINTRACHT WIRKT MACHT, unterhalb: PLAN der SCHLACHTEN bei LEIPZIG am 18. u: 19. Oct 1813, darunter Legende für die auf der Karte verschiedenfarbig dargestellten Einheiten. Gebrochen und gekittet
Tasse: H 4,6 cm
Typ der Meissener Schwertermarke [Marcolinizeit, Limbacher Imitation (?)]
Untertasse: D 15 cm
Meissener Schwertermarke mit Stern (Marcolinizeit)
SML Inv.-Nr.: Po 46
Abbildung ▲

Brötchen
Leipzig, 17./18. Oktober 1813
8 x 5 x 2,5 cm
SML Inv.-Nr.: W/Div 25
Abbildung ▼
Das Brötchen wurde in Leipzig in der Nacht vom 17. zum 18. Oktober 1813 gebacken und als Erinnerung an die Ereignisse der Völkerschlacht aufbewahrt. Obwohl es durch den Trocknungsprozeß geschrumpft ist, dokumentiert es durch seine geringe Größe augenfällig, wie schwierig die Versorgungslage in Leipzig zur Zeit der Schlacht gewesen ist. Ein gravierender Mangel an Brotgetreide bzw. Mehl und damit verbundene extreme Preissteigerungen wurden von Zeitgenossen immer wieder beschrieben.

Von einer Musketenkugel getroffene Taschenuhr
Anfang 19. Jh.
Silber, Messing, Email, Blei
Gehäuse aus Silber, emailliertes Zifferblatt mit ländlicher Genredarstellung, Schlüsselaufzug, auf der linken Seite Einschlagstelle der Kugel
D Uhr 5 cm, D Kugel 1,7 cm
SML Inv.-Nr.: TU 80
Abbildung ▶
Die Taschenuhr wurde zur Erinnerung an die Leipziger Schlacht aufbewahrt. Offensichtlich hat sie, in der Westentasche getragen, die möglicherweise tödliche Kugel aufgehalten und ihrem Träger das Leben gerettet.

Kurzer und faßlicher Unterricht ohne bedeutenden Zeitaufwand die russische Sprache richtig lesen, verstehen und sprechen zu lernen
Leipzig 1813
Verlag Karl Tauchnitz
Buchdruck
17,5 x 10 cm
SML Inv.-Nr.: Bibl. Völk 146

Tasse mit Untertasse
deutsch (?), Anfang 19. Jh.
Porzellan
zylindrische Tasse mit glattem, nach außen gestelltem Lippenrand, über den Lippenrand gezogener Volutenhenkel, am unteren Ansatz des Henkels goldumrandete Maske, innere Wandung vergoldet, Dekor in goldener, grüner und rosa Aufglasurmalerei mit vegetabilischen Elementen auf der Tassenwandung und der Randfahne der Untertasse, auf der Tasse ein goldgerahmtes Rechteck mit schlafendem Cupido, unterhalb des Lippenrandes der Tasse und am Rand der Untertasse Perlstabverzierungen
Tasse: H 8,8 cm
Untertasse: D 14 cm
jeweils ohne Marke
SML Inv.-Nr.: Po 49
Abbildung ▶
Aus dieser Tasse soll Napoleon am 19. Oktober 1813 in der Lindenauer Mühle getrunken haben. Ein Schriftstück weist mehrere Zeugen für die Authentizität des Stückes aus. Ähnlich wie das ebenfalls gezeigte Brötchen aus den Tagen der Völkerschlacht oder der russische Taschenaltar gehört die Tasse zu den Gegenständen, die die Leipziger Bevölkerung im Bewußtsein, Weltgeschichte erlebt zu haben, der Nachwelt erhalten wollte.

Teil eines Ordensbandes aus dem Besitz Napoleons
Dresden 1813
Seide
rotseidenes Ordensband, auf Karton aufgeklebt handschriftlicher Vermerk: Ein Stück von einem Ordensband des Kaisers Napoleon; erhalten bei dessen Anwesenheit in Dresden, im Jahre 1813. durch sichere Hand. Gottschalck.
Band: 4,5 x 7,5 cm
Karte: 6 x 7,5 cm
SML Inv.-Nr.: Orden I c

Dose mit Darstellung des sogenannten heiligen Augenblicks
deutsch, 1. Hälfte 19. Jh.
bemaltes Holz
D 8,5 cm, H 2 cm
Aufschrift: Der heilige Augenblick nach der Schlacht von Leipzig, d. 18t Ocbr. 1813
SML Inv.-Nr.: VS/Div 243
Abbildung ▲
Die dargestellte Szene zeigt die drei betend auf die Knie gesunkenen siegreichen Monarchen der Verbündeten und davor den Fürsten Schwarzenberg zu Pferd. Hierbei handelt es sich um eine vielfach variierte und kolportierte Darstellung einer Legende, gemäß der die Monarchen, nachdem ihnen Schwarzenberg die Siegesnachricht überbracht hatte, im Gebet für diesen Sieg gedankt haben sollen. Obwohl diese Episode nicht zuletzt dank solcher populären Darstellungen weite Verbreitung fand, hat der „heilige Augenblick" nie stattgefunden. Als Schwarzenberg den Sieg über Napoleon verkündete, befand sich Franz I. bereits auf dem Weg in sein Hauptquartier in Rötha.

Holzstück mit einer Musketenkugel
Leipzig, Oktober 1813
Holz, Blei
11 x 7 x 2 cm
SML Inv.-Nr.: W/Div 17
◀ *Abbildung*
Die Kugel wurde in einem Baum eines Villengrundstücks in Connewitz nach der Völkerschlacht gefunden und als Andenken herausgeschnitten.

Dose in Form eines Kriegsschiffs
um 1850
Holz
Schiffsmodell mit aufklappbaren Aufbauten, die den Blick auf den Leichnam Napoleons frei geben, ein zweites Scharnier läßt das gesamte Oberdeck zurückklappen
15 x 3,5 x 5 cm
SML Inv.-Nr.: W/Div 21
Abbildung ▲
Darstellung jenes Kriegsschiffs, mit dem die sterblichen Überreste Napoleons 1840 von St. Helena nach Frankreich überführt wurden.

Ring zur Erinnerung an den Fürsten Poniatowski
um 1830
Eisen, Gold
Ring aus einem inneren goldenen und einem äußeren eisernen Reif, anstelle eines Steins eine 1 x 0,8 cm messende, in Eisen gefaßte, goldene Platte in Form eines unregelmäßigen Achtecks
D 2,3 cm, B 0,7 cm, sich auf 0,3 cm an der Unterseite verjüngend
Platte graviert: Kiaze Josef Poniatowski (Fürst Josef Poniatowski)
äußerer Reif graviert: Zyt dla Oyczyzny Umarl dla Slawy 19˙ Paz 1813 (Lebte für das Vaterland, starb für den Ruhm am 19. Oktober 1813)
innerer Reif graviert: Bog mipowicvzyt honor Polokou Je mu go tylko oddam (Gott stürzte uns in Wirrnis Die Ehre der Polen lebt, solange wir nur atmen)
SML Inv.-Nr.: Rp. 88/12

Dose mit Abbildung einer Karte zum Verlauf der Völkerschlacht
Braunschweig (?), 1. Hälfte 19. Jh.
bemaltes Holz
D 2 cm, H 9,5 cm
beschr. unter der Karte: Stobwajsers Fabrique
Aufschrift: Völkerschlacht bei Leipzig am 18. u. 19. Oct. 1813. nach Carl von Neander. EINTRACHT WÜRKT MACHT! ALSO HALTET ZUSAMMEN IHR GU(TEN?)
SML Inv.-Nr.: VS/Div 245

Bestätigung der Versorgung des Georg Gauglitz mit einem „Gnaden-Thaler" für Invalidität durch das Königlich Preußische Departement für Invaliden
Berlin, 11. April 1816
Buchdruck
16,5 x 20 cm
SML Inv.-Nr.: Bibl. II R 597

Visitenkarte mit einer Haarlocke Theodor Körners
1. Hälfte 19. Jh.
auf einer Visitenkarte des Leiters des Historischen Museums auf der Burg Oybin, Dr. Alfred Moschkau, aufgenäht und mit Siegellack befestigt
Karte: 6 x 9,5 cm, Locke: D 1,7 cm
handschriftliche Erläuterung: Der Locke entnommen, welche das histor. Museum auf der Burg Oybin besitzt. Dr. Alfred Moschkau
Rückseite: Diese Original Körner-Locke ist mit meinem Petschaft Dr. Ph. A. Moschkau in rothem Lack angesiegelt. Dr. Moschkau
SML Inv.-Nr.: Div 273

Russisch-preußischer Angriff auf das Dorf Probstheida am 18. Oktober 1813
Zinnfigurendiorama
Leipzig 1999
Zinn, Plastik, Pappmaché, Holz, Gips, Lehm
500 x 260 cm
Abbildung (Ausschnitt) ▲

Feier des ersten Jahrestages der Völkerschlacht im Oktober 1814 in Leipzig
Leipzig, um 1814
Mischtechnik
34 x 47,5 cm
SML Inv.-Nr.: Nap. XIII/26 B 55/48

Kandarre der Kavallerie
Preußen, um 1813
Eisen, Messing
24 x 17,5 cm
SML Inv.-Nr.: Div W 1

Kanonenkugel
1813
Eisen
D 10 cm
SMI Inv.-Nr.: W/Div 47a

Kanonenkugel
1813
Eisen
D 14 cm
SMI Inv.-Nr.: W/Div 47b

Granate
1813
Eisen
D 17 cm
SMI Inv.-Nr.: W/Div 47c

Teil eines Kettengewebes
Mittelasien, um 1800 (?)
Leder, Eisen
10 x 22 cm
SML Inv.-Nr.: W/Div 26
Vermutlich handelt es sich bei diesem Stück um den ursprünglich am Helm befestigten Wangenschutz eines Kriegers der Steppenvölker des Zarenreiches, die im Gefolge des russischen Heeres an der Leipziger Völkerschlacht teilnahmen. Diese exotisch gekleideten und archaisch mit Bogen und Pfeilen bewaffneten Krieger waren nach der Schlacht, ähnlich wie die Kosakentruppen, Ziel eines außerordentlichen Interesses der Leipziger Bevölkerung. Gern tauschten die Angehörigen baschkirischer, kalmückischer oder tatarischer Einheiten alle entbehrlichen Ausrüstungsteile und Stücke von Kleidung und Bewaffnung gegen Lebensmittel und besonders Alkohol bei den Bürgern ein.

Infanterietrommel
Holland, Doccum, um 1813
Holz, Leder, Hanfseil, Messing, Kupfer
hölzerner, blau-weiß-rot-gelb bemalter Körper, im Zentrum drei Sterne unter einem Halbmond (Wappen der Stadt Doccum)
D 42 cm, H 39,5 cm
beschr.: SPQD 482 J(?)
SML Inv.-Nr.: W/Div 33
Abbildung ▶

Den französischen Revolutionären galt das antike Römische Reich als Ideal einer Republik. Auch Napoleon sah im Imperium Romanum ein Vorbild. Augenfälligen Ausdruck fand diese Begeisterung für das klassische Altertum im Klassizismus. Alles und jedes wurde antikisiert: Namen, Möbel, Bauwerke, Alltagsgegenstände und selbst militärische Ausrüstung und Bekleidung. Wie die Schweiz zur Helvetischen, wurde Holland zur Batavischen Republik. Als Reverenz an diese Mode dürfte die Buchstabenfolge SPQD [Senatus Populusque Doccumanus/Doccumensis (?) = Senat und Volk von Doccum] auf der Trommel dem römischen SPQR (Senatus Populusque Romanus = Senat und Volk von Rom) nachempfunden sein.

Orden der Ehrenlegion, Ritterkreuz, 2. Modell, 1. Typ
Frankreich, um 1813
stark beschädigter Schlachtfeldfund
Silber, Reste der Emaillierung
D 3,5 cm, L 6 cm
SML Inv.-Nr. Ord F, I, 2f

Münzschatz
Rüben/Sachsen 1813 (?)
Silber
24 Taler Braunschweig und Lüneburg zwischen 1764 und 1796; 19 1/3 Taler Sachsen zwischen 1808 und 1811; 215 2/3 Taler Sachsen 1765 und 1806; 167 1/3 Taler Sachsen zwischen 1764 und 1802; 28 2/3 Taler Sachsen, Bayern, Anhalt, Österreich zwischen 1755 und 1763
SML Inv.-Nr.: Rp. Nr. 189.37
Abbildung ▲

Im November 1937 wurde dieser Münzschatz in Rüben, einem Dorfe unweit Röthas, in einem blauglasierten Tongefäß gefunden. Anhand der Prägedaten ist zu mutmaßen, daß der Schatz von einem wohlhabenden Bürger zum Schutz vor etwaigen Plünderungen während der Befreiungskriege versteckt worden ist.

Mit Resten diverser Artilleriegeschosse vermischte Pferdeknochen
1813
Knochen, Eisen
SML Inv.-Nr.: W/Div 34
Abbildung ▼

Die Knochen wurden Anfang des 20. Jahrhunderts auf dem ehemaligen Schlachtfeld bei Wachau entdeckt. Die dazwischen aufgefundenen Geschoßteile weisen darauf hin, daß das Pferd wohl tatsächlich in den Kampfhandlungen der Völkerschlacht getötet wurde. Da die Größe der Knochen auf ein für mitteleuropäische Verhältnisse relativ kleines Pferd schließen läßt, ist die Einordnung als „Überreste eines Kosakenpferdes" wahrscheinlich zutreffend.

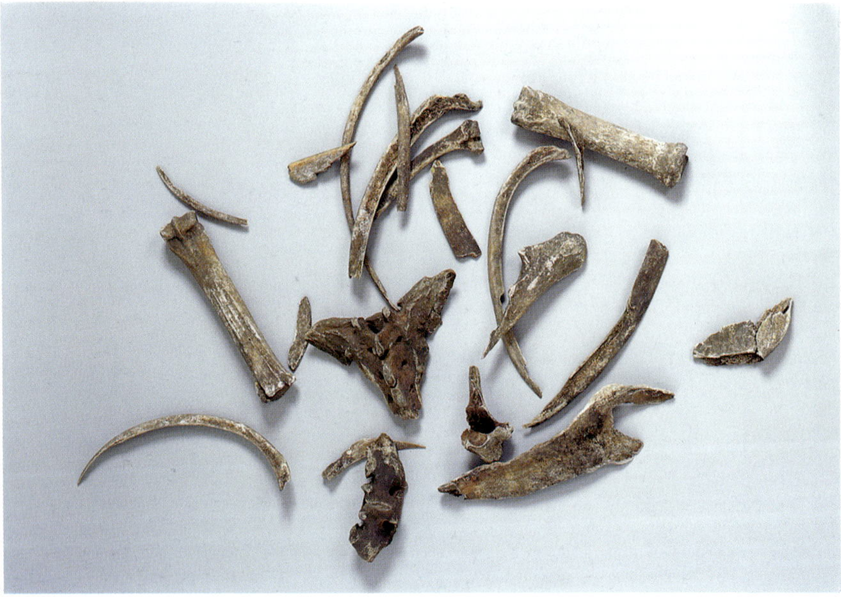

Rohr einer sechspfündigen Feldkanone, System Gribeauval
Königreich Westfalen 1812
Bronze
am Rohrende oberhalb der Traube
Schwalbenschwanzschiene für ein Visier,
Zündloch vernagelt
auf dem Bodenstück überkröntes JN (Jerôme Bonaparte) über Jahreszahl 1812
L 171,5 cm, D der Mündung 21 cm, G 450 kg
SML Inv.-Nr.: W/V 2a

Festungsmörser mit eiserner, im Rohr eingerosteter Kugel
18. Jh.
Eisen, Holz
eiserner Mörser mit Bodenplatte auf Holzplatte verschraubt
auf der Bodenplatte unleserliche Inschrift
Rohr: L 42 cm, D der Mündung: 29 cm
Bodenplatte: 34 x 54 cm
Holzplatte: 35 x 107 cm
SML Inv.-Nr.: MI/130/2003
Abbildung ▼

Bildnisbüste Fürst Joseph Poniatowskis
nach einer Büste von Franciszek Pinck
(1733–1798)
1. Hälfte 19. Jh.
Marmor
39 x 24 x 56 cm
SML Inv.-Nr.: Pl 1009
Abbildung ▼

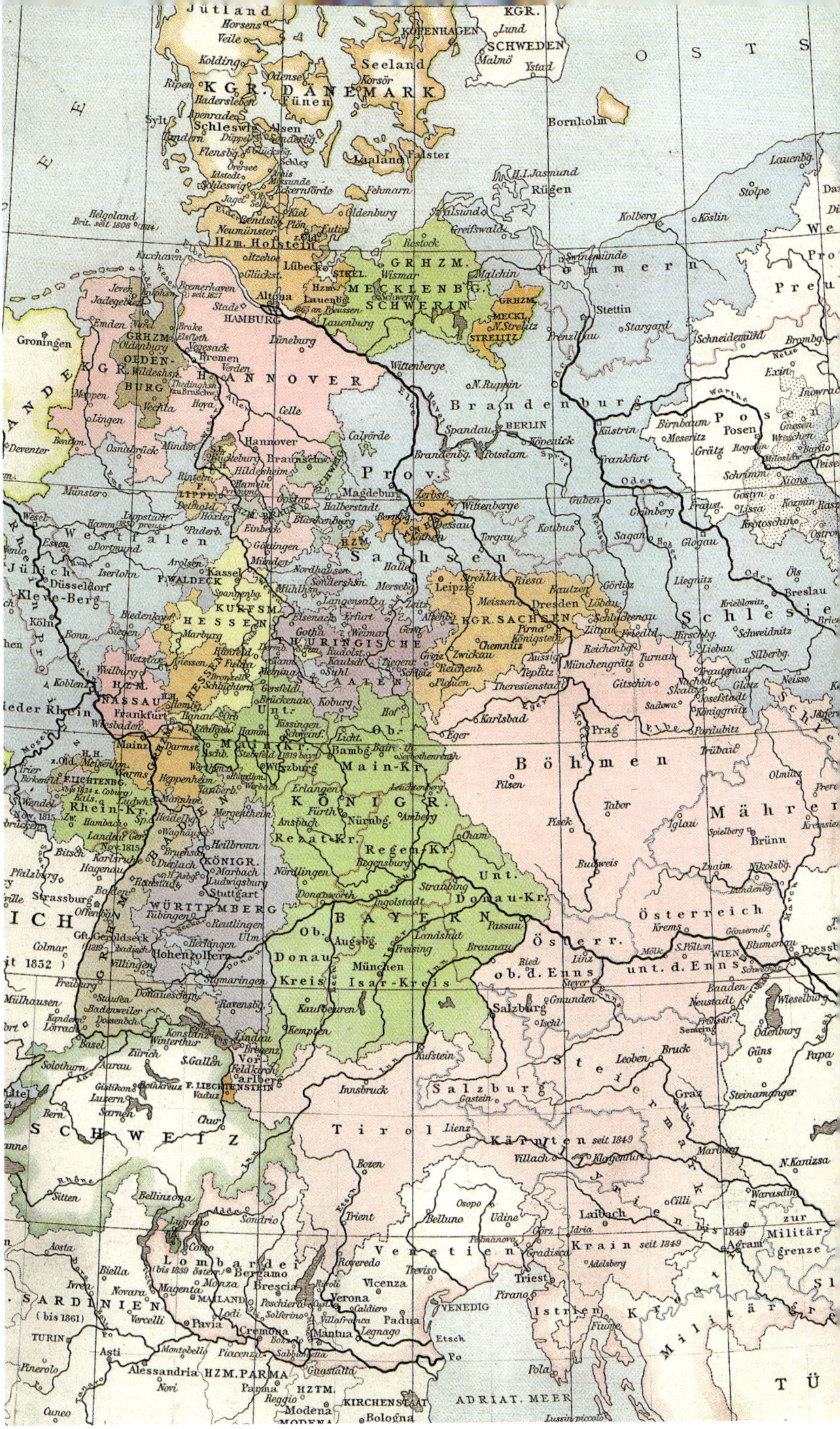

Der Deutsche Bund 1815–1866

LITERATUR

Actenstücke und Materialien zu der Geschichte des großen Kampfes um die Freyheit Europa's in den Jahren 1812 und 1813, 2 Bde., Germanien 1813.

Ahlemann, Johann Daniel, Der Leipziger Totengräber in der Völkerschlacht. Seine Erlebnisse bei der Erstürmung Leipzigs am 19. Oktober und die Greuel auf dem Gottesacker überhaupt, Leipzig 1913.

Arndt, Ernst Moritz, Erinnerungen aus dem äußeren Leben, Rudolstadt 1953.

Askenazy, Simon, Fürst Joseph Poniatowski 1763–1813, Gotha 1912.

Aster, Heinrich, Die Gefechte und Schlachten bei Leipzig im October 1813, 2 Bde., Dresden 1856.

Bauer, Frank, Die Völkerschlacht bei Leipzig, Berlin 1988.

Bellangé, Hippolyte, Die Soldaten der französischen Republik und des Kaiserreiches, Leipzig 1843.

Blackmore, Howard L, Arms and Armour, London and New York 1965.

Buchholz, Friedrich, Untersuchungen über den Geburtsadel und die Möglichkeit seiner Fortdauer im 19. Jahrhundert, Berlin und Leipzig 1807.

Das Königliche Zeughaus. Führer durch die Ruhmeshalle und die Sammlungen, Berlin 1910 und 1914.

Caron, Pierre, Manuel pratique pour l'etude de la Revolution Française, Paris 1947.

Coler, Christian (Hrsg.), Hermann v. Boyen, Erinnerungen, Berlin 1953.

Die englischen Waaren auf der Leipziger Messe. Ein Wort zum Neuen Jahr an meine lieben Sächsischen Landsleute, Leipzig 1802.

Eckardt, Werner / Morawietz, Otto, Die Handwaffen des brandenburgisch-preußischen Heeres 1640–1945, Hamburg 1973.

Fichte, Johann Gottlieb, Reden an die deutsche Nation, Berlin 1808.

Fichte, Johann Gottlieb, Zurückforderung der Denkfreiheit von den Fürsten Europens, die sie bisher unterdrückten, Jena 1793.

Fiedler, Siegfried, Kriegswesen und Kriegführung im Zeitalter der Revolutionskriege, Koblenz 1988.

Friedrich, Rudolf, Die Befreiungskriege 1813–1815, Bd. 1–2, Berlin 1911.

Foucart, Paul, La cavalerie pendant la campagne de Prusse, Paris 1880.

Funken, Liliane / Funken, Fred, Historische Uniformen Napoleonischer Zeit, München 1989.

Geschichte der Bekleidung und Ausrüstung der Königlich Preußischen Armee in den Jahren 1808 bis 1878. Zugleich eine Ergänzungsschrift der Uniformierungs-Liste des Deutschen Reichs-Heeres, Berlin 1878.

Götz, Hans-Dieter, Militärgewehre und Pistolen der deutschen Staaten 1800–1870, Stuttgart 1966.

Gohlke, W., Geschichte der gesamten Feuerwaffen bis 1850 (1914), Berlin 1911, Reprint Krefeld 1977.

Graf, Gerhard, Die Völkerschlacht bei Leipzig in zeitgenössischen Berichten, Berlin und Leipzig 1988.

Großer Generalstab (Hrsg.), 1806. Das Preußische Offizierskorps und die Untersuchung der Kriegsereignisse, Berlin 1906.

Handbuch für Zeitungsleser, oder Beschreibung und Vorstellung der Waffen, Werkzeuge, Truppenbewegungen etc. die im Kriege zu Lande vorkommen, Leipzig 1795.

Hartig, Irmgart (Hrsg.), Geburt der bürgerlichen Gesellschaft: 1789, Frankfurt 1979.

Haussherr, Hans, Hardenberg. Eine politische Biographie, Köln / Graz 1965.

Herwig, Wolfgang, Goethes Gespräche, 2. Bd.: 1805–1817, Zürich / Stuttgart 1969.

Hilbert, Klaus, Blankwaffen aus drei Jahrhunderten, Berlin 1998.

Holtzendorff, Albrecht Graf v., Geschichte der königlich sächsischen leichten Infanterie von ihrer Errichtung bis zum 1. October 1859, Leipzig 1860.

Jahn, Friedrich Ludwig, Deutsches Volksthum, Lübeck 1810.

Jani, Moritz, Denkwürdigkeiten der großen Völker- und Befreiungs-Schlacht bei Leipzig, Leipzig 1846.

Klank, Gina / Griebsch, Gernot, Lexikon Leipziger Straßennamen, Leipzig 1995.

Klose, Peter, Beiträge zur Geschichte der Herzberger Gewehrfabrik, Herzberg 1963.

Knigge, Adolph von, Rückblick auf den, wenn Gott will, für Teutschland nun bald geendigten Krieg, Coppenhagen 1795.

Knötel, Richard /Knötel Herbert d. J. / Sieg, Herbert, Handbuch der Uniformkunde. Die militärische Tracht in ihrer Entwicklung bis zur Gegenwart, Hamburg 1937.

Köbler, Gerhard, Historisches Lexikon der deutschen Länder, München 1992.

Kurzwelly, Albrecht / Schulze, Friedrich, Die Leipziger Illustratoren der Kriegszeit von 1806 bis 1815, in: Mundt, Albert (Hrsg.), Die Freiheitskriege in BIldern, München / Leipzig 1913.

Lange, Fritz (Hrsg.), Die Lützower, Erinnerungen, Berichte, Dokumente, Berlin 1953.

Leimbach, Carl, Victor von Prendel, Leipzig 1913.

Leipzig seit dem Einmarsch der Franzosen am 18. Oktober 1806 bis zu dem in Tilsit abgeschlossenen Frieden und Napoleons des Ersten Durchreise, Leipzig 1807.

Lenz, Max, Geschichte der Königlichen Friedrich-Wilhelms-Universität zu Berlin, Halle 1910.

Maximilian Speck von Sternburg. Ein Europäer der Goethezeit als Kunstsammler, Ausstellungskatalog Leipzig 1998.
Müller, Ernst, Die Häusernamen von Alt-Leipzig, Leipzig 1931.
Müller, Heinrich / Kölling, Hartmut, Europäische Hieb- und Stichwaffen, Berlin 1981.
Mullert, Hermann (Hrsg.), Briefe Schleiermachers, Berlin 1923.
Mundt, Albert (Hrsg.), Die Freiheitskriege in Bildern, München/Leipzig 1913.
Naumann, Robert, Die Völkerschlacht bei Leipzig, Leipzig 1863.
Neumann, George C. / Kravic, Frank J., Collector's Illustrated Encyclopedia of the American Revolution, Texas 1997.
Nosworthy, Brent, Battle tactics of Napoleon and his enemies, London 1995.
Odeleben, O. von, Napoleons Feldzug in Sachsen im Jahre 1813, Dresden 1816.
Ortenburg, Georg, Waffe und Waffengebrauch im Zeitalter der Revolutionskriege, Koblenz 1988.
Palm, Johann Philipp, Deutschland in seiner tiefsten Erniedrigung, Nürnberg 1806.
Palmer, Robert, Twelve Who Ruled. The Year of the Terror in the French Revolution, Princeton 1970.
Pietsch, Paul, Die Formations- und Uniformierungsgeschichte des preußischen Heeres 1808–1912, Bd. I und II, Berlin o. J.
Poppe, Maximilian, Chronologische Übersicht der wichtigsten Begebenheiten aus den Kriegsjahren 1806–1815, 2 Bde., Leipzig 1848.
Ranke, Leopold von, Hardenberg: Sämtliche Werke, Bd. 46, Leipzig 1879.
Reinhardt, Brigitte, Der Münchner Schlachten- und Genremaler Peter von Heß, in: Oberbayerisches Archiv, München 1977.
Sachsens Verwüstung durch die Franzosen 1813, Leipzig 1814.
Schulze, Friedrich, Die Franzosenzeit in deutschen Landen 1806–1815, 2 Bde., Leipzig o.J.
Schuster, Otto / Franke, F. A., Geschichte der Sächsischen Armee von deren Einrichtung bis zur Neuzeit, Leipzig 1885.
Simson, Jutta von, Christian Daniel Rauch. Œuvre-Katalog, Berlin 1996.
Stadtarchiv Leipzig, Tage nach der Völkerschlacht: Aufzeichnungen der Stadtschreiber 19. Oktober 1813 bis 7. Februar 1814, Leipzig 1988.
Tschirch, Otto, Geschichte der öffentlichen Meinung in Preußen vom Baseler Frieden bis zum Zusammenbruch des Staates (1795–1806), Bd. 1, Weimar 1933.
Tulard, Jean (Hrsg.), Dictionnaire Napoléon, Paris 1989.
Varnhagen von Ense, Karl August, Denkwürdigkeiten des eigenen Lebens, Berlin o.J.
Venzky, Gabriele, Die Russisch-Deutsche Legion in den Jahren 1811–1815, Wiesbaden 1966.
Wustmann, Gustav, C. G. H. Geißler der Zeichner der Leipziger Völkerschlacht, Leipzig 1912.

ABKÜRZUNGSVERZEICHNIS

Stadtgeschichtliches Museum Leipzig	SML
Höhe	H
Breite	B
Länge	L
Gewicht	G
Durchmesser	D
bezeichnet	bez.
beschriftet	beschr.
Klingenlänge	KL
Lauflänge	LL
Gesamtlänge	GL
Inventar-Nummer	Inv.-Nr.
Jahrhundert	Jh.
unten	u.
oben	o.
links	l.
rechts	r.

Steffen Poser
Denkmale zur Leipziger Völkerschlacht

Es gibt wohl kaum ein zweites historisches Ereignis, dem auf engem Raum wie in Leipzig eine solche Vielzahl von Gedenkstätten, Marksteinen, Denkmalen und Erinnerungstafeln errichtet wurde, wie die Völkerschlacht von 1813, eine der folgenschwersten Schlachten in der europäischen Geschichte. Weit über einhundert solcher Erinnerungsmale sollen die Ereignisse weniger Herbsttage des Jahres 1813 im Gedächtnis späterer Generationen lebendig halten. Die Gedenkstätten reichen von schlichten Steinquadern über eingemauerte Kanonenkugeln bis zu Europas größtem Denkmalsbau – dem Völkerschlachtdenkmal.

ISBN 978-3-938543-52-8

Dieter Walz / Reinhard Münch / Wolf-Dieter Schmidt
Auf Napoleons Spuren durchs Sachsenland 1813

Mit der Schlacht bei Großgörschen begann am 2. Mai 1813 der Frühjahrsfeldzug der Napoleonischen Armee durch Sachsen. Der Waffenstillstand im Sommer unterbrach die Kämpfe für kurze Zeit, bis am 16. August 1813 der Herbstfeldzug begann, der für Napoleon mit einer Niederlage in der gewaltigen Völkerschlacht zu Leipzig vom 14. bis 19. Oktober endete.
Die im Buch beschriebenen Ereignisse lassen Geschichte lebendig werden. Eine beigelegte Karte zeigt gut nachvollziehbar die Wegstrecke der Heere von Schlacht zu Schlacht durch Sachsen.

ISBN 978-3-938543-51-1

Wolfgang Hocquél
Architekturführer Leipzig

Über 300 Bauten aus den stilgeschichtlichen Epochen von der Romanik bis zur Gegenwart und Biografien von 90 Baumeistern und Architekten sowie eine umfangreiche Zeittafel zu den wichtigsten Ereignissen der Stadtentwicklung machen die Publikation zu einem universellen Nachschlagewerk.
»So macht man einen Architekturführer: kenntnisreiche Texte mit ausreichend Raum fürs Detail; gute Fotos … und ein plausibles System der geografischen Nutzerführung« (Bauwelt)
»Architektur lebendig nachvollziehbar« (DIE ZEIT)
»Aus der Fülle neuerer Architekturführer ragt der von Wolfgang Hocquél über Leipzig heraus« (Zeitschrift für Stadtgeschichte und Denkmalpflege)

ISBN 978-3-932900-54-9

Leipziger Blätter
Herausgegeben von der Kulturstiftung Leipzig

Die Zeitschrift erscheint zweimal im Jahr – im März und im Oktober

Themenschwerpunkte:
Architektur / Denkmalpflege
Musik / Theater / Bildende Kunst
Ökologische Stadterneuerung
Stadtansichten / Buchstadt
Geschichte / Traditionen

ISSN 0232-7244

www.passageverlag.de

Erhältlich bei Ihrem Buchhändler

Bei uns können Sie was erleben

Stadtgeschichtliches Museum Leipzig

Altes Rathaus

Neubau

Völkerschlachtdenkmal

FORUM 1813

Schillerhaus Leipzig-Gohlis

Museum Zum Arabischen Coffe Baum

Sportmuseum Leipzig

Alte Börse

Stadtgeschichtliches **Museum.** Leipzig

www.stadtgeschichtliches-museum-leipzig.de